于小艳◎著

学术的嫁衣

XUESHU DE JIAYI

核心期刊投稿案例分析

广东高等教育出版社
Guangdong Higher Education Press
·广州·

图书在版编目（CIP）数据

学术的嫁衣：核心期刊投稿案例分析/于小艳著. —广州：广东高等教育出版社，2014.5（2015.1 重印）
ISBN 978-7-5361-5148-2

Ⅰ.①学 Ⅱ.①于… Ⅲ.①核心期刊-投稿-案例-中国 Ⅳ.①G237.5

中国版本图书馆 CIP 数据核字（2014）第 133067 号

出版发行	广东高等教育出版社 地址：广州市天河区林和西横路 邮编：510500　　营销电话：（020）87553335 http://www.gdgjs.com.cn
印　　刷	佛山市浩文彩色印刷有限公司
开　　本	787 毫米×1 092 毫米　1/16
印　　张	16
字　　数	304 千字
版　　次	2014 年 5 月第 1 版
印　　次	2015 年 1 月第 2 次印刷
定　　价	39.00 元

序

“核心期刊”是国内知名大学的图书馆和文献情报研究机构用文献计量学的方法，以文献的被检索量、被摘编量、被引用量、被转载量和影响因子等作为评价指标，从我国公开出版的期刊中评价筛选出的一个期刊核心区域。被评选的核心期刊学术水平高，影响面大，代表了中国某类期刊的最好质量和最高水平。

很多人把学术论文撰写看成是一个与具体学科紧密相关的活动。各个学科的确在许多方面存在不同，但是不同学科的期刊论文却存在诸多相似之处——每个领域有自己特有的语言，每种期刊都有自己的风格，有自己被广泛接受的习惯和评判标准，这是期刊研究的出发点，也使期刊研究成为必要。

学术论文发表的数量和质量既是高校教师科研工作成果、职称评定的评价标准之一，也是高校学科建设和发展的重要指标，更是评价高校科研排名的重要考核项目。撰写学术论文是科学研究的一个有机组成部分；发表学术论文是科研成果推广应用的一部分。期刊是学术论文的载体，编辑视角下的学术论文要求具备学术性、创新性、传播性。中国的期刊种类繁多，而核心期刊却少之又少。在核心期刊载文量少和社会对核心期刊版面需求多的悬殊差异下，社会上走学术不端道路者大有人在，靠“关系”刊发论文者不在少数，不分真伪核心期刊盲目投稿，受骗上当者不胜枚举。故而，引导规范化的学术论文写作是期刊从业者的责任之一。

本书作者深知这种责任的重大，并将这种责任感付诸行动。她自2007年从华南师范大学高等教育学研究生毕业后，就一直与同事共同为《高教探索》这株高等教育学术之花培土、浇水、剪枝……辛勤地耕耘着，使《高教探索》在葳蕤的刊林中，根深叶茂，茁壮成长，花繁果硕。

“问渠哪得清如许，为有源头活水来。”《高教探索》能够成为“全国中文核心期刊”、“CSSCI来源期刊”、“RCCSE中国核心学术期刊”，得益于该编辑部有三位“劳于读书，逸于作文”，孜孜不倦，埋头苦干为他人做嫁衣裳的编辑。他们三人深谙“纸上得来终觉浅，绝知此事要躬行”，在编辑工作中博览群书，深入学校，积极“充电”，不断提升编辑业务水平，努力做一个优秀的期刊“巧裁缝”，本书作者就是其中一位。

本书基于如下的假设：作者在学校里及科研工作中学到的写作技巧和投稿知识不足以应对整个学术生涯的需要。无论在哪个领域，学术研究者都不得不在他们从研究生阶段进入学术生涯时提升他们写作和发表论文的能力。

该书内容丰富，逻辑理路清晰，采用真实的案例来解决学术论文撰写和发表过程中的重要挑战：

认识编辑角色，辨析核心期刊；

辨别期刊真伪，分析栏目设置；

知晓审稿内容，洞悉用稿标准；

参照编校过程，提升论文质量；

把握沟通技巧，力求协同创新。

本书作者有8年的自然科学学习背景和9年的人文社科学习工作经历，对于社科学术论文和自然科学学术论文的写作分析都能够较为细致和深入。本书的新颖之处在于，将学术论文撰写方法和编辑评价学术论文的标准相结合，通过呈现选刊、审稿、编辑加工等过程，引导学术职业者走向规范的、有意义的、愉快的学术论文撰写和发表之路。

“片言可以明百意，坐驰可以役万里。”从本书作者书稿中的章节片断中，让人感受到书稿中的实践性、理论性和前瞻性。可以感受到她对党的新闻出版事业的热爱和执着，对新闻出版理论的创新和求索。《学术的嫁衣》虽不能算是期刊理论建设、创新的鸿篇巨著，但也堪称为核心期刊编辑出版理论建设中的佳作，书稿中洋溢着核心学术期刊创新意识和精神的理论著述，将融入奔流向前的期刊瀚海之中，推波逐浪。

“博观而约取，厚积而薄发”“衣带渐宽终不悔，为伊消得人憔悴”，这是为人做嫁衣裳的期刊编辑那种勤奋学习，默默工作，爱岗敬业的精神写照，也是本书作者从事期刊编辑工作的自勉。“芳林新叶催陈叶，流水前波让后波”，我这个从事期刊编辑工作30多年的老编辑深信不久的将来，本书作者又有新的期刊理论作品问世，成为优秀的期刊工作者，伴随着《高教探索》又迈上新的台阶……

广东教育杂志社社长　陈湘年

2014年1月

目　录

引　言

在“不出版即死亡”的学术评价规则下，学术论文发表的数量和质量既是高校教师生存与发展的基础，也是高校学科建设和发展的重要指标，更是评价高校社会排名的重要考核项目。

从开始做研究，到撰写学术论文，再到投稿发表，到产生学术影响，在这个过程中，成功步步靠近，成功率步步递减。之所以这么说，是因为科研工作者所做的研究只有一部分是有效的，有效的研究中只有一部分内容是值得写出来的，而实际写出来的只是值得写出来的一部分；论文投稿后，实际发表的只是投稿的一部分，真正被学术界认可的，起到传播交流效果的又只是发表的一部分。对学术职业者来说，科学研究是一个荆棘满布的成长过程。

身为编辑，见到作者的论文被假刊物录用，遭受金钱和时间的损失，痛心！见到作者不了解刊物的办刊宗旨和定位而投来选题不合适的论文，焦心！见到大部分作者不了解学术论文写作技法，忧心！这“三心”是写作此书的原始动力。近年来，不断有高校科研部门和研究所邀请编辑部人员共同探讨学术论文撰写方法以及编辑出版视角下的核心期刊论文的撰写要求。这种不断的激励更增强了写作本书的信心。

关于论文写作的专著不少，将学术论文撰写与投稿相结合，从编辑的角度探讨提升论文质量和发表进程的著作则不多。赵大良的《科研论文写作新解》基于个人工作经验的总结从主编和审稿人的视角揭示了审稿规则、诠释了投稿策略、坦露了出版内幕，对提高科研论文写作的层次和加快论文发表的进程有许多启示。与学术论文撰写相关的有主编和审稿人，还有与作者联系最紧密的编辑。他们是“中介”，掌握着论文是否进入审稿人和主编的视野的决定权；他们整理审稿意见，将论文的“生死”反馈给作者；他们是修退稿件、编辑加工的中坚力量；他们事无巨细地为一篇论文从投稿到发表忙前忙后。主编和审稿人主要实施决策权，编辑则更多的是信息汇总者，具体事务的执行者。故而，编辑视角下的论文，反映的不是个体的问题，而是群体的问题。本研究将学术论文撰写方法和编辑评价学术论文的标准相结合，以实证研究的方法呈现与核心期刊投稿相关的选择期刊、研究栏目、编辑审稿、编校加工、沟通等过程，以期引导高校研究生及学术职业者走向规范的、有意义的、愉快的学术论文撰写和发表之路。与此同时，反省编辑出版

中存在的问题，以改善编辑工作，更好地服务于作者、读者。

笔者反对科研功利化，科研成果工具化，主张在编辑部信息透明度不高的情况下，探寻学术撰写规律与编辑出版规律的契合点，使部分科研人员走上相对的“捷径”，帮助其缩短花费在成果公开路途上的时间，使其将更多的时间投入真正的科研。本书的宗旨是多一些透明，少一些试错；多一些了解，少一些困惑；多一些分析，少一些弯路；其终极目标是“协同创新”。

第一章
认识编辑角色　辨析核心期刊

知己知彼，百战百胜。与论文发表相关的两个主要对象，一个是人，一个是物质载体。前者是广义的编辑，后者为期刊。编辑是为学术做“嫁衣”的人。其技术性劳动日渐式微，创造性劳动日渐凸显。期刊中的核心期刊是一个相对的概念。评价核心期刊的标准不仅影响着期刊自身的定位和发展，更影响着编辑选择论文的价值倾向。与此同时，期刊的运营方式也在无形中影响着作者及其作品。

第一节　编辑职能演变及角色分类

一、“为他人做嫁衣裳”

在分析编辑职能演变之前，有必要对社会上对编辑的错误认识进行澄清。不少人对编辑工作投来不屑的眼光，认为编辑工作是“为他人做嫁衣裳”，把编辑所从事的工作局限于技术性劳动。“为他人做嫁衣裳”本无不妥，其中包含通过编辑的劳动，使作者的作品公开传播，完成作者在学术声望、职位职称方面的提升需求，体现了编辑无私的爱和奉献。须知，“做嫁衣”不仅有手工的针线劳动，更有设计嫁衣的创造性劳动。技术性劳动是做好编辑工作的基本条件和必要保证。编辑的工作有着巨大的弹性，编辑创造性劳动的有无和多寡，在一定意义上是决定一篇文章或者一部书稿能否最终获得成功的重要因素。众多事实证明，任何一篇（部）影响深远的作品，从一开始就倾注着编辑的创造性才智。

二、不断演进的编辑职能

编辑是使用物质文明设施和手段，从事组织、采录、收集、整理、纂修、审定各式精神产品及其他文献资料等工作，使之圆满进入出版程序的人。编辑自产生之日起，其职能不断演变。《说文解字》曰：“史，记事者

也。”史官所掌职责有秉笔、执简、掌书、守典、奉法、决狱、册祝等。他们既要记录帝王言行和军国大事，又要从事宗教祭祀贞卜活动，还要兼管奉法决狱事务，甚至还要去民间采风，整理加工，修史编书等。可以说史官最早参与了图书编辑或编纂活动。原始的编辑活动不仅包括材料加工、编次成册，还包括集中典藏、分类管理，且从一开始就具备较为固定的行文格式，是最原始的“编辑规范”。

从先秦时期到鸦片战争前，编辑职能主要表现为对经典文献的收集、整理、归纳和诠释，并创建编辑体例。此时的编辑往往通过别有深意的编排和富有创见的诠释，在使典籍的思想得以彰显的同时，也使自己的思想和价值偏向深深地渗透在书中。从鸦片战争到“文化大革命”时期，编辑的职能更多地表现为对文化信息资源的鉴别、整合与开拓。改革开放迄今，编辑通过独特的创意在作者提供作品的基础上制造出全新的文化商品，以获得市场的认同。

从最初的技术性劳动到使编辑思想融入出版物中的先秦时期，再到鉴别、整合、开拓文化资源的“文化大革命”前期，进而到以编辑的创新制造全新的文化产品（在作者提供作品的基础上）的现在，编辑的创造性劳动越来越多，对社会文化的发展影响越来越深远。编辑的主体功能大大地强化，编辑的职业成分逐渐变异，在进步的同时亦有退化，特别是编辑职能的基本技艺方面，丢失了不少优良的传统。[①] 编辑的职能越来越体现为高智力的创新和协同创新，而传统的技术性工作逐步减少。

三、编辑职能及角色分类

通常我们所说的编辑，实质是包含主编、副主编、责任编辑、技术编辑甚至审稿同行（专家）在内的一系列与审稿、编辑加工工作直接相关的人员的总和。职能和角色是统一的。有什么样的角色，就应该践行什么样的职能，否则就是失职；承担了什么样的职能，就应该是基于某种角色，否则就是越位。赵大良认为，编辑就是这样一种角色：把门人——借助同行评议挑选出真正优秀的成果；为人做嫁衣裳——将优秀成果的表现形式进行规范化、标准化处理，即编辑加工；传播者——将优秀的成果集结、包装以后，以学术品牌的影响力和传播渠道传播出去。[②] 可见，编辑的主要职能包括筛

---

① 贺圣遂．关于编辑职能演变的思考［J］．中国编辑，2007（1）：15－22．

② 赵大良．科研论文写作新解——以主编和审稿人的视角［M］．西安：西安交通大学出版社，2011：24．

选、加工、传播。

威廉斯在《编辑都在做些什么?》中指出，编辑实际上“同时扮演了三种不同的角色”，即：“搜猎者”（必须多方搜寻，并且挑选出可以出版的好书）、“絮聒不休的治疗师”（要细心阅读作品中每一个字，详细而坦率地写出评语，并且建议应该修改之处）和“双面人”（在面对作者的时候代表出版社，在面对出版社的时候又代表作者）。[①] 这种角色分类和赵大良的表述有异曲同工之处。

目前，按编辑的工作内容及性质将编辑分为：文字编辑、美术编辑、策划编辑等，甚至同行评审。因为负责的工作内容不同，编辑的职能也就表现出差异。

文字编辑和美术编辑侧重于编辑的加工职能。一般来讲，编辑加工主要指稿件决定采用后，对原稿的修改润饰。或者说，审稿认可后，对原稿进行文字、图表、版式等技术性的整理。

策划编辑侧重于组织职能。编辑组织稿件的方向须与所在期刊编辑部的办刊宗旨相结合。一个出版单位的组稿方向，制约着策划编辑个人的组稿方向。策划编辑在茫茫文海寻求与自己策划方向相一致的稿件，作者在此刻也在数千份期刊里寻找与自己研究方向一致的期刊。在此，编辑和作者都要广开信息渠道，广结学术圈学者，才能早日“遇见”自己心仪的稿件或期刊。

编辑的中介职能是针对编辑工作涉及的主体而言的。编辑处在作者和读者中间，编辑的社会责任，是为促进社会发展的人们提供精神动力和智力支持。编辑的社会作用，是向人们介绍新的知识和新的意识。这种中介职能大多数时候体现为沟通，协调作者、读者、编辑部三方的利益，通过经过选择加工的论文使三方利益共赢。

目前，有越来越多的学科专业人员参与到所属行业的学术期刊出版工作，兼职负责论文的审查和稿件的组织工作。编辑的筛选职能通过审稿过程完成。三审编辑和同行评审均根据相关标准审读稿件，对稿件的内容和形式进行甄别，将通过筛选的稿件见诸期刊，将未通过筛选的稿件退还作者本人。筛选职能对作者来讲是最重要的职能，这一职能是后续加工职能和中介职能的基础。

在编辑出版中，作品的学术质量一般可以依靠本学科的专家学者来审定，但学术期刊编辑若不具备精深的专业学术眼光，则在稿件的处理中往往造成滥竽充数或遗珠之憾。何况，即使抛开“真专家”与“假专家”的实

---

① （美）格罗斯. 编辑人的世界［M］. 齐若兰，译. 北京：中国工人出版社，2000：12－14.

质性争论，任何专家在审稿过程中都不可能“绝对客观”与“完全正确”，都有可能因为学识的高低、思想的异同、责任的强弱、环境的好坏甚至审稿的近亲性、信息的不对称性以及研究领域的宽窄度等因素，而在审稿过程中存在“信息失真”的情况。[①] 此刻，编辑就充当了“查遗补漏”的角色。

第二节　核心期刊评价及运转

一、核心期刊界定

随着科学技术的发展，学术论文和刊载这些论文的期刊也随之大量增加，这使读者查找文献变得越来越困难。此时，如何帮助读者快速有效地获得他们最需要的文献就成了文献情报工作者需要研究的问题。1931 年著名文献学家布拉德福首先揭示了文献集中与分散规律，发现某时期某学科 1/3 的论文刊登在 3.2% 的期刊上；1967 年联合国教科文组织研究了二次文献在期刊上的分布，发现 75% 的文献出现在 10% 的期刊中；1971 年，SCI（科学引文索引）的创始人加菲尔德统计了参考文献在期刊上的分布情况，发现24%的引文出现在 1.25% 的期刊上；等等。这些研究都表明期刊存在“核心效应”，从而衍生了“核心期刊”的概念。

国家没有任何一个政府部门给刊物划分级别，所谓的刊物级别只是期刊行业的一种认识和一些社会机构推出的期刊目录。虽然国家没有划分，但职称评审部门都有对期刊级别的要求。这就迫使作者不得不盯紧核心期刊并为论文能刊发其上不懈奋斗。核心期刊有很多种分类，比如北大核心，南大核心，科技核心，人文社科核心等。核心是个相对的概念。如果把学术期刊看作一个大圆，那么核心期刊是位于这个大圆中间的一个小的同心圆，至于两个圆的大小比例，则随时间的变动而变动。近几年有些地方在核心期刊里又分出权威、重要、核心。与此同时，学术期刊整体与核心期刊的“两个同心圆”内的学术期刊也处于不断变动之中。那么，是否核心期刊的水平就一定高于非核心期刊？有学者对此做过专门研究，认为“两份期刊影响因子差别

① 刘荣军．编辑角色的“德行”与“智识”——也读《编辑人的世界》［J］．西南大学学报：社会科学版，2008（6）：189－190.

小于25%，应属于同一水平”①。由此可见，核心只是一个相对概念。

通常所说的中文核心期刊，是被北大图书馆每四年出版一次（2008 年后每三年出版一次）的全国《中文核心期刊要目总览》中列出的期刊，最新版为2011 年版。《中文核心期刊要目总览》是学术界对某类期刊的定义，是一种期刊等级的划分。它的对象是中文学术期刊。《中文核心期刊要目总览》（2011 年版）将采用文献计量学方法筛选的学科核心期刊定义为：刊载某学科（或专业）论文较多，能够反映该学科最新成果和前言动态，使用率（包括被引率、文摘率、流通率等）较高，学术影响力较大，受到该学科（或专业）读者重视的期刊。核心是一个相对的概念。自《中文核心期刊要目总览》（1992 年版）之后，核心期刊评价方法不断改进，筛选出来的核心期刊数量一直维持在我国正式出版期刊总数的20%左右。②

表1－1 《中文核心期刊要目总览》各版核心期刊数量与我国正式出版期刊种数对比表③

年份/年	1992	1996	2000	2004	2008	2011
《中文核心期刊要目总览》核心期刊数/种	2 157	1 613	1 571	1 798	1 983	1 982
我国正式出版期刊数/种	6 484	7 916	8 725	9 490	9 549	9 891
《中文核心期刊要目总览》核心期刊数占我国正式出版期刊种数百分比/%	33.3	20.4	18.0	18.9	20.8	20.0

二、核心期刊评价

评价指标关系到期刊的影响力，进而决定其下一轮评选时是否入围核心期刊名单。在《中国学术期刊综合引证年度报告》（CAJCES）中所使用的期刊评价指标评价中，如下几个指标成为量化评价的重要内容。

总被引频次：指该期刊自创刊以来所登载的全部论文在统计当年被引用的总次数。这是一个非常客观实际的评价指标，可以显示该期刊被使用和受重视的程度，以及在科学交流中的作用和地位。

影响因子：这是一个国际上通行的期刊评价指标。是 E. 加菲尔德于

---

① 顾飞荣，彭少兵. SCI 论文撰写与发表［M］. 济南：山东教育出版社，2009：12－13.

② 中文核心期刊要目总览（2011 年版）研究报告［C］//朱强，蔡蓉华，何峻. 中文核心期刊要目总览：2011 年版. 北京：北京大学出版社，2011：17.

③ 中文核心期刊要目总览（2011 年版）研究报告［C］//朱强，蔡蓉华，何峻. 中文核心期刊要目总览：2011 年版. 北京：北京大学出版社，2011：14.

1972 年提出的。由于它是一个相对统计量，所以可公平地评价和处理各类期刊。通常，期刊影响因子越大，它的学术影响力和作用也越大。影响因子只表明期刊的影响力，高影响因子的期刊水平不一定很高。学术水平和社会影响力不是等同的。

即年指标：这是一个表征期刊即时反应速率的指标，主要描述期刊当年发表的论文在当年被引用的情况。具体算法为：

即年指标＝该期刊当年发表论文在当年被引用的总次数/该期刊当年发表论文总数

被引用半衰期（Cited Half-life）确定被引用期刊的年龄基准，显示一份期刊从当前年度向前推算引用数占截止当前年度被引用期刊的总引用数 50%的年数。这一数字有助于图书馆确定期刊采购和期刊馆藏的策略。

被引半衰期是衡量期刊老化速度快慢的一种指标，指某一期刊论文在某年被引用的全部次数中，较新的一半被引论文发表的时间跨度。意思就是说，从以前某时刻到现在的时间跨度 N 内的引用数占该期刊自创办起至今的总引用数的一半。N 就是半衰期。被引半衰期的高低与期刊的水平高低无必然联系。举例来说，一个以研究为主的期刊可能比一个以即时通信为主的期刊有一个较长的被引半衰期。被引半衰期数据有助于对期刊的收集管理和归档。

每一核心期刊表（中文核心期刊）之前，均有该表的研究报告，说明该表的研究方法。《中文核心期刊要目总览》（2011 年版）采用了定性和定量相结合的评价方法，以定量评价为依据，以专家评审为补充。定量评价的指标包括：被索量、被摘量、被引量、他引量、被摘率、影响因子、被重要检索系统收录、基金论文比、Web 下载量。定性评价虽然作为补充，但是专家的意见可以调整学科核心期刊的排序、可以调整学科核心期刊表——将某种期刊从扩展区调入核心区，将核心区排位最后的某种期刊调出核心区等。

评价的权重设计参考了国内有关的研究成果及上一版的权重设置，先预设权重，得到各个学科期刊初始综合评价排序表；然后请各编和学科负责人对初始综合排序表和各单指标排序表进行审查，分学科进行评价测试和权重调整，并在征求学科专家意见的基础上，确定各学科合适的权重配置。

需要指出的是，在最新版的总览中将基金论文比分为总基金论文比和省市级以上基金论文比。在权重设置时，总基金论文比所占比重较大。对于未进行全国性的国家级期刊评奖活动的计算年份，忽略将获奖作为评价指标，仅统计期刊被国内外重要检索工具收录的情况，相应的指标名称确定为“被重要检索系统收录”。

三、核心期刊评价对期刊选择论文的影响

期刊的评价指标是基于文献计量学，以引文分析为核心提出来的。对期刊的评价，实际上还是落脚到对科研论文的评价，或者是通过科研论文来评价期刊。因此，核心期刊选择论文不得不考虑论文对评价指标增长的贡献率。任何一个期刊出版者都不得不关心所发表论文的传播学特征和引文指标。因为这些期刊出版者所关心的论文的特征必然转化为期刊评价指标。由于期刊关注学术论文的传播效果，因此就会将其关注的内容转换为期刊的论文的评价和录用标准。即使作者仅仅以论文发表为目的也不得不关注期刊的论文录用标准以及评价论文传播效果的标准，以便提高论文被录用的几率。

如果不关心期刊所关注的，就不能了解期刊的喜好，自然会降低论文被录用发表的可能性。期刊关注论文发表后的传播效果，要求论文对科学研究有指导作用——就是在后续的研究成果中能够体现，或者能够作为参考文献被引用。如果作者的论文质量高又具备了提升传播效果的特征，那么被发表的可能性就大大提升了。一篇论文的被引用，表明该论文的信息对他人的研究有一定的影响，这种影响包括正面的指导作用和负面的借鉴意义。至于何种论文更容易被关注和引用，可从统计分析的结果中探求一二——综述性论文、交叉学科论文、新兴学科和热点研究领域的论文等。另外，一篇引起争鸣的文章的被引用次数就相对较高，赞同文中观点的作者会不断在此文献基础上有所发展，而持否定态度的作者则会不断列出该观点，将其作为批判的对象。当然，如果作者都将目标指向这几类论文，那么就像达到“社会平均利润率”，各类论文被发表的可能性也就趋于一致了。

本书以影响因子、被摘率、基金论文比三个定量评价指标分析其对期刊选稿的影响。

影响因子＝该刊前两年发表论文在统计当年被某学科论文引用的总次数/该刊前两年所发表论文的总数

被摘率＝该刊统计当年发表的某学科论文被摘录的总次数/该刊统计当年发表论文的总数

基金论文比＝该刊统计当年发表的某学科的基金论文数/该刊统计当年发表论文的总数

以上三个指标的分母都是发表论文的总数。如果期刊的发文总数越大，评价指标的数值就越低。从这个角度考虑，期刊在可能的情况下会选择尽量降低发文篇数。而期刊每期的页码是固定的，如果要减少发文篇数，就要刊

登长文章，这就引发了期刊对文章最小字数的规定。论文字数过少，一方面不能满足期刊提升评价指标的期望，一方面也不能对论述问题有深入的探讨。

影响因子的分子是该刊前两年发表论文在统计当年被某学科论文引用的总次数。从表述上看，这个指标和期刊前两年发表的文章有关，也与统计当年作者引用文献的新旧有关。如果期刊的前两年发表的文章比较多，假设引用比例不变，统计当年该刊的论文引用的总次数就会更高。当然，这一内容与期刊对作者论文的要求相关度不高。如果统计当年期刊的论文大多引用较新的文献，那么，影响因子的数值也会增大。体现在编辑部对作者论文的要求方面，就是引用新的文献，尤其是最近两年发表的论文。这一方面提升了期刊的影响因子，另一方面考验了作者对最新文献的吸收和把握程度。

被摘率的分子是该刊统计当年发表的某学科论文被摘录的总次数。其与统计当年期刊发文量和被摘录的次数有关。发文量大会提升被摘量的分子，但同时也增大了分母。所以，要提升被摘量，还是要从论文被摘录的总次数上下功夫。什么样的论文被摘录的可能性更大？首先与作者姓名及单位有关。受到晕轮效应的影响，文摘编辑部更倾向于摘录那些名家、知名学者的论文。这就不难理解很多研究生在论文写好之后请导师过目，然后在署名中加上导师的姓名。如果学生的论文的确不错，导师的“光圈”就不会受到影响。如果学生的论文质量不高且导师疏于把关，加上导师的名字就是给导师抹黑了，久而久之，导师的名字就被学生从知名学者的名单中拉出来了。文摘编辑部在摘录时会更看重已经是核心期刊的文章，核心本身在某种程度上就是品牌，就是质量的保证。另外，新近的热点、重点选题也容易引起文摘编辑部的注意，进而增加摘录的机会。

基金论文比的分子是该刊统计当年发表的某学科的基金论文数。虽然在最新版的总览中将基金论文比分为总基金论文比和省市级以上基金论文比，但是只要论文有基金支持，都能增大基金论文比这一评价指标的数值。不少编辑部明确指出优先发表有基金支持的论文，这是基于编辑部利益的双重考虑：一方面，刊发有基金的论文能提升基金论文比这一指标值；另一方面，有基金支持的论文物质条件充足，科研没有后顾之忧，容易出成果。如果是收取版面费的期刊，有基金支持就意味着版面费不存在支付问题，意味着编辑的腰包会增加一点厚度。

四、核心期刊运营方式对期刊选择论文的影响

（一）有办刊经费

期刊的运转离不开经费的支持。有的核心期刊由高校或者科研院所主办，办刊经费来自主办单位的拨款；有的期刊有众多理事单位，每年有理事单位的“进贡”，过着不为“米”愁的日子。这两类期刊没有经济压力，可以将全部注意力放在提高期刊质量和影响力方面，注重选用优质稿件。与此同时，这两类期刊的主办单位或者理事单位科研实力雄厚，能够为期刊提供大量的高素质同行评审专家。然而，也应该看到这两类期刊的局限性。高校和科研单位本身就是科研实体，每年有大量的科研产出。自产自销的倾向即便编辑部致力避免，但面对“衣食父母”，做“子女”的也不能太过忤逆。所以，向这两类期刊投稿时，建议作者先研究最近几期刊物的作者单位，如果作者来自五湖四海，那么就可以放心投稿了，因为这份期刊是“英雄不问出处”的。相反，如果这份期刊对来自某个或某些单位的作者有偏好，那么投稿作者就要仔细斟酌，是否自己的论文真的比这些已经刊发的论文含金量高出许多。慎重起见，作者最好咨询编辑部是否对作者身份有要求。

（二）无办刊经费

有些核心期刊是没有办刊经费的，它们主要依靠版面费、宣传费、电子版权转让费收益维持期刊运转。版面费是把双刃剑，在给了期刊经济方面的支持的同时，使期刊遭受失去高质量稿件的风险。在期刊编辑部经济利益和社会效益的博弈中，期刊编辑部要维持二者的平衡。在学者们普遍了解某核心期刊收取版面费时，不同级别的作者有不同的反应：顶尖的学者就会将自己的作品投给那些不需要版面费的期刊，因为如果被同行知道自己“花钱”发表文章是有损颜面的；中级学者继续向这类期刊投稿，但如果一稿多投的作者同时收到两份核心期刊的录用通知，他们就会倾向将论文刊发在不收取版面费或者收取少量版面费的期刊上；其他学者会踊跃向收取版面费的期刊投稿，期待用超过收费标准的金钱的供给弥补研究能力方面的不足。在此，建议作者初次与编辑部沟通时或者准备投稿时咨询编辑部的版面费收取情况，如果超过自己的预期，则可尽早回头。期刊编辑部也要在收取版面费的同时，向顶尖学者约稿（当然是不收取版面费的），以提升期刊的影响力。

第二章
摈弃慌不择路 辨别期刊真伪

在核心期刊载文量和社会对核心期刊版面的需求量的悬殊差异下，许多作者慌不择路：走上学术不端道路者大有人在；靠“关系”刊发论文者不在少数；而没“关系”又水平一般的作者就通过大面积撒网的盲目投稿来提升其投稿命中率。由此，假期刊应运而生。辨别期刊真伪，远离期刊造假陷阱，是走向核心期刊的第一步。

第一节 刊发难下的慌不择路

一、核心期刊来稿量和载文量对比

全国的各种核心期刊一年发表的论文的总数也没有在读研究生的人数多，何况有些高校要求每年发表的论文还不止一篇，再加上高校教师和科研单位对于发表文章的需求，供需的失衡就更加严重了。

核心期刊的审稿通过率由个位数字到20%～30%不等。文化、教育、卫生等领域的数字比较低，通常为个位数字。当然，这个数字因为盲目投稿、一稿多投等掺了不少“水分”。不管“水分”有多大，期刊版面远远满足不了作者的需求。在供需失衡的现实下，一大批学者为发核心期刊焦虑着。

从数量对比上看似乎出版单位位于强势一方，但是，编辑也同样有自己的苦恼。核心期刊来稿量不少，而值得发表的文章却不多。编辑部为了得到一篇优质论文的发表权，不仅反复相求，还要付出高额稿酬。

有一篇论文，是一个重量级人物的讲话稿。在得知此人会议上有此番发言时，编辑部马上派人当面和该人联系，请求其准许将讲话的书面稿赐予编辑部发表，此人回答：我只有提纲，没有讲话稿。会议当天，编辑部编辑最早进入会场，找到前排最适合录音的座位。会议后编辑整理长达40分钟的讲话内容，将声音文件转换为Word文件。整理完毕后编辑部主任、主编一一把关，然后由编辑发给该发言人请求审阅。在漫长的等待后，该发言人通过秘书说此文不发了。之前的工作就“打水漂”了。苦恼没用，抱怨没用，这就是现实。你是核心期刊，还有比你影响因子更高，更有权威的核心中的核心期刊。不管是作者，还是编辑部，永远都存在实力的较量。

二、差异悬殊下的慌不择路

（一）学术不端泛滥

1．学术不端的界定

学术不端可以概括为在科学研究活动中，为谋取个人或集体利益，违反科学共同体行为准则或社会价值观的行为。对于学术不端包含的具体内容，国内有关规范规定不一，学者归纳的学术不端也与规范规定有别。与此同时，国外与国内的规定也不尽相同。

在我国，有关学术不端的法律法规主要包括《中华人民共和国科学技术进步法》、《关于严肃处理高等学校学术不端行为的通知》、《高校学术规范指南》、《关于进一步加强学术著作出版规范的通知》。

创新原则是科技法的一项基本原则。该法强调一切科技或科研活动都应当遵循自主创造、求新求真的理念。《中华人民共和国科学技术进步法》第五十五条规定科学技术人员应当弘扬科学精神，遵守学术规范，恪守职业道德，诚实守信；不得在科学技术活动中弄虚作假，不得参加、支持迷信活动。第七十条指出：违反本法规定，抄袭、剽窃他人科学技术成果，或者在科学技术活动中弄虚作假的，由科学技术人员所在单位或者单位主管机关责令改正，对直接负责的主管人员和其他直接责任人员依法给予处分。

为进一步加强高等学校学风建设，惩治学术不端行为，教育部2009年3月19日发出《关于严肃处理高等学校学术不端行为的通知》。通知列举了必须严肃处理的七种学术不端行为：一是抄袭、剽窃、侵吞他人学术成果；二是篡改他人学术成果；三是伪造或者篡改数据、文献，捏造事实；四是伪造注释；五是未参加创作，在他人学术成果上署名；六是未经他人许可，不当使用他人署名；七是其他学术不端行为。

治理学术不端、强化学术规范是新闻出版行业必须正视的一个重大议题，新闻出版总署对此高度重视，于2012年9月下发了《关于进一步加强学术著作出版规范的通知》。通知内容第四条指出：引文、注释、参考文献、索引等是学术著作不可或缺的重要组成部分，体现了学术研究的真实性、科学性与传承性，体现了对他人成果和读者的尊重，是反映学术著作出版水平和质量的重要内容，必须加强出版规范，严格执行国家相关标准。

引文是引自他人作品或文献资料的语句，对学术著作的观点起支持作用。引文要以必要为原则，凡引用的资料都应真实、详细、完整地注明出处。

注释对作品中某些特定的内容、术语等起到必要的补充、解释或说明作用。注释应力求客观、准确、翔实。

参考文献是为撰写或编辑著作而引用的有关文献信息资源，是学术研究依据的重要体现，对研究内容起到支持、强调和补充作用。参考文献应力求系统、完整、准确、真实。

索引是指向文献或文献集合中的概念、语词及其他项目等的信息检索工具，有助于学术内容的检索、引证、交流和传播。索引的编制应力求实用、简明、便捷、完备。

学术译著应尊重原作者研究成果，力求准确完整，不应随意删改原著的引文、注释、参考文献、索引等内容。

以上是规范对学术不端的界定。可以看出，政策的不同出台/颁发单位有不同的出发点，关注的内容也各有侧重。下面是我国学者和国外组织关于学术不端的观点，也是各有千秋。

赵大良将学术不端行为的表现归纳为①：

（1）论文和著作的造假、抄袭、剽窃、搭车署名；

（2）靠拉关系、瞎忽悠、“跑部钱进”来争项目、争经费；

（3）伪造学历、伪造成果；

（4）报奖搞包装，对评委和工作人员拉关系、搞运作，甚至偷梁换柱、移花接木、炮制假成果；

（5）个人介绍材料不实，言过其实，或把别人的成果、集体的成果捆绑包装到自己头上，或贬低别人、抬高自己；

（6）专家学者对自己并不内行、并不了解的领域，以权威姿态发表评论，误导公众。

美国国家科学技术委员会公布的《联邦政策》将“科研不端行为”界定为：“在计划、实施、评议研究或报道研究结果中伪造、篡改或剽窃，以及其他严重违背公认准则的行为 。”其中伪造是指伪造资料或者结果并予以记录或报告；篡改是指在研究材料、设备或过程中作假或者篡改或遗漏资料或结果，以至于研究记录并没有精确地反映研究工作；剽窃是指窃取他人的想法、过程、结果或文字而未给予他人贡献以足够的承认。同时指出，科研不端行为不包括诚实的错误或者观点的分歧。对于在研究计划和实施过程中非有意的错误或不足，如对试验结果的解释、判断错误，因研究水平或仪器设备等原因造成的研究结果的错误，以及与科研活动无关的失误等，不能认

① 赵大良. 学术不端界定［EB/OL］. http://www.cujs.com/web/zdl/ziliao.htm.

定为学术不端行为。

学者赵大良的归类通俗易懂且全面，美国国家科学技术委员会公布的《联邦政策》不仅列举了学术不端的各种表现形式，而且对一些常见的被误认为是学术不端的行为进行澄清，更体现了该政策的严谨性。

2. 学术不端分类及评析

(1) 署名。

署名是作者拥有知识产权的声明，是科研评价和管理工作的数据基础，同时也是责任与荣誉的证明。署名表明作者对论文内容负有责任，表明作者对论文成果享有荣誉，便于读者与作者沟通，便于进行文献检索和查阅。

在科研成果上署名的应该是作者。那么，何谓作者？作者应是“对已发表的研究作出过实质性智力贡献的人”。关于署名资格的认定，主要有两种观点：

一种观点认为署名作者应满足以下三个条件①：①在设计构思、获取数据或分析数据中做出实质性贡献；②起草文章，或对重要的学术性内容做出关键性更改；③最终认可拟发表文章。

另一种观点是来自国际医学期刊编辑委员会（ICMJE）有关作者资格的界定：①课题的构思与设计，资料的分析和解释；②文稿的写作或对其中重要学术内容做重大修改；③参与最后定稿，并同意投稿和出版。

以上三项条件应全部具备方可成为作者；作者的排列顺序应由所有作者共同决定；每位作者都应该能够就论文的全部内容向公众负责。

由此可见，在署名方面产生的学术不端主要包括不当署名和不当排名的问题。

不当署名（inappropriate authorship）：围绕不当署名问题，出现的问题主要有：遗漏作者，盗用他人署名，转让或者转赠署名，搭车或者挂名署名，强制性署名，混淆署名与致谢等。在论文中应列出所有合作作者，区分合作作者和被感谢人的不同。

不当排名（inappropriate authors rank）：即作者排序方式未依据对论文贡献的大小而定，而是根据人的主观因素定的。不当排名的问题在科技论文中集中体现在通讯作者和第一作者方面。目前学界对通讯作者的理解有三种常见的观点：负责与编辑部保持联系；论文的责任人；解答读者的提问。密歇根大学伦理专家 Nicholas Steneck 表示：“论文中作者排序的差异最终可能会

---

① International Committee of Medical Journal Editors. Uniform requirements for manuscripts submitted to biomedical journals: updated april 2010 [EB/OL]. [2010-12-22]. http://www.icmje.org/urm_main.html.

导致谁会获得诺贝尔奖的差异。”在社科论文中，不当排名则集中体现为按资历、行政级别排名。

作者的署名是论文的标签。无论是学术不端、不尊重编辑的劳动随意撤稿或者编校过程中的不配合，都会影响作者的学术信誉。一个科研能力一般的导师，其学生所撰写的论文即使质量很好，编辑也会表示怀疑；一个有过不端行为的作者，其团队的其他人再次投稿时，编辑也会下意识地提高警惕。由此可见，珍视名誉，保护署名权意义重大。

署名上的学术不端影响到作为文化消费者的读者的合法权益。《消费者权益保护法》规定，文化消费者的利益应该受到重视。署名权的转让、约定和不正当行使，影响到文化消费者的知情权、选择权和公平交易权。与此同时，署名权的转移损害了社会公共利益和公序良俗，这主要包括教育利益、职称评价体系、社会诚实信用的道德准则等。①

在现实生活中，人们在选购著作权产品时，很少人是完全欣赏过文字或视听作品后才根据作品的质量购买的，而在很大程度上是基于对作品作者的名誉和声望的信赖。正是消费者的这种预期和信赖与作者的思想及人格魅力紧密联系在一起，才在彼此间撞出知识的火花，实现思想的交流、智慧的升华。假如仅仅因为某人的署名可产生这种商誉，可带来预期的经济利益，那将其如同商标一样进行转让、允许随意署名，往往会产生欺骗性的后果，损害社会公共利益，尤其在出版物的销售中会误导消费者。②

对于作者转让自己作品署名权是否会损害读者利益的问题，有学者将其分为两种情况进行分析：一是高水平的作者将自己的作品转让给水平一般的人署名发表；二是水平一般的作者将自己的作品经他人同意署以水平较高的人的名字发表。该学者认为，在这两种情况中可能会对读者利益造成损害的，只可能是第二种情况。③

（2）引文。

引文体现了文化的继承性，体现了作者对知识产权的尊重，达到与读者共享信息资源的目的。对于编辑而言，引文便于编辑和审稿人评价论文的学术水平。作为一种评价期刊的途径，通过引文可以对期刊水平做出客观评

---

① 梅术文. “枪手代笔”的著作权问题与消费者利益保护［J］. 知识产权，2012（7）：95－99.

② 彭小岷. 从学术论文谈著作权视野下的挂名行为［J］. 广西青年干部学院学报，2008（9）：71－73.

③ 柳励和. 论著作人身权之转让——现行学术评价体制下的思考［J］. 湖南社会科学，2009（3）：67－70.

价。在引文方面，通常存在的学术不端就是剽窃（plagiarism）。

在写论文时，研究者习惯使用复制粘贴功能，这为学术不端埋下种子。因为研究者通常会在写完整篇后，忘记哪些内容是复制的，哪些内容是自己撰写的，对复制内容忘记引用就会造成剽窃，即最常见的学术不端。在实际论文写作过程中，对他人的概念、公式、实验、性能、结果、主要观点要标注清楚。即使是用自己的语言描述已有成果，也要表明出处。另外，对于文中的图像或者数据，要清晰地标明来源。对于别人成果的引用要写进参考文献，而不能仅仅放到感谢部分。

学术论文的引文，即使标注也有一个量的问题。教育部指南规定，综述引文不得超过50%，论文引文不得超过25%。避免造成抄袭的最好方法就是：进行引文标注或脚注；或者是在文中直接表述是谁说的并将原话用引号或特殊字体表示。也即是说，以一种醒目的方式标志出来：此结论不是本文所有而是他人成果。只要是标注清楚了，就不属于剽窃的范畴。无论是出于什么目的或原因——忘记了、一时疏忽、或者是不知道等等，都不影响抄袭的定性，没有标注就是抄袭甚至是属于剽窃。引文不是越多越好，一些常规的表述、常识性事实是不需要标注和加引号的。连续地从原文中复制的文字应该加引号。

（3）内容不实。

伪造（fabrication）：伪造是指不以事实为依据，在没有任何实验或操作的基础上凭空捏造。最常见的伪造包括伪造数据、伪造基金项目。伪造数据等行为在学术圈时有发生。不少作者为了快出成果，建立“海市蜃楼”。这样的论文经不起推敲，如果同行评审时追问论文更为详细的情况，伪造事件就很容易败露。

经概率统计，水平大致相同的论文有基金项目的审稿通过率高于无基金项目的。普遍认为，基金支持的论文在很大程度上都是各级政府以及科研机构的研究热点和需要突破的选题，而且有基金支持的项目在开展过程中因资金充足容易获得项目需要的设备及资料，这种情况下更易产生高质量的论文。基于此，不少作者不管论文有无课题支持，不管所挂课题方向是否和论文研究方向一致，不管所挂课题是否结题，均在文中指出有课题支持。不同类别的基金支持的选题内容差别很大，国家级的基金课题支持的论文未必就是符合刊发要求的优秀稿件，应根据具体情况给出具体判断。

篡改（falsification）：与伪造不同，篡改是指在原始资料的基础上随意改动，使结果更接近假设。篡改相对伪造更为隐蔽，涉及造假的内容更少，但其性质与伪造一样。作者往往修改原始数据的几个离散量，就可以使结果变得完美无缺。然而事实上，少数的离散数据更值得学者研究，且更容易出成果。如果审稿人对表面“完美”的结果表示质疑，就会要求作者提供原始实验或数据资料，进而用更加审慎的态度质疑作者提供的资料。

（4）论文不当发表。

重复发表（overlapping publications）：重复发表是指同样的文稿或实质性内容相同的文稿在两个或两个以上的媒体发表，无论是印刷版媒体还是电子媒体。此处引用《实用医学杂志》和《解放军护理杂志》关于重复发表的声明，阐述重复发表的内涵及期刊界对这种学术不端的处理。

《实用医学杂志》在2013年第29卷第12期刊登了如何鉴定重复发表论文的声明，声明内容如下：

> 近年来，学术论文主要研究内容重复发表的现象越来越多。这里说的重复发表指的是将同一研究的课题的结果总结成多篇论文，先后投寄到多个杂志发表的现象。在我们日常的来稿中，有一部分论文属于这种情况。国外学者将这种稿件称为“腊肠切片 ”（salami slicing），而国内学者将这类论文叫做“变相重复发表 ”。实际上这也是属于一稿多投的一种 。本刊结合国内外学会及专家的意见，将“重复发表”稿件定义为：（1）作者单位相同，或大部分作者相同，包括第一作者相同或者不同、作者排名顺序相同或者不同；（2）主要的研究方法相同；（3）半数以上内容（包括资料或讨论部分）相同；（4）结论类似。
>
> 本刊对上述这一类论文均作退稿处理。在此提醒作者，如您所投的稿件与以前刊出的文章可能被认为是重复发表时要加以说明，以便编辑正确判断与处理。

《解放军护理杂志》在2013年第30卷第7期刊登了对文稿抄袭剽窃、重复发表等问题处理的声明，声明内容如下：

> 近年来，护理学科发展迅猛，论文产出量逐年增多。尽管绝大部分作者都是本着严谨和自律的学术态度从事护理科研，撰写护理论文，但仍有个别作者存在着形形色色的学术失范或学术不端行为，其中抄袭剽窃、重复发表的问题尤其严重。为了维护《解放军护理杂志》的声誉和广大读者、作者的权益，遏止学术腐败，倡导优良学术风气，促进护理学科的健康发展，本刊就文稿抄袭剽窃、重复发表等问题的处理做出如下声明：
>
> （1）本声明中所涉及的文稿指2篇文稿在文字的表达和讨论的叙述上可能存在某些不同之处，但文稿的主题、结构、主要数据和图表是相同或高度一致的。所指文稿不包括重要会议的纪要、疾病的诊断标准和防治指南、有关组织达成的共识性文件等。（2）凡来稿接到编辑部稿件

回执3个月内未接到录用通知者，则表明稿件仍在处理中，作者欲投他刊，应事先与本刊联系，以免重复发表。(3) 如1篇文稿以全文方式已投某刊或已在某刊发表，除非文种不同，否则不可再将该文投寄给本刊。(4) 抄袭剽窃、重复发表等行为一经核实，将择期在杂志显要位置刊出其作者单位、姓名及撤销论文的通告；该文稿第一作者所撰写的所有文稿3年内不得在本刊发表；编辑部将就此事件向作者所在单位进行通报，以示惩戒。

《解放军护理杂志》编辑部

拆分发表（slicing publication）：拆分发表可能会引起重复发表。如果拆分之前的论文已经发表，将其中的章节分割开来，分别投递出去，就会造成重复发表。虽然拆分的时候要删掉许多原有内容，补充了新内容，重写了文章开头和结尾，但文章的主体是已经公开出版过的（通常比例为50%以上）。

特别需要指出的是研究生拆分发表学位论文的情况（学位论文电子数据库收录在先，论文中内容在纸质期刊发表在后）。在目前的情况下，研究生毕业时出于情愿或者不情愿将学位论文的电子版权转移给毕业高校。由此，学校有权保留并向国家主管部门或其指定机构送交论文的电子版和纸质版，允许学位论文被检索，查阅和借阅，学校可以公布学位论文的全部或部分内容，可以允许采用影印，缩印，数字化或其他复制手段保存，汇编学位论文（保密的论文在解密后遵守此规定）。

金铁成等在《研究生学位论文拆分发表问题探析——由“学术不端文献检测系统”检测结果所想到的》中提到“整体内容（学位论文）都已全部发表，显然再发表其中的部分内容就是重复发表”。那么，研究生拆分发表学位论文一定是学术不端吗？研究生拆分发表学位论文距离学术不端有多远？

《研究生学位论文拆分发表问题探析——由“学术不端文献检测系统”检测结果所想到的》一文第三部分“学位论文的拆分论文的发表时机”第二小节是“先发拆分论文后发学位论文宜提倡”。拆分是将相对的整体分为几部分，这几部分共同组合构成整体。“先发拆分论文后发学位论文”的说法不妥。学位论文尚未成形，何来对其拆分之说？就像一座还在建设阶段的房子，不能认为已经存在的还放置在预制厂的预制墙体是从这个房子里拆分出来的。

另外，《研究生学位论文拆分发表问题探析——由“学术不端文献检测系统”检测结果所想到的》一文中提到“目前，有相当部分的科研人员、研究生，甚至学术期刊编辑根本不知道CDFD（中国博士学位论文全文数据库）和 CMFD（中国优秀硕士学位论文全文数据库）是正式的学术电子期刊，不知道学位论文被 CDFD 和 CMFD 收录就是正式出版"。这种学生在不知情的情况下签署"学位论文使用协议"在法律上是否成立？《合同法》第五十四条规定："下列合同，当事人一方有权请求人民法院或者仲裁机构变更或者撤销：（1）因重大误解订立的合同；（2）在订立合同时显失公平的。"依据《合同法》可知，研究生在不知情、有重大误解或者不得已的情况签署的"学位论文使用协议"，属于可撤销合同，具有撤销权的当事人自知道或者应当知道撤销事由之日起一年内可行使合同内容变更权或撤销权，通过法律手段宣布变更或者撤销合同内容，从而宣告学位论文电子出版不成立。如果学位论文电子出版不成立，拆分和重复发表之说就失去根基。

格式合同指一方当事人或者政府部门、社会团体预先拟订或印制成固定格式以供使用的条款。格式合同在地位上存在着不公平性。高等学校拥有颁发学历学位证书的权力，这对于学历社会中求学的学生来讲是"绝对的特权"，学生是"学位论文使用协议"双方当事人的弱势一方。这种单方（高校）事先制定的格式合同的法律特征决定高等学校可以利用其优势地位，将预定的格式条款强加于学生，从而排除学生就协议内容进行协商的可能性。为了保护弱者的利益，达到公平的目标，《合同法》第四十条规定了格式条款无效的情形："格式条款——或者提供格式条款一方免除其责任、加重对方责任、主要义务，排除对方主要权利的，该条款无效。""学位论文使用协议"属于高校制定的格式合同，应该遵循格式合同的相关规定。如果高等学校的"学位论文使用协议"中规定无偿将研究生的研究成果据为己有，并通过格式合同将学位论文电子版权转移给电子数据库，这种条款就加重了研究生的主要义务，排除了研究生对于个人作品的发表权等著作权利，符合格式合同条款无效的情形。对于这种条款，研究生同样有权申请变更或撤销，重获个人对于学位论文全部内容的发表权。如果学位论文从未以电子形式出版，学生毕业后发表学位论文的部分内容就不会存在重复了。

学生在高等学校完成的学位论文著作权属于学生本人。学生对于学位论文享有完整的著作权。而著作权的一个重要内容就是发表权。且看收录的学位论文的网络投稿人，都是高等学校而非学生。不是学生本人投稿，就涉及学生（著作权人）对投稿和发表行文是否知情，是否同意的问题。在目前大多数研究生不知道 CDFD 和 CMFD 是正式的学术电子期刊，不知道学位论文被 CDFD 和 CMFD 收录就是正式出版的情况下，他们对高等学校代为行使学生著作权的做法不知情，而高等学校相关部门也未必清楚掌握作品原件，成为作品原件的所有人，并不意味着拥有作品的著作权。作品原件的合法所有人如果不是著作权人，他如果要将作品发表，必须经过著作权人的许可。收存和保管学位论文各种版本的高等学校，未经论文作者同意，不应将论文转借他人，亦不应随意复制、抄录、拍照或以任何方式传播。否则，引起有碍作者（学生）著作权之问题，应承担法律责任。

学位论文被中国知网收录这种方式算不算公开发表？对此，赵大良及上文提及的作者金铁成等人对此进行过探讨，一致建议作者在学位论文电子版收录之前刊发论文内的“小论文”。如果作者在学位论文上传后就拆分学位论文的内容投稿，通过学术不端系统检测，就会发现这些拆分论文的重复率高。尽管目前对这种状况还没有一致的措施，但有些编辑部明确声明仅刊发首次公开的论文。在此，建议作者对学位论文设定保密年限，在保密年限内刊发相关“小论文”。

如果高校学生并不知道自己的学位论文的发表权等权利从“学位论文使用协议”签署之日起就灭失，或者出于其他原因对学位论文电子出版不知情，那么“拆分”发表学位论文就属于正当合理行使发表权，不存在重复发表问题。在信息不透明和高校学生维权意识有待加强的状况下，保护学生的著作权显得更为重要。建议高等学校加强宣传，明确学位论文电子出版和著作权的关系，强调电子出版是公开出版，避免高校学生在不知情或误解的情况下使正当行使的发表权成为重复发表，无端将自己陷入学术不端。这一方面是维护学生的权利和促进学生发展，一方面也是保护高校的利益——毕竟，某高校的毕业生的重复发表率很高对高校声誉是种不可挽回的损失。

同时，学位论文电子版数据库也要尽职尽责，在上传学位论文时按照保密要求延时上传论文，并在公开论文时注明网络出版时间，保护作者的合法权益。之所以有此建议，因为笔者在工作中遇到过这种案例：作者的“小论文”在保密年限内投稿给《高教探索》，“小论文”在学术不端检测系统检测时也未出现高重复现象。在“小论文”刊发后，编辑部抽查时对其进行学术不端检测，发现该文与已经上传的同名作者的学位论文高度重复。编辑部检查学位论文，发现中国知网上的该学位论文仅有作者的学位授予时间（早于“小论文”在《高教探索》的刊发时间），且学位论文封底中没有相关保密内容。致电《中国优秀硕士学位论文全文数据库》编辑部得知根据电子出版相关规定，学位论文上传时不能出现保密内容，所以，所有的有保密协议的学位论文在上传时都删去了保密内容。如果有人对某刊的论文进行刊后学术不端检测，就会误认编辑部把关不严，刊发已经在网络上出版的高重复论文。

（二）“潜规则”稿件滋生

潜规则与显规则相对，指看不见的、没有明文规定的、约定成俗的、被广泛认同的、实际起作用的规则。“潜规则”稿件，是关系社会的产物，在学术界一般指在人际关系包裹下的有质量问题的论文。其败坏学术规矩，冲击正常的出版工作。更为严重的是，“潜规则”稿件违背了出版的规律，损害了编辑主体，也背叛了读者，是一种学术领域的颓废腐败。“潜规则”稿件其害无穷，而其形成原因迄今却鲜有深入探究。找出“潜规则”稿件产生的原因，分析其治理对策，对纯净出版和学术环境都大有裨益。

1.“潜规则”稿件产生的原因分析

学术期刊是整个学术链条中不可或缺的重要一环，它的产生及发展与社会环境、学术人口、经费、学术研究水平、研究者的激情有密切的关系。社会环境（在此包括人际关系、制度环境、学术环境）中的不良因素，包括浮躁、过分趋利、无视规则等都会对论文、稿件、期刊乃至整体学术发展造成影响。《细胞》总编辑“曾拒绝过最亲密朋友的稿件，也拒绝过诺贝尔奖获得者的稿件”①。国内编辑做不到这一点，这涉及编辑、学者群体及其他相关利益群体的职业伦理水平。而同时，学术人口相对过多，办刊经费不足，学术研究水平不高者却要将研究成果以次充好，缺乏研究的热情的学者不得不高产等状况都会引致“潜规则”稿件的产生。归结起来，我国“潜规则”稿件产生的原因主要包括以下几个方面。

（1）传统中国人际关系的积弊。

人情高，面子重。作为一种约定俗成的行为规范，人情的产生和形成与中国的家族主义文化观念有关，并逐渐被泛化。在中国，有不近人情、不通人情等说法。从字面意义看，人情是一种客观存在，无论你是否选择，它都在那里，而作为人，只在适应优劣方面表现各异。如若表现出不符合人情的行为，则会被贴上道德品性不良的标签。在中国人的社会互动和人际交往过程中，人情至关重要，在某种程度上他是一种待人接物的行为规范。人情至上，与理相比较，人情的意义、价值和作用都大于理、重于理、超越于理。②然而，人情是个中性词，本身带有模糊性，社会规范（包括法律明文规定和约定俗称的规范）缺乏断定某种出于人情的行为优劣的普适性标准，缺乏对其进行客观衡量和评判的标准，因而造成出于人情的行为因人因事而异、因时因地而异、无公私之分、无是非之辨。人情和面子不能截然分开，人情是潜在的面子，面子是显在的人情。人情面子观的形成有两个历史原因：农业文明时期生活方式；儒家文化伦理观念。如果一个社会的运行机制完全由人

① Emilie Marcus. 著名杂志《细胞》总编辑：关系稿让期刊声誉进入地狱［EB/OL］. http://www.ebiotrade.com/newsf/2006-10/20061027102126.htm.

② 李伟民. 论人情——关于中国人社会交往的分析和探讨［J］. 中山大学学报：社会科学版，1996（2）：57-64.

情、面子支撑，那么被放弃的就是规则、理性和制度。[①] 历史存在惯性，在亲情规范和公平规范成为当今社会交往遵循的最基本的两种规则的情况下，人情面子的不确定性严重影响了公平等准则，为“潜规则”稿件的产生提供了理论和心理基础。

滥用“和为贵”。“和为贵”一语首见于《论语·学而》，其完整的文本是：孔子曰：“礼之用，和为贵。先王之道，斯为美；小大由之。有所不行，知和而和，不以礼节之，亦不可行也。”孟子提出“天时不如地利，地利不如人和。”《中庸》提出：“和也者，天下之达道也。”《汉书》提出：“和气致祥，乖气致异。”《尚书》、《国语》提出“和衷共济”，大家共乘一舟，同心协力渡江河，把“和”看作人们同生死共祸福的保证。“和为贵”是对“礼之用”的陈述。显然，撇开“礼”和“礼之用”，就不可能理解“和为贵”，不可能把握这里所说的“和”的含义。国学大师张岱年认为，中国文化的主要特点，“一是人与自然‘天人合一’，一是人与人之间‘以和为贵’”。不知何时开始，“礼之用，和为贵”被简缩为“和为贵”，并演义成处理人际关系的一条道德箴言，与对抗、争斗相对，倡导和睦、和气、和好。抱着“以和为贵”观念而忽视问题本质，为和而刊，机械性的因惧怕失和而刊发质量低劣的文字，是对两千年孔孟思想的恶意滥用。面对“潜规则”稿件，面对和“推荐人”失和的危险，多少编辑胆怯了，再加上“推荐人”往往位居高位，编辑惧怕失和的心就更甚了。

（2）学术职业者的伦理缺失。

学术敬畏不足。在中国，缺乏基督教那样具有强烈入世情怀的宗教。佛教成佛、道教成仙，皆旨在超凡脱俗。以“重治道、明人论”为宗旨，以“学而优则仕”为特征的儒学传统，从我国文明发展的早期就将学术置于工具性地位，经世致用的价值定位压倒了“为知识而知识”的纯学术逻辑，学术神圣化的传统没有真正建立，[②] 而其直接后果就是学者对于学术缺乏敬畏之心。故而，不尊重“理”，不讲“理”就不足为怪了。从一个简单的例子可以看出来：国人常批评某人不明事理、不讲道理，尽管其评价标准因人而异，其实质是将理列入可以自由选择的范畴，选择了符合个人评价标准的理，就是讲道理，反之，就不明事理。由此可以看出，存在一个凌驾于理之

① 贺培育，黄海．“人情面子”下的权力寻租及其矫治［J］．湖南师范大学社会科学学报，2009（3）：57－60．

② 陈伟．论中国学术职业的伦理缺失及诊治［J］．现代大学教育，2009（4）：22－27．

上的东西。故此，林语堂说："中国人是把人情放在道理的上面的。"[①] 胡适先生尝言，有几分证据，说几分话，有一分证据，只可说一分话，有七分证据，只可说七分话，不可说八分话，更不可说十分话。费孝通先生晚年曾后悔自己年轻时写了过多的东西，告诫世人要对文字有一份敬畏之心，要爱惜笔墨。遗憾的是胡、费两位只是中国少有的纯粹的学者，大批信奉并坚守知识和学术神圣性、严肃性的知识分子群体没有真正成长起来。中国有多少学者知道希波克拉底誓言？更不用要求他们以这种誓言式的职业伦理规范自己的行为，结果中国的学术界鱼龙混杂，劣迹斑斑。由于对学术缺乏敬畏之心，中国产生大批独具特色的"知识分子"——跑学问者，求学问者，买学问者，为发表文章不择手段者。

学者学术价值观错位。一个人所处的自然环境和社会环境，包括社会地位和物质生活条件，决定着一个人的价值观。有人用"乌烟瘴气"来形容的中国学术界。在一个这样的或类似这样的学术环境中，学者或多或少会受到不良影响。追求真理、探索世界奥秘与规律，提升人类的认知水平，本应是学术职业者的基本责任和学术活动的基本价值取向。然而人具有天生的劣根性的"贪"和"自私"使人易受功利的诱导，一些自制力不强的人的学术价值观发生了严重错位，把追逐功利作为学术活动的出发点、落脚点和行为准则。价值观的错位必然导致具体行动的偏离正轨。在现实中，学术职业者将个人利益的最大化和私欲的最大满足作为从事科研活动的唯一动机和行为准则，从而把科研活动和与科研相关的活动当作了个人谋利活动。价值观不仅影响个人的行为，还影响着群体行为和整个组织行为。部分学术职业者把"求利"放在了"求真"、"求实"的标准之上，在科学研究中，避重就轻、避难就易，急于求成；部分编审在选稿过程中，轻视文章内容，重视文章作者。

（3）制度缺陷与商业冲击。

学术评价和职称评定制度不合理。我国学术评价体系仍是采用量化（等级化）考评制度，主要看所发表论文的数量及发表刊物的等级，却忽视了对论文本身质量的评价。这种制度既是自动认可学术垃圾和学术腐败的制度，慢降低中国科学技术水平和鉴别力的制度。[②] 学术评价制度就是按照一定标准对学术成果的价值进行评价的一系列规则和程序。不可否认，我国学术评价、职称评定中存在诸多不合理因素。目前高校普遍将业绩与津贴挂钩，多劳多得，这本是实现效率优先、分配公平的良方。但是，诸多规定、诸多条

① 林语堂．吾国与吾民［M］．台湾：台湾综合出版社，1976：72－88．

② 王峰，周文胜．关于我国高校学术论文评价标准的探讨［J］．研究与发展管理，2008，20（3）：136－138．

件，至少在客观上使得论文作者不是为了学术而写作，而是有意无意地推动他们为了功利而发表文章。重点学科建设、博士点申报、基地评估、职称评定、课题结题、毕业答辩，等等，无不存在作为必要或参考条件的硬性的论文指标；高校排名、科研评估、奖金发放，也把论文发表的数量和级别作为重要的评价指标。与此同时，学术和人事管理部门为了管理便利，多采用量化管理模式，对职称评定和人事考核进行硬性规定，对公开发表论文篇数、著作数、核心期刊发表文章数都有规定。这导致一些人为了评职称，完成人事考核，拼命发文章、出著作，粗制滥造、抄袭剽窃。① 种种制度安排都为功利写作和“潜规则”稿件的产生起到促进作用。

市场经济的冲击。相对于社会主流思想而言，知识分子是“局外人”、“业余者”、“搅动现状的人”。他们不为利益或奖赏所动，具有一种摆脱了特定利益的超越性的价值追求。② 知识分子，特别是有学问、搞研究的学者，历来以淡泊名利、甘于清贫为主体形象。然而，在权力寻租普遍化的社会氛围中，学术界难出淤泥而不染，权钱交易、权色交易、弄虚作假、坑蒙拐骗等歪门邪道在学术界时有发生。改革开放以来，随着经济、政治体制向纵深改革与发展，市场导向、商业主义影响席卷了包括学术界在内的中国社会全局。原本就对学术不甚敬畏的，意志不太坚定的，发育不够成熟的中国学者们，面对突如其来的冲击，措手不及，无力应对。另外，在社会转型期，竞争激烈，论文和职称收入等挂钩，面对更高一级福利待遇的诱惑，知识分子的心情浮躁起来：浑水摸鱼的心态加上赤裸裸的诱惑致使一些人勇当文抄翁，做起了泡沫学问，用在发表文章上的时间比写文章的时间还要多，处心积虑制造了大量“潜规则”稿件。

2. 防治“潜规则”的对策建议

(1) 社会环境：摈弃“潜规则”，坚守显规则。

潜规则尽管被主流意识形态和价值观所排斥和否定，但社会转型期间新旧体制在转型的衔接契合部位出现的真空和盲区为其提供了生存的缝隙和空间，显规则自身存在的缺陷和不足为其提供了生长的土壤和养分，显规则和潜规则一个在明处，一个在暗处，二者价值相悖，却能共生共存。③ 正式规则下的自由裁量权是潜规则得以发生的必要条件，规范正式规则下的自由裁量权对遏制潜规则可谓具有釜底抽薪之效。社会活动可以划分为三个同心

---

① 胡东宽. 中国学术伦理的现状及发展［J］. 福建党史月刊，2006（8）：140－142.

② 爱德华·W. 萨义德. 知识分子论［M］. 北京：生活·读书·新知三联书店，2000：16－18.

③ 邬蕾. 潜规则与显规则之间的关系分析［J］. 前沿，2008（8）：113－115.

圆，从中心到最外侧的圆依次编号1，2，3。1包含的范围是正式规则或显规则规范的行为，可称合法行为；2和3包围的范围是法律规范禁止的行为；而1和2之间的行为不为法律规范所禁止也不为其所授权或许可，这个范围的大小受内外两侧范围的限制，即潜规则生存的空间。所以，压缩潜规则的生存空间，必须加快法律和各项制度在内的社会规范的完善步伐，规范自由裁量权，使1（规范授权）和3（规范明令禁止）包含的范围扩大，无限缩小2和3包含的空间（潜规则的生存空间）。规则只有被大多数人遵守才能称其为规则。由于制度存在惯性，在完善相关规范的同时要强调强化公众的规则意识，使他们从旧的路径中走出，主动养成遵守规则的习惯，刚柔相济，从而根治“潜规则”行为。

（2）制度环境：完善学术评价和职称评定制度。

作为一种智力活动，学术活动只有具备了如下三个条件，才能称之为学术：公开发表；成为圈内人士严格评价的对象；圈内人士开始使用、参考和发展。[①] 学术期刊对发表的论文具有一定的评价功能，但并不能完全代替对论文本身的评价。在纠正论文评价就是期刊评价这一认识错误的同时要逐渐完善代表作评价制度。衡量一个学者学术水平的不是也不可能是他的全部研究成果，只能是他的代表作。“鹰有时飞得比鸡还低，但鸡永远飞不到鹰那么高。”所以必须加大代表作在学术评价中的权重，以打破过于强调量化评价所带来的种种弊端。评判一篇论文水平的高低还应当注重其被引用的次数。当然，在针对某篇论文的引用次数上，要考虑自引和他引的问题。高被引论文是美国基本科学指标（Essential Science Indicator，ESI）根据论文在相应学科领域和年代中的被引频次排在前1%以内的论文，从一定程度上能够体现论文质量的高低。新中国成立之后，政府高度集中、统一管理教育的模式使政府部门成为学校教师职称制度的主要供给者，教育行政部门控制了学术资源配置过程，这种国家行政主导下的教师职称制度，政治因素和资历成为考量教师职称晋升的重要标准。[②] 学术自治和学术自由是学校生存的基石。职称评定制度是学术自治的重要内容之一，其制定权和实施权等自主权应该回归学校，应让学校成为教学和学术岗位设置和教师评聘标准、程序制定的主导，为学校基于自身的内在逻辑和教育规律探索教师评聘模式预留较大的空间。

（3）学术环境：坚持学术自觉和学者的风骨。

判断一个学者的标准是什么？是他立志于学术追求，不趋炎附势，不利

---

① 李林平．核心期刊现象与学术评价的制度性缺失［J］．今传媒，2005（6）：9－10.

② 牛风蕊．我国高校教师职称制度的结构与历史变迁——基于历史制度主义的分析［J］．中国高教研究，2012（10）：71－75.

欲熏心，不为他人的褒贬所左右，不依附于某个特定的社会利益集团。学者的学术自觉是一个和价值观相关的概念。学术自觉是学术主体对学术何以为学术、学术何以可能的自我感知、自我认识和自我觉悟与自觉追求。学者对科学研究，应该有兴趣、有欲望、有激情（即便开始没有，也要逐步培养），把学术视为自己生命的主要内容和人生追求。从事学术，追求学术真理，是他们的本真使命所在。尽管学术研究很清苦寂寞，但是真正的学者却可以从中获得乐趣，“板凳甘坐十年冷”。正如米健所说：“无论你给不给学者发奖金，无论你让不让他们实现学而优则仕，他们都会从事学术，追求学术真理。因为这是他们的内心或自我确认，是他们的精神境界。没有这种确认和境界，很难成为一个真正的学者。”① 中国用三十年走完了西方三百年走完的历程，其财富聚集的速度令人目眩神迷。面对此种情景，现实中的大部分学者，风骨无存，对功名利禄不倦追求，对学术研究厌倦懈怠，对自己的内心不求交代。真正的学者应坚守独立不羁的风度和顽强果敢的骨气，百折不挠，拒绝随波逐流。面对诱惑保持应有的淡定，宁静致远，淡泊名利，不申请无利于学术发展，无利于人类福祉增加的课题；不撰写无利于学术发展，无利于人类福祉增加的论文；不在发表论文面前折腰，不以学者自居，却以学者身份严于律己。

在一个以关系为基础元素的社会里，个体认为不找关系就办不成事情，不管事实如何，这种认识是普遍存在的。找“关系”是区分情况的。如果论文的质量或者说审稿结果在录用和不录用的状态，找关系在“同等条件下优先录用”是有用的。在力所能及且不损害所在集体、自身利益的情况下，顺水人情是可以送的。但是，如果论文的质量和审稿要求相距甚远，需要破格录用，找一般的关系也是不起作用的。因为期刊主办单位知道，这样只能降低期刊的影响力，以牺牲期刊质量为代价。为什么人们发表论文总是要“找人”？如何才能做到发表论文不求人呢？如果论文质量是为期刊的影响因子加分的，那就不是作者托关系找编辑了，而是编辑打着灯笼找作者了。要做到发表论文不求人，要满足两个条件：一是有高质量的论文，二是找到合适的期刊。写作此书的目的，即使作者距离以上两个条件更近一点，减少学术圈的“潜规则”，使显规则成为作者的首选。

（三）盲目投稿

不少为了权宜之计发表论文的作者，在论文成稿后，天女散花般投稿，不管期刊真伪，不论期刊优劣，先投出去再说。这种对人对己均不负责任的

---

① 米健．法学研究切忌虚假和浮躁——兼谈学术的自觉、自信与自治［N］．法制日报，2003－08－14．

做法当然害人害己。

1. 盲目投稿后果之一：列入黑名单

学术界有一条不成文法，即不能一稿多投。一稿多投是学术不端的严重表现之一，它比剽窃抄袭不见得“好”多少，一稿多投最先损害的是编辑和编辑部的利益。一旦被发现，就会被列入黑名单并口口相传或者广而告之。

核心期刊的复审大多由同行评审承担，对于同一类别的文章，很可能会被编辑部送到同一个审稿人手中，这样审稿人就可能收到两份完全相同的稿件。此时，不论作者的文章含金量多么高，都会被直接写上“不宜发表”，并备注上“一稿多投”。而且还可能被某个杂志或几个杂志社“封杀”，以后以作者或者包含该作者姓名的合作文章都不能向这些杂志投稿了，即便作者投了，也只会加深他们对作者的不良印象。

此外，对于一稿多投，一些高校也开始加大处罚力度。浙江大学研究生工作部部长在该校2012级研究生新生开学典礼上说：去年，有一个研一学生，写了4篇水平比较高的论文，但是他向十几家杂志社投了稿（一稿不能多投），所以对他进行调查以后，严肃的处理也马上下来了：被学校退学。“从学术上来讲，他是个勤奋有才的学生，但是他没有遵守规范，破了学界的道德底线，这是为人为学都不能容忍的。”①

2. 盲目投稿后果之二：门不当户不对

作者在投稿前未对自身的论文和拟投的众多刊物的水平做最基本的估计，不论文章质量如何，一律广撒网，只盼能“捞到鱼”。这种完全的盲投，就会导致相对高水平的文章被低质量的期刊录用了。这时，如果这个期刊不收取版面费，作者几乎就找不出拒绝刊发的理由了。如果作者对此觉得冤屈，也是自食其果。水平一般的期刊刊登上高水平的论文有的是编辑部努力争取来的，有的可能就是作者盲目投稿的结果。

3. 盲目投稿后果之三：上当受骗

2012年8月27号，接到了一位作者打来的电话，说是开学就要评职称了，评职称所有的东西都准备好了，但是样刊还没有收到！笔者心里一紧：“7月10号出版的期刊早已经寄给作者了，会不会是暑假期间写学校的地址作者没有收到？不能因编辑部工作疏漏影响到这位老师评职称。”马上询问作者的姓名和论文标题。对方一一报上。打开“已录用稿件登记表”，用姓名和标题分别做关键词检索，没有找到那位作者的信息。边找边想：“现在通过邮局寄样刊可能来不及了，要联系快递公司抓紧时间寄给作者。”检索

---

① 一稿多投研究生被学校开除　浙大规范学术道德［EB/OL］. http://edu. qq. com/a/20120910/000101. htm.

了两遍，始终没有看到作者的名字与标题！笔者焦急的心里在想，这个作者可能把文章投给假刊物了。于是，进一步询问作者的用稿通知的形式和内容。不希望发生的事情还是发生了，作者提供的用稿通知和《高教探索》编辑部的完全不符。只能安慰作者："您的文章可能投给了假期刊，非常遗憾！请您保留好相关证据！建议您联系可能的有同样遭遇的人一起向公安局报案！公安局有规定，涉案金额达到一定数字才能立案。""不可能啊！我的文章已经可以在某数据库查询！"作者进一步补充说明。"我理解您的心情，请您先不要激动。请您确认您的文章是否可以从某数据库下载。我们最近发现某数据库的连接被黑客攻击，有不法分子通过某数据库链接到假编辑部欺骗作者，假期刊发表的论文可以在某数据库的目录下显示，但是不能下载。"边和作者通话边打开"某数据库"网站，结果显示，作者的论文无法下载。看到结果后告诉作者："投稿时不要轻信任何人，不要盲目投稿，见投稿邮箱就投，一定要看仔细，想清楚。"这位作者不仅遭受了物质损失，更为严重的是将遭受因缺少这篇"核心期刊论文"而蒙受的无法参加职称评审的精神损失。

第二节　辨别刊物真伪

学术职业者，按照从业时间的长短和学术水平的高低，可以分为初级、中级、高级。对于初级学术职业者，有必要辨清一个问题。这个问题与其学术生涯有关，关乎"初级"持续时间的长短。"慧眼"对任何人来说都是必要的。而学术职业者必备的"慧眼"便是从错综复杂的投稿、征稿信息中辨认出哪些信息是真的，哪些信息是假刊物、论文中介、论文代理人发出的，进而从中获取真正于自己有益的内容。

一、假刊物的概念及危害

何谓假刊物？假与真相对应。真刊物即合法期刊，分为正式期刊和非正式期刊。正式出版物由国家新闻出版行政主管部门严格审批，既有国际标准刊号 ISSN，也有国内统一刊号 CN；非正式出版物一般只限行业内部交流，不公开发行，其出版必须经过出版行政主管部门审批，并领取"内部报刊准印证"。任何单位和个人不得伪造、假冒出版单位名称或者报纸、期刊名称出版出版物。非法出版物指既没有经过新闻出版部门批准，也没有注册为"内部刊物"的出版物。

合法期刊，必须有合法的出版主体。《出版管理条例》第九条规定：报纸、期刊、图书、音像制品和电子出版物等应当由出版单位出版；第十二条规定：设立出版单位，由其主办单位向所在地省、自治区、直辖市人民政府出版行政主管部门提出申请；省、自治区、直辖市人民政府出版行政主管部门审核同意后，报国务院出版行政主管部门审批。设立的出版单位为事业单位的，还应当办理机构编制审批手续。现实中所说的假刊物，通常指的正是由非法出版主体出版的刊物。

《出版管理条例》第二十八条规定出版物必须按照国家的有关规定载明作者、出版者、印刷者或者复制者、发行者的名称、地址，书号、刊号或者版号，在版编目数据，出版日期、刊期以及其他有关事项。出版物的规格、开本、版式、装帧、校对等必须符合国家标准和规范要求，保证出版物的质量。出版物使用语言文字必须符合国家法律规定和有关标准、规范。

假刊物对社会和个人造成严重的不良影响。其存在破坏了出版管理制度，扰乱了出版物正常的市场秩序，而且误导和欺骗社会公众，社会危害十分恶劣。假刊物收取高额“发表费”，损害了广大科研工作者的合法权益。而且假期刊基本上是“来稿就登”，根本没有严格的审稿程序，没有经专家审稿，更谈不上学术水平，损害了学术研究的严肃性和权威性，败坏学术风气。

二、造假原因分析

2011 年 4 月 1 日人民网上有一条新闻，海南省查处一起特大非法期刊案，一对夫妻七年间非法创办 20 余种刊物，只上过中学的员工组成编委会“审核”论文来稿，约 2 万名投稿者交纳版面费超过 1 000 万元。巨额数字不得不引起我们的思索。假刊物为何可以如此兴旺发达、繁荣昌盛?

第一，论文造假存在巨大的需求市场。假刊物之所以存在的最主要原因是大量学者或者知识分子有这方面的需求。假刊物大多集中在卫生和教育领域。犯罪嫌疑人坦陈：“因为这两个行业有发表论文评定职称的强烈要求。”医生和教师是两个庞大的群体，而这两个群体中职称的评定，论文又是一个硬性指标。当然，正规期刊版面非常有限，每个人都想在上面发表论文是不可能的。但是，职称又不能不评，因为这直接关系着自己的工资待遇。于是乎，很多人希望能走捷径，由此，花一点钱买版面的方法便在坊间大行其道。骗子正是从这个巨大的需求市场中嗅到了商机，用非法期刊冒充正规期刊，让许多急于发表论文的人大上其当。

第二，编辑部与作者之间信息沟通不顺畅。编辑部与作者之间的关系应是同志式的合作互助关系。这种关系包括无缝的沟通，良好的协作，无私的帮助。而如果他们之间的信息沟通渠道不顺畅，那么“他人”可能就有机可乘——即出现假刊物；作者就可能情愿或不情愿地将自己的研究成果拱手于假刊物。

有必要解释一下“情愿”的问题——假刊物的投稿“通过率”为100%，而如果在职称评审或其他审查中假刊物的被发现率为95%，那么作者总体的通过评审的概率为5%。相比某些刊物的审稿通过率为2%～3%（前提是稿件到达合法期刊的编辑部），那些“焦急的”作者们“冒险”的合理回报显然高于无头苍蝇般的投稿无门。

学术刊物通常发行量不高，只有图书馆或相关学院或部门的资料室有它的踪迹，而在这少有的可以见到庐山真面目的刊物上，作者还是不能立即获得全部的投稿信息：地址，联系方式，投稿方式，投稿要求等。与此同时，中小学教师对期刊管理知识了解甚少，在投稿方面缺乏自我保护能力。

第三，上当者羞于报案“合法化”了假刊物。这个造假团伙得以壮大，还有一个重要原因就是很多人通过“发表的论文”晋升了。从中尝到甜头的人，自然不会去举报。即使一些人的论文被发现是发表在非法期刊上，在职称评定中没有起到作用，但由于涉案资金少，碍于面子，也不愿举报。据犯罪嫌疑人交代：“很多教育卫生行业的作者反馈，论文在他们评职称时起到作用，还介绍同事给我们投稿，甚至要求寄发票报销。”受害者的不作声，让骗子大行其道，七年来一直没有得到查处。办案人员说，大部分人否认投过稿件、汇过钱，对办案人员闭门不见甚至是恶语相加，取证比较困难。更让人哭笑不得的是，即使在假期刊被查处后，仍不断有投稿者打电话到编辑部，咨询发表论文和汇款事宜。

此外，还有一些“优势”得以使假刊物生生不息，死而复生：假刊物出版周期短——一般半个月以内就完成一个出版周期；成本低——印刷纸张差、质量差、印数限于作者数；零处罚——根据经济法相关法律法规，涉案金额达到一定额度才可以立案；高仿真——有些假刊物的封面用真刊物的过期图片，有的假刊物在刊物中刊发少量真刊物中发表过的文章，给读者造成种种假象。这些“优势”使假刊物易生存、易隐藏、易发展。

三、假刊物揭秘

（一）低端造假

假刊物有低层次造假，也有高层次的仿真。正规刊物在版权页上（有的在封底）一般都标有刊物主管单位、国内统一刊号（CN 刊号）、通信地址、印刷出版地等，通过邮局发行的刊物还有邮发代号。低端假刊物的版权页上要么没有这些信息，要么信息不全。

（二）高仿真造假——案例分析

下面通过个案分析揭示非常隐蔽的，造假者管用的，作者容易上钩的高仿真造假方式背后的规律，以便读者在投稿中远离期刊造假陷阱。

2011 年 3 月，有作者致电《高教探索》编辑部，称中国知网的网站上可以找到他的文章的目录，但是不能从中国知网数据库下载他的文章。后来经核实，才发现中国知网的链接被假刊物做了非法超链接。从中国知网网站可以看到假刊物的目录，进而增加了假刊物形式上的“合法性”。后来编辑部与中国知网协商，关闭非法链接路径。

为给读者留下足够深刻的印象，本书还原当时的一些情况，供读者参考。假期刊路径：中国知网—期刊大全—输入欲了解的刊物名称—点击左侧刊物封面图片—进入假刊物页面。

笔者曾以一名教师的身份向假刊物“投稿”，拟从与假编辑的接触中引出一些可以供他人借鉴的线索。下面是笔者“投稿”假刊物《教育×××》，与其接触的一些文字和图片资料。

下图为 2011 年 3 月 28 日从上述路径搜索到的《教育×××》的非法链接页面截图。

来稿将在两个工作日之内给您回复，有效期十五天，两日内未收到回复，可以另投他处。投稿时请写明你想发表的刊物名称，或者由我们编辑给您推荐刊物安排发表！投稿信箱：qwqk

2011 年 3 月 28 日下午，笔者以“高教所俞老师”的身份，向《教育×××》投稿（见下图）。

投稿 ☆

发件人：

时 间：2011年3月28日(星期一)

收件人：qwqk

附 件：1 个（ 高校

尊敬的编辑：

您好！本人明年评职称，现有教育学论文一篇，欲投《教育 》。望回复！

工作愉快！

高教所 俞老师

在投稿邮件发出之后，本人立即收到对方的自动回复邮件（见下图）。

论文回复 自动回复：投稿 ☆

发件人：qwqk 查看

时 间：2011年3月28日(星期一)

收件人：

老师您好，这是自动回复邮件，证明您的邮件我们已收到，权威期刊组织网（www. .org）

咨询电话：0519-8862 朱编辑 QQ:8575

2011 年 3 月 31 日晚上，即“投稿”之后的第三天，本人收到对方的回复邮件（见下图）。首先，分析信件的格式。这封信基本无格式可言，文字大小，字号选择随意，整体信件从版式来看毫无美感，“您付款后……”用黑体字，特别强调了金钱的重要性。其次，分析邮件的联系方式。这封邮件所留联系方式均为移动方式，有手机号码、QQ 号码，没有固定电话号码，更不用说地址和邮政编码了。这就给“编辑部”和“编辑”在收到“定金”、“版面费”等后从人间蒸发留下宽广的后路。最后，分析“编辑部”的收款账号。该邮件所留银行账号为私人账号，开户名为个人。根据《出版管理条例》第九条规定，报纸、期刊、图书、音像制品和电子出版物等应当由出版单位出版。出版单位既然为“单位”，那么银行账号应该为对公账号，收款人应该是单位名称。

Re:投稿 ☆

发件人：qwqk

时 间：2011年3月31日(星期四)

收件人：

俞越你好：

来稿收到。经过审核，现根据您的文章内容，特推荐以下刊物供您选择，建议您将文章字符数控制在刊物规定的字符数以内，如超出字符数，需加版面，加版面费。如同意，请选择合适刊物，**您付款后，我们将立即安排发表等相关事宜。**

另外，请将作者姓名、单位、单位邮编、详细收件地址、联系方式等信息在邮件中注明，以便于我们及时与您联系，也便于届时给您邮寄刊物及通知书。

联系我们： 1538002[illegible] **陈编辑**
投稿邮箱： qwqk[illegible]
在线咨询： 8575[illegible] 85779[illegible] （QQ）

本站是支付宝信任商家，推荐使用支付宝给我们汇款。采用支付宝付款，不收手续费用。
银行名称 帐号 开户行 开户名 备注
陈金兰 中国工商银行常州市分行（灵通卡） 卡 号：622202110500083[illegible]
陈金兰 中国建设银行常州市分行（龙卡） 卡 号：622700126054001[illegible]
陈金兰 中国农业银行常州市分行（金穗卡） 卡 号：622848041128648[illegible]
陈金兰 中国交通银行红梅西村分行 卡 号： 6222 6001 3000 [illegible]
陈金兰 中国邮政红梅储蓄所 卡 号：6210 9830 4000 [illegible]
6225 8851 9071 [illegible] 杜合龙 招行 的
付款后请打确认电话：1538002[illegible] 陈老师 （及时通知我们，很重要，我们确认收到你的汇款后，会及时帮你安排具体事宜。如果因为没有通知我们确认汇款，而耽误文章发表事宜，责任自负。）

两天之后，笔者给假刊物回复了邮件（见下图）。

回复：投稿 ☆
发件人：[illegible]
时 间：2011年4月1日(星期五) [illegible]
收件人：qwqk[illegible]

您好！为了保持文章论述的完整性，决定不对论文进行删减。《教育[illegible]》似乎更适合刊发我的文章，请尽早安排。

高教所 俞越
2011.04.01

当天晚上，对方的回复邮件发过来（见下图），时间又是在下班时间之后的晚上。邮件写得非常仓促，没有称呼，没有时间。从邮件内容来看，投稿者需要先交50%的定金，而定金是获得用稿通知单的前提。

Re:回复：投稿 ☆
发件人：qwqk[illegible]
时 间：2011年4月1日(星期五) [illegible]
收件人：[illegible]

发表流程：

作者提交文章—支付50%定金—杂志社发稿件采用通知单
—作者收到通知单支付余下费用—杂志社按时刊登—出版后
杂志社给作者邮寄1本期刊—合作完成

涉及用稿通知单，笔者在此将数年工作中的与用稿通知相关的信息与大家分享。正规编辑部的用稿通知通常是用红头文件纸打印的（现在很多编辑部先发电子版用稿通知，仅在作者提出纸质版用稿通知的要求时开具纸质用稿通知），并且各个编辑部的格式是基本固定的，都有编辑部或所属杂志社的盖章。常有作者打电话来查询自己收到的用稿通知的真伪，情况可以总结为两种：一是收到电子版用稿通知，只要提供对方邮箱，就可以判断其真伪；二是收到纸质版用稿通知，细心的作者可以从用稿通知的用纸、格式、内容等进行判别。为避免蓄意造假者套用编辑部用稿通知的格式，数年来，编辑部全体人员对编辑部的邮箱，用稿通知的格式都严格保密。

2011 年 4 月 2 日，笔者给假刊物发了邮件，进一步确认文章的刊发费用与刊发时间（见下图）。

回复：投稿 ☆

发件人：

时　间：2011年4月2日(星期六)

收件人：qwqk

陈编辑：

您好！请问我的文章发在《教育　　》上需要多少版面费？大概能发在哪一期？定金是多少？

节日愉快！

高教所　俞越

2011.04.02

2011 年 4 月 3 日晚，又是晚上，对方回复了邮件（见下图）。邮件中提出需交定金 2 000 元。这封邮件的定金金额与之前提到的定金金额不符（之前的邮件提到《教育 × × ×》的版面费为 9 800 元，定金为版面费金额的 50%）。由此看来，假刊物从业者并未审核前后邮件内容的一致性。

Re:回复：投稿 ☆

发件人：qwqk

时　间：2011年4月3日(星期天)

收件人：

《教育　　》旬刊　全国中文核心期刊

版面费用：9800元/4500字符

核心刊物订金最少要2000元

《教育　　》现安排11月

假刊物始终是假的，作者只要不抱侥幸心理，多方打听，详细查询，仔细辨认，就会绕过“陷阱”，走向真刊物。

四、确认刊物合法性的途径

如何辨别期刊的真伪？凡在新闻出版广电总局查询系统里查询不到的刊物，均为非法刊物。所以作者可以通过新闻出版广电总局的数据库进行刊物查询。

查询系统里查不到的是非法期刊，那查得到的一定是正规期刊吗？答案是否定的。很多不法分子通过盗用刊号，私自印刷等手段，使广大作者分辨不清真假。但作者们需要注意，盗用了别人的刊号或刊名的非法期刊是无法将文章登录在中国期刊网等数据库查询系统的。所以中国期刊网在某些程度上成为期刊鉴定的又一方法。很多单位都要求文章能够登录中国期刊网。

中国期刊网能查询到的刊物，一定是正规期刊吗？答案也是否定的。中国期刊网只是个民间期刊数据库，无行政功能。根据我们的观察，很多假期刊，都可以登录到中国期刊网上的。很多刊物，在新闻出版广电总局网上查询不到的，在中国期刊网上都有登录。很明显，中国期刊网等数据库系统也登录假刊。

正规刊物必需满足两个条件，即必要条件：首先，新闻出版广电总局的查询系统里可以查询到。其次，杂志在中国期刊网等数据库里可查询和登录。判别时，需根据两者结果进行综合分析和确认。

期刊查询相关链接（鉴于内容的时效性，请作者以查询时间实际网页为准，如下链接可供参考）：

（1）中华人民共和国新闻出版广电总局网站（http://www. gapp. gov. cn/）首页下方开辟有便民查询窗口“新闻出版机构查询”，在此窗口选择期刊/期刊社查询（http://www. gapp. gov. cn/govservice/134. shtml.），输入期刊名称，即可查询。若查不到即为非法刊物（内部刊物除外）。

（2）“中国知网”查询：国内大多数期刊均已登录“中国知网”（http://www. cnki. net/），并依托该网建有期刊网站。查询时，只要在该网“期刊导航”检索刊名即可。（http://epub. cnki. net/kns/in/defaultsingle. aspx? dbcode = CJFQ）

（3）登录中国扫黄打非网（www. shdf. gov. cn）首页，在公众服务下属的新闻出版机构查询页面（http://123. 124. 255. 8/cms/cms/website/zhrmghgxwcbzsww/SearchService/xwjgcx. html.），输入“期刊”或“报刊”等刊物名称即可查询。若查不到即为非法刊物（内部刊物除外）。

（4）有非法报刊疑点的问题，应与出版单位或主管该报刊的省、市、自治区新闻出版行政机关的报刊管理部门核实，方可做出鉴定结论。

投稿温馨提示：

（1）不要轻信网络上、社会上的征稿信息。尽量向熟知的正式期刊投稿。

（2）一般期刊审稿有一定的程序，如大部分期刊实行“三审”制和“盲评”制。因此，从投稿到收到用稿通知需要一定周期。那些一两天就给出用稿通知的一定要高度怀疑。

（3）朋友、同事的推荐请仔细辨认，不轻信所谓的中间人，代理人。

（4）对于自称编辑部代理或派出机构的人员，要询问对方的详细地址，出版单位的固定联系方式等，必要时需做进一步查实。

第三节　初选拟投刊物

卖辣椒的人，恐怕都会经常碰到这样一个众所周知又非常经典的问题，那就是不断会有买主问：你这辣椒辣吗？答辣吧，也许买辣椒的人是个怕辣的，听了会立马走开；答不辣吧，也许买辣椒的人是个喜欢吃辣的，生意还是不成。

广为流传的《买辣椒的故事》中的妇女巧用分类法则，让顾客“满意”——买到想要的辣椒；让自己满意——卖完辣椒获利。她没有把辣椒分成两堆，而是用不断变换的分类法将辣椒顺利卖完。

第一个顾客来了，问她辣椒辣不辣，卖辣椒的妇女很肯定地告诉他：颜色深的辣，颜色浅的不辣！买主信以为真，挑好辣椒付过钱，满意地走了。

当颜色浅的辣椒所剩无几时，卖辣椒的妇女将辣椒重新在心里分类。又有个买主来了，问的还是那句话：辣椒辣吗？卖辣椒的妇女看了一眼自己的辣椒，自信的答道：长的辣，短的不辣！果然，买主就按照她的分类标准开始挑起来。

长辣椒即将卖完时，卖辣椒的妇女再一次将他们重新分类。当又一个买主问“辣椒辣吗”的时候，卖辣椒的妇女信心十足地回答：“硬皮的辣，软皮的不辣！”

卖辣椒的妇女在太阳下山前卖完辣椒，心满意足地回家了。

笔者没有研究过什么样的辣椒辣，什么样的不辣。卖辣椒妇女的分类是否正确且不论，在此借鉴了她的思路——根据顾客需要，对自己推销的物品进行分类。

如果我们针对不同的客户需求展现辣椒的不同特点，那么，辣椒不仅能卖出去，而且还能卖出好价钱。投其所好是通用的市场法则，在市场经济下的出版行业也同样适用。投稿，就如同我们在菜市场推销辣椒，其目的是尽可能将自己的论文“推销”给高质量、高影响力的期刊。在当前专业细分、期刊细分的形势下，精准定位并将自己的论文归类是投稿的重要前期准备工作。因此，研究期刊，研究栏目就成为重要和必要的工作。

将巧卖辣椒的道理应用到论文投稿上，可以诠释为：

首先对自己的研究成果进行研究——是实践性论文还是理论性强的论文，是宏观的论文还是微观的论文，论文有重要创新还是质量一般。

其次研究什么样的期刊偏重什么样的论文——学科、研究领域、研究热点等都可以从来稿须知和近期期刊的栏目和刊发的论文中悟出来。

最后根据不同刊物的不同需求将自己的论文进行有针对性的加工，投给理论性强的期刊的稿件是加大理论分析的比重；投给实践性强的期刊的稿件加大实证分析、应用分析的力度。例如，同一事件，作者可以根据要求写成新闻报道，也可以根据需要写成短篇小说。事件还是原来的事件，组织形式的变化使作者的需要得到满足。根据期刊特色加工论文，将论文分类后分别投向相应的期刊，可使论文距离刊发更近一步。

不管是因为个人喜好，还是受到热点启发，作者的一篇论文成形了。这时作者最迫切的需求是把手中的成果公开。对于来之不易的汗水的结晶，作者应该投稿给哪个刊物呢？哪个刊物发表该篇文章的可能性最大？本人不建议天女散花搬的投稿方式，也不建议毫无准备工作的盲目投稿。那么，如何做到有针对性的投稿？有两个渠道行走起来可能比较顺畅。

一、研读实体刊物

有人认为研究期刊和科学研究相距甚远，或者是浪费本可用于撰写论文的有价值的时间。这种认识是有失偏颇的。如果从纯粹的发表论文的角度来研究期刊，多少有些功利性色彩。较为理想的情况是，基于业务钻研的态度来阅读期刊，了解期刊。如果是高校教师或科研人员，研究生，建议平日阅读几种固定的专业相关的刊物。一则学习研究，熟悉研究热点，为科研做积累。二则了解这几种刊物的办刊“喜好”。虽然学术研究讲求价值中立，但绝对的价值中立是无法做到的，其目标是向价值中立无限靠近。

首先，浏览与自己的研究领域相关的刊物，确定刊物的类型。比如：大众刊物，专业刊物，应用型期刊，学术期刊，多学科或综合性期刊。判断这些期刊的范围是否和自己的研究领域一致。

其次，研究相关刊物的栏目情况。期刊的定位、性质、读者群、作者群等宏观层面的期刊知识，较易掌握，较难把握的是期刊的栏目设置、栏目结构以及栏目的选稿规律，[①] 比如栏目数量，每个栏目每期刊登文章的大致数目，所刊文章的选题走向，各个栏目包含文章所占页数等。具体可以参照第三章分析栏目设置，锁定拟投刊物。

再次，研究具体文章，建议走高标准路线——研究相关栏目的第一、第二篇文章。因为通常各个栏目打头阵的都是质量相对较高的文章。研究时需注意文章的创新点、结构、表述、图表，还有格式方面的问题，如该刊是否需要中英文摘要及关键词，是否需要中图分类号，作者简介要求在文末还是文章首页页脚，参考文献著录采用顺序编码制还是其他。可以梳理一下所写论文的参考文献，研究论文和参考文献的相关度，考虑将论文投给参考文献的来源期刊。

期刊分析案例[②]：

（1）阅读来稿须知或致作者；

（2）浏览最近刊发的几个主题和编辑部的处理方式；

（3）将文章的标题和副标题列表，分析每篇文章每一部分的字数及占全文的比例；

（4）分析每篇文章使用的方法论或理论框架；

（5）与有经验的，在该领域公开发表过论文的作者讨论自己的论文，尤其是与那些在拟投刊物上刊发过文章的作者讨论。

下面是《高教探索》2003—2012 年发文量居前 20 位的作者和高被引论文（被引频次居前 20 位）作者情况统计（见表 2 - 1）。

表 2 - 1　《高教探索》2003—2012 年发文量前 20 位作者及论文被引频次

序号	作者姓名	发文量	序号	作者姓名	被引频次
1	尹晓敏，浙江树人大学	8	1	柯森，华南师范大学	185
2	张耀荣，广东省高等教育学会	8	2	李志仁，中央教育科学研究所	165
3	刘道玉，武汉大学	7	3	刘善仕，华南理工大学	165
4	姜勇，华东师范大学	6	4	翁赛珠，华南理工大学	165

① 潘孟良. 赢在实例——教师论文写作与发表十讲［M］. 广州：华南理工大学出版社，2012：112.

② Rowena Murray. Writing for Academic Journals［M］. The McGraw - Hill Companies, Inc., 2005：44 - 55.

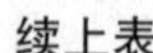

续上表

序号	作者姓名	发文量	序号	作者姓名	被引频次
5	黄亚妮，深圳职业技术学院	5	5	李颖，华南理工大学	165
6	吴结，广东省广播电视大学	5	6	顾建民，浙江大学	147
7	杨群祥，广东农工商职业技术学院	5	7	黄亚妮，深圳职业技术学院	146
8	刘道玉，湖北省刘道玉教育基金会	5	8	朱新秤，中山大学	144
9	陈伟，华南师范大学	5	9	郭丽君，湖南农业大学	131
10	邹晓平，东莞理工学院	5	10	尹晓敏，浙江树人大学	131
11	沈红，华中科技大学	5	11	王冀生，国家教育委员会高等教育研究中心	126
12	郭丽君，湖南农业大学	4	12	邓耀彩，深圳职业技术学院	123
13	李瑛，巢湖学院	4	13	徐理勤，浙江大学	123
14	刘兰平，深圳职业技术学院	4	14	陈红蕾，暨南大学	122
15	谢丽娴，广东省轻工职业技术学校	4	15	刘宝存，北京师范大学	120
16	熊志翔，佛山科学技术学院	4	16	刘道玉，武汉大学	119
17	余嘉强，广东省广播电视大学	4	17	李江源，四川师范大学	114
18	彭江，四川外语学院	4	18	潘懋元，厦门大学	113
19	余群英，广州民航职业技术学院	4	19	熊庆年，复旦大学	109
20	潘懋元，厦门大学	4	20	刘道玉，湖北省刘道玉教育基金会	109

注：读者可以根据自己的研究领域搜集整理相关期刊的“重要作者”或“高频作者”，并尝试与其讨论论文的撰写和发表问题，定会起到事半功倍的效果。

研究期刊的目的是根据拟投刊物的内容和格式要求修改论文，从直观上给编辑“这就是我刊需要的文章”的第一印象。至于选择核心期刊还是普通刊物，这取决于作者的实力和论文的质量。

二、参照中国知网

CNKI 大规模集成整合知识信息资源，通过对文献的被引用、被下载等反馈信息的规范化加工整理，形成了文献质量和价值的动态评价体系，对科研活动产生了重要的导向和管理作用。[①] 这种作用体现为：利用学术趋势搜索，明确学科研究发展方向；进入学术文献总库，搜索学科学术热点；创建个人数字图书馆，了解相关学科研究全貌和学科学术热点。[②]

具体来说，中国知网提供的海量数据可以让作者在选择拟投刊物时梳理出一些线索。这些线索包括：某领域近期的研究热点；某一研究命题在纵向的研究发展状况；某一刊物刊载文章的选题范围；某一选题可能在哪些刊物上刊登。举个简单的例子，某作者完成了一篇关于高校贫困生的调查报告，这个报告现需公开发表。搜索主题关键词：高校贫困生，按照发表时间降序排列，即看到下述信息（见表 2-2）。在排序前十位的检索结果中，有九家刊物刊登了和选题相关的文章。这九家刊物，有全国中文核心期刊，也有普通期刊。作者可以根据自己的研究水平和需求做出选择。

表 2-2 “高校贫困生”主题关键词检索结果

序号	篇名	作者	刊名	年/期
1	高校若无其勤工助学的非经济效益——以 A 大学的勤工助学为例	朱倩	辽宁行政学院学报	2012/09
2	慈善文化背景下探索高校贫困生的“脱贫”之路	黎淑贞	辽宁行政学院学报	2012/09
3	论高校贫困生“5W1H”认定模式	毛广，石敏敏	现代教育科学	2012/09
4	新时期我国高校资助政策的解读及分析	蔡晶	科技创新与应用	2012/24
5	高校贫困生帮扶现状分析——以杭州为例	刘岩	中国成人教育	2012/17

① 王明亮. 数字出版技术的发展将给知识传播带来什么新的变化［R］. 同方知网（北京）技术有限公司总经理在第 36 届法兰克福书展“世界华文出版论坛”上的报告.

② 杨睿. 充分利用 CNKI 信息检索功能，提升学术期刊的办刊质量［EB/OL］. http：//www. editorworld. com. cn/journals/201109/journals_ 1694. html.

续上表

序号	篇名	作者	刊名	年/期
6	新时期贫困大学生心理问题的制度原因及对策	许婕，李向楠	成人教育	2012/09
7	高校贫困生新资助政策面临的问题及改进途径	邓云涛，何瑾，孟丽辉	学校党建与思想教育	2012/25
8	民办高校贫困生认定中的风险选择及对策	管志强	中国证券期货	2012/08
9	新时期高校贫困生诚信教育的思考	黄羽，张轩辉	黑龙江科技信息	2012/24
10	浅论高校贫困生资助中的隐私权保护	赖春耘	内江科技	2012/08

注：该检索结果为即时结果，不同时间检索结果不同。

占有信息、分析信息、利用信息是现代人必备的技能。这个例子只是冰山一角，中国知网提供的信息有心人挖掘不尽。

第三章
慎投两类期刊　分析栏目设置

相对于整体作者的需求，核心期刊少之又少；相对于准备投稿的个体作者，核心期刊又浩如烟海——接近 2 000 份。这些期刊可以分为两类：一类明显预设了或者潜在地预设了投稿对象；一类是英雄不问出处，众生平等。由此可以说，期刊有差别，投稿需谨慎。在明晰哪些期刊可以投稿之后，需通过分析栏目设置，研究栏目文章特点，进一步加深对拟投期刊的了解，做到投其所好，投其所需。

第一节　慎投两类刊物

一、理事单位众多的期刊

（一）理事会及理事单位界定

理事是理事会的成员，是代表团体行使职权并处理事务的人员。理事会指经选举或任命构成的咨询机构或拥有一定权利的组织，也可以是为协商、征求意见或讨论问题而召开的会议。理事会是在法律上对一个团体负有监管责任的一群人。理事会的细则规定了理事会成员的组成、权利、义务和责任。

理事单位包括各种政治团体（如各民主党派）、人民群众团体（如工会、妇联、共青团）、社会公益团体（如残疾人基金会）、文学艺术团体（如作家协会）、学术研究团体（如数学学会）、宗教团体（如佛教协会）的理事会成员单位。比如 20 个单位组成一个协会，这 20 个单位中有 10 个单位组成了理事会，即日常管理小组，那这 10 个单位的任何一家，都叫理事单位。其余 10 家不参与理事会的，叫作会员单位。

（二）非理事单位作者论文慎投的理由：基于三个理事会章程的文本分析

不知从何时起，期刊纷纷成立理事会，理事单位纷至沓来。理事单位和期刊是围绕刊发论文和提升行业水平组成的利益共同体。从期刊的理事会章程中可以看出理事单位在刊发论文方面的权益，而这些权益对其他非理事单位的论文造成潜在的威胁。

下面从《俄罗斯中亚东欧市场》理事会章程、《暖通空调》理事会章程、《中国行政管理》理事会章程的文本分析中窥探有理事单位的期刊对刊发来自不同单位的稿件的区别，以及对非理事单位来稿影响的程度。

例一:《俄罗斯中亚东欧市场》理事会章程

> 该理事会的宗旨是发展中国与俄罗斯、中亚和东欧各国的经贸合作，充分发挥《俄罗斯中亚东欧市场》杂志的社会功能，致力于推动中国与俄罗斯、中亚和东欧各国的经贸合作。
>
> 第八条 制定《俄罗斯中亚东欧市场》杂志的发展方向和战略。
>
> 第九条 促进学术研究机构、地方政府及企业的沟通和交流。
>
> 第十条 加强中国与俄罗斯、中亚和东欧各国之间的经贸合作。
>
> 第十一条 就一些热点问题适时举办高级经贸合作论坛。
>
> 第十二条 举行为理事服务的各项活动。
>
> 第五章 理事的权利与义务
>
> 第十五条 理事的权利
>
> 1. 拥有选举权、被选举权和表决权;
>
> 2. 对本理事会工作有批评建议权和监督权;
>
> 3. 参加理事会组织的各项活动;
>
> 4. 利用《俄罗斯中亚东欧市场》杂志宣传本地区同对象国的经贸合作;
>
> 5. 获赠全年的《俄罗斯中亚东欧市场》（月刊）和《俄罗斯中亚东欧研究》（双月刊）杂志;
>
> 6. 及时获取俄罗斯、中亚和东欧各国经济发展动态及法律、法规和政策信息;
>
> 7. 优先在《俄罗斯中亚东欧市场》杂志发表论文和调查报告;
>
> 8. 优先在《俄罗斯中亚东欧研究》上刊登理事撰写或推荐的学术稿件;
>
> 9.《俄罗斯中亚东欧市场》杂志有计划、有步骤地为理事单位刊登彩色广告。
>
> 第十六条 理事的义务
>
> 1. 遵守本理事会章程，执行本理事会决议;
>
> 2. 为《俄罗斯中亚东欧市场》理事会发展新理事;
>
> 3. 扩大《俄罗斯中亚东欧市场》杂志在本地区的发行;
>
> 4. 为《俄罗斯中亚东欧市场》杂志组织高质量的稿件;

5. 协助理事会完成有关工作。

例二:《暖通空调》理事会章程

该理事会的宗旨是吸取社会各方面力量，加强行业内相关单位的横向联系，传递最新国内外信息，交流研究成果，为理事单位提供服务，提高理事单位的知名度，促进共同发展。

1. 理事单位享有的权利

理事单位获得4 大项服务（详见服务明细），包括：

1）信息服务：赠阅《暖通空调》《暖通空调资讯》《暖通空调E周刊》《暖通空调手机报》（CHAIN）《中国中央空调行业发展报告（公开版）》等；

2）宣传服务：发布广告、刊登新闻、为理事单位提供各种宣传；

3）会议活动服务：理事单位可参加由暖通空调传媒机构以及旗下各媒体组织的有关学术研讨、技术论坛和业务培训等活动，相关费用可以给予优惠或减免；

4）论文出版服务：理事单位撰写的技术论文在符合本刊办刊宗旨且通过专家审稿并修改合格的情况下，可优先在《暖通空调》杂志或增刊上发表。

2. 理事单位应尽的义务

1）积极反映本单位对《暖通空调》杂志、暖通空调在线网站和《暖通空调资讯》杂志以及旗下所属媒体的要求，为促进理事会的工作和各媒体的发展提出建议；

2）遵守理事会章程并按时缴纳会费（每年缴纳一次）；

3）委派专人负责与理事会秘书处的日常联系，及时提供本单位的相关信息资料并协助秘书处开展理事会的其他工作。

《俄罗斯中亚东欧市场》理事会章程规定理事单位优先在《俄罗斯中亚东欧市场》杂志发表论文和调查报告；优先在《俄罗斯中亚东欧研究》上刊登理事撰写或推荐的学术稿件。《暖通空调》理事会章程规定理事单位撰写的技术论文在符合本刊办刊宗旨且通过专家审稿并修改合格的情况下，可优先在《暖通空调》杂志或增刊上发表。这两个期刊的理事会章程都明确指出理事单位的优先发表权。这就是说，在论文质量差别不大的情况下，期刊会将用稿通知发给理事单位的作者。如果理事单位的论文数量很大，那么非理事单位作者的投稿通过率就被降得很低。如果要制胜，论文质量就要远远超越理事单位的来稿。

以上的例子分析了理事单位作者在刊发论文方面的优越性，提示非理事单位作者慎投该类期刊。究竟应该谨慎到何种程度？下面的例子会让作者的认识更清晰。

《中国行政管理》理事会章程中规定了理事会的宗旨及权益。[①] 理事会的宗旨：

1. 以邓小平理论和"三个代表"重要思想为指导，全面落实科学发展观，为我国公共行政管理水平的提高服务；2. 为共同办好《中国行政管理》杂志建言献策；3. 为会员单位发展事业、弘扬学术提供支持平台。

《中国行政管理》理事会章程中和理事会评审、刊发论文相关的条款主要有：

第十三款 理事会为理事单位和常务理事单位，每年在《中国行政管理》杂志上，优先安排由理事单位、常务理事单位推荐并符合杂志刊发标准的理论文章、学术论文或其他形式的文稿。推荐乙方在学会内参《专家建言》、《行政信息专报》发表学术报告和建议，直通国务院领导同志参阅。文稿的选题、编辑、修改等工作，由秘书处负责办理。另外，理事单位和常务理事单位的自然来稿，符合发表要求的，《中国行政管理》杂志优先采用。

第十九款 大专院校、科研院所的理事单位代表人和常务理事单位代表人，均进入"《中国行政管理》学术评审专家库"成员名单，并责成秘书处负责联系，展开学术评审工作。

由此可见，理事会单位不仅享有论文优先发表的待遇，大专院校、科研院所的理事单位代表人和常务理事单位代表人还成为该刊的评审专家。这种情况类似"既当球员又当裁判"的情形，理事单位的来稿发表的难度就再一次降低，而对应的非理事单位的稿件就更难挤进该刊版面了。

在《中国行政管理》编辑部官网上的公开感谢函中，《中国行政管理》对刊发理事单位论文的情况进行了这样的描述：第五届理事会成立及运行的两年时间里，从2010年1月到2011年9月，在我刊已发表文章的理事单位已达95%以上。对于因各种原因还未能得到相关服务的理事单位，我们将继续给予关注和支持。[②]

从一个方面看，《中国行政管理》杂志社积极兑现理事会章程中关于刊发理事单位论文的承诺，为理事单位做出了巨大贡献；另一方面，在对理事单位负责的同时，该杂志社刊登非理事单位的论文的空间就大大缩小。所以，在此提示投稿作者，投稿时需区分有理事单位和无理事单位的期刊，慎

---

① 理事会章程［EB/OL］. http://www.cpaj.com.cn/zhangc.shtml.

② 感谢函［EB/OL］. http://www.cpaj.com.cn/Thanks.shtml.

重向有理事单位的期刊投稿，对于理事单位众多的期刊，投稿更要慎之又慎。

笔者曾向一个有理事单位的期刊投稿，投稿前，致电给该刊编辑部，对方知道来意后即刻问到："您所在的单位好像还不是我们的理事单位吧！赶紧找你们领导办理一下，我们保证每年给你们单位发3～5篇论文。"后来在中国知网上查询了这份期刊，果然，数据库中没有一个来自笔者所在单位的作者。

（三）理事会单位遍地开花

无论自然科学期刊还是社科期刊，都不乏理事单位的身影。这些期刊的理事单位少则数十个，多则上百个。来自这些单位的论文以优越的身份占领了期刊的部分版面，留下不多的空间给非理事单位的作者。

二、限定征稿对象范围的期刊

本来，英雄不问出处。而现实中，作者或作者的文章背景等会影响投稿命中率。比如上文讨论的有理事单位的期刊，他们对待来自理事单位和非理事单位的论文会有差异。有理事单位的期刊对作者身份有要求，这种期刊数量也比较多。但他们还不是作者论文慎投对象的全部。还有两种情况，作者要慧眼辨识。一种是限定作者单位的情况——虽然比较少，但也是要提醒作者留意——对于作者来说，某一时间段某一期刊对于自己意味着全部。另外一种是对论文有基金项目要求的期刊——这种规定可以理解，基金论文比是评价核心期刊的一个重要量化指标。

（一）限定作者单位

学术研究应鼓励百花齐放，百家争鸣。这个"家"不仅指学者的学术流派，也指人的出身（所在单位或者组织）。然而，有些期刊出于某种目的对作者的身份进行限定。编辑部也时常接到作者询问是否对作者的单位、职称、学历等有规定。可见，这类期刊并不是少数几个。这种期刊如此规定的原因暂不去探究。这种规定一是起到告知作用，二是起到免责作用——不是"圈内"的稿件石沉大海编辑部不承担责任。既然编辑部规定在先，作者投稿时就要遵循该规定。

例：《西安交通大学学报》（社会科学版）主要反映高校师生和社会科学研究领域的专家在管理科学、哲学社会科学与交叉科学方面的研究成果，以及哲学社会科学研究的热点、重点和前沿问题。现设有10余个栏目，该刊以入选教育部"名刊名栏建设工程"的"经济与管理研究"栏目为重点，以"和谐社会构建与可持续发展研究"、"钱学森科学思想研究"、"交叉科学研究"栏目为特色，面向国内外社会科学研究领域的专家学者和高校师生征稿。“哲学研究”、“法学研究”、“政治学与社会学研究”、“人口学研究”、“历史文化与艺术研究”、“文学与传播学研究”、“公共管理与公共政策研究”、“高等教育研究”等栏目，以专家教授的约稿和本校师生的来稿为主，一般不接收自由投稿。[①]《西安交通大学学报》（社会科学版）有两个栏目以国内外社会科学研究领域的专家学者和高校师生为征稿对象，而其他的版面主要面向专家教授的约稿和本校师生的来稿，这就是告诉普通的来自外校外单位的作者无需费力向该刊投稿了。

（二）规定基金资助

科学基金和社科基金在推动我国科学研究的发展，促进基础学科建设，发现、培养优秀科技人才等方面取得了巨大成绩；为提升基础研究创新能力进行了有益的探索，积累了宝贵的经验，为我国基础研究的发展和整体水平的提高做出了积极贡献。

科研基金通过对高校和研究所的科研项目进行资助的方式，推进科学发展，培养高级专业人才，促进科技、经济和社会的发展。其支持的科研项目包括理论工作，应用基础工作等，其特别重视在世界强手林立的环境中增强我们科学研究的竞争力；特别重视那些脱颖而出，异军突起的研究工作，支持各类学科间有机联系和学科渗透结合而出现的新的集合点、新的生长点；支持科技前景广阔的研究工作。其通过提供对以上科研项目的支持从根本上实现我国科学研究多出成果，早出人才的目的。

自然和社会科学基金对于科学研究的重要性不仅体现在资金支持方面，有些期刊也将其重要性体现在对某些基金支持论文的特别青睐上。不难理解，有基金支持的科研项目在研究过程中有充足的物质基础，为产出高水平的科研成果打下基础。然而，并非所有带有基金项目的科研成果都是高水平的。物质基础是科学研究的充分条件，而不是其必然条件，没有基金支持的高质量论文（尤其社科论文）也比比皆是。此处，不对优先刊登基金资助项目产出的期刊的作法进行评价。只是提醒作者，投稿时留意投稿须知等相关内容，对于优先刊登基金资助项目产出的期刊，慎重投稿，正所谓“投稿需谨慎，期刊有差异”。

例：《重庆大学学报》2013 年第 1 期的《征稿简则》中指出：本刊为月刊（国际标准版），国内外公开发行。主要刊登本校教师、科研人员、博士研究生以及有省部级以上基金资助项目产出的硕士研究生论文，同时，也刊登部分高水平的校外论文。国家自然科学基金、863 计划、973 计划等国家级基金资助项目产出论文优先刊登。

---

① 学报简介［EB/OL］. http://www.xbskb.cn/

这则《征稿简则》将稿件分为三部分区别对待：本校教师、科研人员、博士研究生以及有省部级以上基金资助项目产出的硕士研究生论文属于“主要刊登”的对象，意指该刊大部分版面是给本校师生准备的；国家自然科学基金、863 计划、973 计划等国家级基金资助项目产出论文属于“优先刊登”的对象，强调了高级别基金的重要性；校外论文——必须是高水平的，属于次要刊登的对象，就是充当本校论文的候补角色。

第二节 栏目设置理论

期刊，是由许多独立的经过分类、组合、排列的文章构成的。而这个分类、组合、排列的过程通常是经由栏目设置完成的。经过这样的分类、组合、排列之后，期刊成为一个排列有序、结构严谨的系统，实现系统功能大于组成系统各要素功能之和的目的。

一、栏目设置的意义

期刊的栏目是刊物的内容的浓缩。栏目不仅反映当期期刊的内容结构，而且具备明确的导读作用。栏目设置体现了编辑对整体文章的全面把握，定位了期刊的内容走向和基本风格。与此同时，期刊的价值导向、学术水平和编校质量，也是最先和最明显地体现在栏目中。

人们在选择期刊时，通过刊名进行初选，通过目录页进行第二次选择。因为刊名只能起宏观的控制作用，基本确定的是学科或者研究领域方向的倾向，有的刊名也体现了期刊的风格。而要确定究竟选择哪一种期刊，很大程度上要通过目录呈现的栏目名称和文章篇名才能确定。目录页通常包含刊名、卷次等出版信息，主要刊载栏目题名、文章标题、作者及页码等项内容。读者通过阅读目录，特别是通过阅读将栏目分成几个部分的栏目名称，就很容易找到与自己方向一致或邻近的文章。如此，栏目的导读功能得以彰显。①

从期刊编辑的角度看，栏目设置主要是要整合、归类数十篇论文，以精炼准确的栏目名称和匀称协调的文章数量布局向作者和读者传递导向性编辑信息。从作者的角度看，栏目设置反映刊物的特点、受众群体、作者群体以

① 颜志森，邓友娥，邵晓军．《中国科技期刊研究》创刊以来载文量及栏目分析[J]．中国科技期刊研究，2012，23（1）：72－75.

及编辑的水平。通过栏目设置引导学术前沿、调整作者写作方向，以便有针对性地投稿。从读者的角度看，可以借助栏目设置来决定是否实施购买行为以及对刊物中的文章进行选择性阅读。

二、栏目设置的原则和方式

栏目设置是以最大限度达成栏目功能为价值取向的。栏目设置的核心价值是对文章进行归类和整合，根据主题内容、研究性质（方法）、写作风格进行分类，将数量大致相等的文章整合在不同栏目下。设置栏目时栏目数量和栏目文章数量是两个基本参数，栏目数量太少往往难以较好地达到目的，栏目数量过多又会出现栏目之间界限不清、论文归属各异等现象。[①] 同样，栏目文章数量太少则“分量不足”，导致“缺乏稿源”的错觉；栏目文章数量太多，则有“压倒”或者“淹没”其他栏目之嫌。在栏目设置过程中，应该坚持以下三个原则：

（1）区分性原则。不论栏目设置以研究方法为分类标准，还是以研究范围（领域）、文章体裁为依据，应尽量按照一种分类法进行，两种及以上分类标准则会使栏目出现交叉而失去栏目的区分作用。

（2）独特性原则。栏目设置同样遵循众多领域中的“人无我有，人有我特”原则，应该通过栏目设置的不断创新，突出个性、避免雷同，积累选题中形成自身特点，凸显期刊内容，体现期刊特性。[②]

（3）时效性原则。期刊应紧握时代脉搏，随学科研究的深入发展和认识的发展，紧跟研究前沿，敏锐编辑嗅觉，向该领域权威约请前沿的高含金量成果。

有学者认为，栏目的设置方式大体分为三类：以学科划分来设置栏目；按学科划分为主，再加特色来设置栏目；根据文体类型、作者特征等多种划分方法来设置栏目。[③] 这是从论文的角度设置栏目。

实践中，有的刊物从受众角度设置栏目，以便更好地满足读者的需求。将期刊受众根据学历层次、身份特征、科学范围进行分类是期刊研究的基础。同一本期刊，本科生可能会作为学习内容，研究生可能会作为参考资料，而相关领域的专家则主要用来了解学科发展状况。教师需要指导教学实

---

① 苗红环. 期刊栏目设置的作用与反思［J］. 中国传媒科技，2012（04 下）：148－149.

② 陈有武. 高校科技学术期刊栏目设置研究［J］. 编辑学报，1995，7（2）：75－78.

③ 张永保，周学荣. 体育类核心期刊中 8 家学报栏目现状调查与分析［J］. 中国科技期刊研究，2006，17（6）：1 090－1 092.

践的内容，管理者需要从管理的角度探讨学科内的问题。

第三节 社会科学期刊栏目设置案例分析
——以2010—2012年《高教探索》为例

社会科学期刊的栏目设置因期刊性质而异。综合性期刊多依据学科进行栏目划分，栏目数量通常较少，每个栏目载文量相对较多。如陕西师范大学（哲学社科科学版）每期栏目10个左右，固定栏目有海外学术论坛、历史地理学研究、哲学研究、政治学研究、经济学研究、新闻传播学研究等。单科性期刊多依据学科所包含的研究领域划分栏目，栏目数量较综合性期刊多，栏目文章数量相对较少。如《继续教育研究》（月刊）2011年第1期至第11期共出现25种栏目，每个栏目文章数所占比例低于2%以下的有12个，这也折射出继续教育领域社会需求的多样性。①

高等教育学是接受过高等教育的人“身边”的学科，以此学科的核心期刊——《高教探索》为社会科学期刊的研究案例，便于更多的读者了解案例内容，使案例更具普适性和可参照性。

一、2010—2012年《高教探索》栏目设置概览

《高教探索》主要刊登高等教育学研究领域的学术论文，系1992年版、1995年版、2000年版、2004年版、2008年版、2011年版全国中文核心期刊，也是2006—2007年度、2008—2009年度、2010—2011年度、2012—2013年度、2014—2015年度CSSCI来源期刊。2010—2012年《高教探索》为大16开本，每期固定为152页的双月刊。每页字数1 700～1 900个，每期容量约为25万字。2010—2012年《高教探索》栏目设置如表3－1所示。

表3－1 2010—2012《高教探索》栏目构成总览

栏目名称	2010年各栏目发文篇数	2011年各栏目发文篇数	2012年各栏目发文篇数
教育管理	3+5+6+3+6+5=28	6+6+5+5+6+7=35	6+5+7+6+6+5=35

① 李奕. 学术刊物栏目设置与办刊宗旨的实现——以成人教育·终身学习·远程教育领域的6种期刊为例［J］. 北京广播电视大学学报，2012（1）：59－63.

续上表

栏目名称	2010 年各栏目发文篇数	2011 年各栏目发文篇数	2012 年各栏目发文篇数
学位与研究生教育	1 + 2 = 3	2 + 1 = 3	1 + 1 + 2 + 1 = 5
比较教育	6 + 4 + 2 + 3 + 2 + 5 = 22	6 + 6 + 6 + 6 + 4 + 5 = 33	5 + 5 + 6 + 7 + 4 + 6 = 33
教育经济	2 + 3 = 5	1 + 2 = 3	1 + 3 = 4
高校科研		1 = 1	1 + 1 + 1 + 2 = 5
学科与专业		2 + 1 = 3	2 + 1 + 4 + 1 = 8
课程与教学	3 + 3 + 2 + 4 + 3 = 15	4 + 2 + 3 + 2 + 2 + 2 = 15	4 + 3 + 4 + 4 + 2 + 4 = 21
教育史研究	2 + 1 + 1 + 2 + 4 = 10	2 + 2 + 1 + 1 + 2 + 2 = 10	3 + 2 + 1 + 2 + 1 + 2 = 11
教师与学生	2 + 6 + 4 + 4 + 4 + 4 = 24	6 + 4 + 6 + 3 + 5 + 2 = 26	5 + 5 + 5 + 4 + 3 + 4 = 26
学术争鸣	1 + 2 + 1 = 4	1 + 3 + 1 + 2 + 2 = 9	2 + 1 = 3
高等教育学		1 + 2 = 3	1 + 1 = 2
人文与德育	2 + 1 = 3	1 = 1	1 + 1 + 1 = 3
简论	1 + 1 + 2 + 3 = 7	2 + 1 + 1 = 4	3 + 5 + 4 + 3 = 15
综述	1 = 1	1 + 1 = 2	1 = 1
南方高教人物		1 = 1	
留学生教育	1 + 1 = 2	1 + 1 + 1 = 3	1 = 1
各类教育	3 + 2 + 3 + 2 + 1 + 3 = 14	3 + 4 + 5 + 3 = 15	
师德征文选登		1 = 1	
招生与就业		3 = 3	
高校后勤		1 = 1	
理论探讨	3 + 3 + 2 + 2 = 10	2 + 5 + 3 = 10	
教育合作		1 = 1	
教育研究知识产权		1 = 1	
高校科技		1 = 1	
博士论坛	4 + 5 + 4 + 5 + 6 = 24		
招生与考试	2 + 2 = 4		
校园文化	2 = 2		
书评	1 = 1		

续上表

栏目名称	2010 年各栏目发文篇数	2011 年各栏目发文篇数	2012 年各栏目发文篇数
本刊特稿	1 = 1		
书讯	1 = 1		
高职教育			1 + 2 + 3 = 6
高职研究			2 + 2 = 4
素质教育			1 + 1 = 2
“南方教育高地”专栏			1 = 1
艺术教育			1 = 1
成人教育			1 = 1
通识教育			1 = 1
成人高教			1 = 1
民办教育			1 = 1
合计（栏目总数/发文篇数）	20/181	24/186	24/191

说明：表格中各栏目发文篇数为“=”后数字，“=”前数字个数为本年度该栏目出现次数，“=”前各个数值表示单期《高教探索》该栏目发文数。

为便于读者更清晰地看出 2010—2012 年《高教探索》的栏目设置和各个栏目的载文情况，现将这三年每年的各个栏目的发文情况绘制成图表，供读者参考。

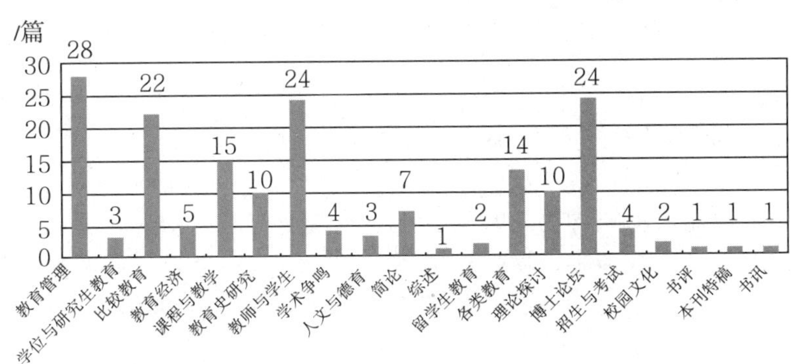

图 3－1　2010 年《高教探索》各栏目载文数量

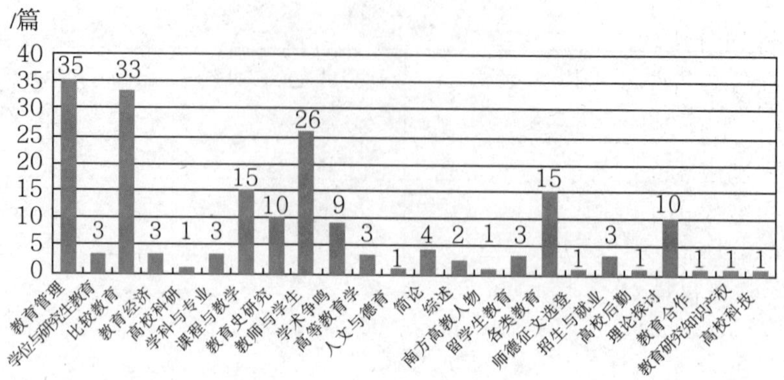

图 3－2　2011 年《高教探索》各栏目载文数量

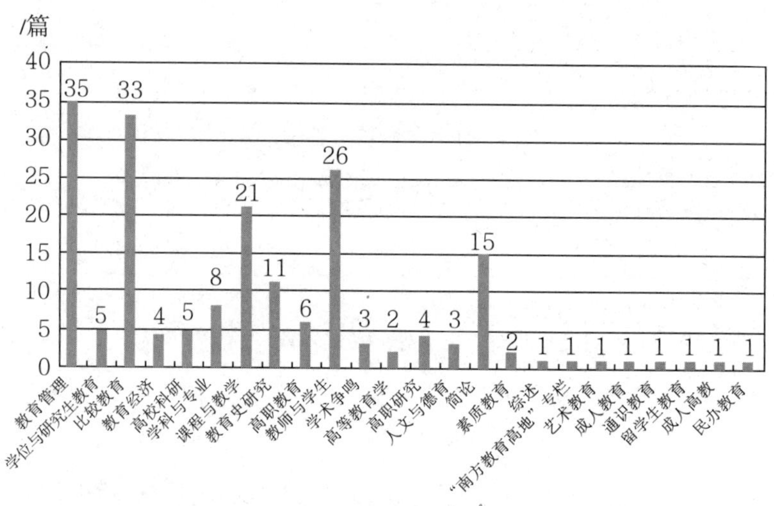

图 3－3　2012 年《高教探索》各栏目载文数量

二、《高教探索》栏目设置分析

栏目纵向比较反映刊物随时间变化的改变情况。纵向比较提供了栏目增减变动情况。其中基本固定栏目反映了办刊的重点，栏目的增减变动体现了刊物对学术热点的追求和追踪，栏目名称变化体现了编辑精益求精的精神。他们皆为未来的栏目走势提供了相关预期。

（一）栏目总数

有些人文社科期刊栏目划分较粗放，栏目数比较少。如《华南师范大学学报》（社会科学版），每期根据人文社科所含学科分为 5 ~6 个栏目。有的刊物栏目划分比较细，每期有20多个栏目。《高教探索》2010—2012年主要根据高等教育学所含研究领域划分栏目，2010年栏目总数为20个，2011年和2012年有24个栏目。这种做法为某些学者所诟病，“有的期刊每期设20个左右的栏目，大多数栏目下只有一两篇文章，让读者看得眼花缭乱，心烦意乱，结果仍不知所云，读者只好撇开栏目，翻检正文”。栏目多少为好，应视具体刊物而论，不能一刀切。

（二）栏目增减

相比2010年，2011年《高教探索》新增栏目为高校科研、学科与专业、高等教育学、南方高教人物、师德征文选登、招生与就业、高校后勤、教育合作、教育研究知识产权、高校科技。在新增栏目的同时，博士论坛、招生与考试、校园文化、书评、书讯、本刊特稿等栏目不再保留。2012年新增栏目（在2011年的基础上）为高职教育、高职研究、素质教育、艺术教育、成人教育、通识教育、成人高教、民办教育。各类教育、师德征文选登、招生与就业、高校后勤、理论探讨、教育合作、教育研究知识产权、高校科技不再出现。

2010年与2012年相比，相同的栏目只有教育管理、学位与研究生教育、比较教育、教育经济、课程与教学、教育史研究、教师与学生、学术争鸣、人文与德育、简论、综述。其数量为2010年栏目总数的55%（11/20），2012年栏目总数的46%（11/24）。可见，三年之间，栏目设置风云变幻，约半数栏目发生了变动。即便是在相连的年份，栏目变动情况也比较大：2010年与2011年相同栏目数量为14个，相同数量占2010年栏目总数的70%，2011年的58%；2011年与2012年栏目总数相同，皆为24个，相同栏目数量为15个，相同率达63%。通常认为，固定栏目与机动栏目的合适配比为2∶1。从这一点上看，《高教探索》固定栏目比例尚佳。

栏目的增减变动体现了刊物对热点的追求和对重点的反映。2010年我国高等教育学学科创始人、高等教育研究奠基者潘懋元教授九十华诞，故《高教探索》在2010年第6期设置“本刊特稿”、“书讯”两个栏目分别发表《九十感言》和《我与〈潘懋元文集〉》，向潘懋元教授从教七十五周年暨九十华诞表示热烈祝贺！

2011年《高教探索》最显著和重要的变化就是取消“博士论坛”栏目，将在读博士生的论文按学科领域划分到其他相应栏目，不再突出博士身份。从直观上看，似乎《高教探索》对在读博士的关注度降低，但细心的读者可以看出，这一变化只是将在读博士的论文按照学科领域划归不同的其他栏目，《高教探索》对博士生的来稿热情依旧。此举旨在淡化作者身份，使栏目划分方法更趋于统一，即按照学科包含的研究领域设置栏目。

2012年5月9日，汪洋同志在中国共产党广东省第十一次代表大会上指出："要深化教育改革，促进教育公平，创建教育强省，争当教育现代化先进区，打造南方教育高地，走出一条具有广东特色的教育发展路子。"打造南方教育高地，成为广东教育改革发展的必然选择。为了更好地认识"南方教育高地"，凝聚共识，推进教育改革与发展，《高教探索》在2012年第4期特开设"南方教育高地"专栏。

（三）基本固定栏目

期刊栏目的一大特点就是其稳定性和连续性。栏目的稳定性和连续性保证了期刊的质量。固定栏目均为各期刊努力打造并保持稳定的栏目，栏目的稳定表明其拥有稳定的稿源，这是期刊吸引并固定读者的重要因素。因为学术期刊的特定读者多数想从期刊获取专门的、深度的信息。栏目具有相对稳定的结构，编辑配置也相对稳定，通过有效设置栏目来统筹进行安排，有助于发挥个人优势和提高团队效率。

2010—2012年《高教探索》的基本固定栏目有：教育管理，比较教育，教师与学生，课程与教学等。前4个栏目载文量大，其载文量占全年载文量半壁江山，2010年为49%，2011年为59%，2012年为60%。

（四）不定期开设栏目

能引发栏目较大变化的动因主要有两种。一种是由作者推动。一些思维敏捷的作者投来的文章属于一个全新的论题，过去已有的栏目无法容纳这类文章，必须新开设一个栏目与之相对应。这种情况的出现是作者推着编者走，编者处于被动状态。另一种情况是编者高屋建瓴地把握学科前沿，独具慧眼，主动出击，策划出好的选题，设一个崭新的栏目，吸引高水平文章，探讨那些具有前瞻性、学术性或具有重大社会意义的课题。[①]

不定期开设栏目包括特色栏目和专栏等。特色栏目凸显期刊特点，通常是刊物结合自身的地理位置和学术优势所创办的，如2012年第4期的"南方教育高地"专栏。该专栏不仅体现了《高教探索》作为广东省高教类刊物的地理位置，也体现了其作为广东唯一一家高教核心刊物的学术地位。"南方教育高地"专栏是《高教探索》具有敏锐的时代嗅觉、能够抓住研究热点、提升期刊影响力的有力体现，把建设南方教育高地作为热点话题引导学术动向。

对于不定期开设栏目，需辩证看待。不定期开设栏目体现了办刊的灵活性，这是积极的一面。然而，有些栏目一年内或数年只出现一次，且只有一篇文章，这难免会给人栏目设置有随机性之嫌。如教育研究知识产权、高校

---

① 高亚森. 学术期刊栏目的美学思考［J］. 编辑之友，2002（5）：66－67.

科研、艺术教育等栏目，三年内皆仅刊登论文一篇。这三篇文章，转载率和引用率远低于《高教探索》的平均水平。从保障和提升刊物质量的角度考量，此类栏目和文章在设置和刊发时需要编者更为仔细的斟酌。对于文章数量较少的栏目，可采用隔期刊登的原则，既可使每期栏目数下降，又能使栏目内文章数相对增多，符合视觉审美和阅读需求。

三、2012年栏目微观指标分析

以距今最近的2012年为例，深入分析《高教探索》各栏目的微观状态。2012年总载文量为191篇（见表3－2）。从表3－2可以看出，栏目文章数量排在前4位的分别是：教育管理（35篇）、比较教育（33篇）、教师与学生（26篇）、课程与教学（21篇）。综述、"南方教育高地"专栏、艺术教育、成人教育、通识教育、留学生教育、成人教育、民办教育栏目的文章数并列最后，皆为1篇。

表3－2 2012年《高教探索》各栏目情况比较

栏目	载文量居前（后）4位的栏目	页码总数居前（后）4位的栏目	篇均页码居前（后）4位的栏目	作者总数居前（后）4位的栏目	篇均作者居前（后）4位的栏目
教育管理	√（35篇）	√（166页）		√（53人）	
学位与研究生教育					
比较教育	√（33篇）	√（164页）	√（4.970页）	√（50人）	
教育经济	※（4篇）		√（5.000页）		
高校科研					√（2.200人）
学科与专业					√（2.125人）
课程与教学	√（21篇）	√（100页）		√（38人）	
教育史研究			√（5.545页）		※（1.182人）

续上表

栏目	载文量居前（后）4位的栏目	页码总数居前（后）4位的栏目	篇均页码居前（后）4位的栏目	作者总数居前（后）4位的栏目	篇均作者居前（后）4位的栏目
高职教育					
教师与学生	√（26篇）	√（126页）		√（38人）	
学术争鸣	※（3篇）		√（5.000页）		
高等教育学	※（2篇）		√（5.500页）	※（2人）	※（1人）
高职研究	※（4篇）		※（3.750页）		√（2.333人）
人文与德育	※（3篇）				※（1.333人）
简论			※（2.667页）	√（19人）	※（1.267人）
素质教育	※（2篇）	※（6页）	※（3.000页）	※（4人）	
综述	※（1篇）	※（4页）	※（4.000页）	※（1人）	※（1人）
“南方教育高地”专栏	※（1篇）	※（3页）	※（3.000页）	※（1人）	※（1人）
艺术教育	※（1篇）	※（3页）	※（3.000页）	※（3人）	√（3人）
成人教育	※（1篇）	※（4页）	※（4.000页）	※（1人）	※（1人）
通识教育	※（1篇）	※（5页）	√（5.000页）	※（2人）	
留学生教育	※（1篇）	※（5页）	√（5.000页）	※（2人）	
成人高教	※（1篇）	※（3页）	※（3.000页）	※（1人）	※（1人）
民办教育	※（1篇）	※（4页）	※（4.000页）	※（2人）	

注：排序居前4位的用“√”表示；排序居后4位的用“※”表示。

对微观指标的分析可以窥探期刊选择论文的喜好。栏目微观指标包括页码总数、篇均页码、作者总数、篇均作者等。

（一）篇均页码

篇均页码反映了单篇论文的信息量。篇均页码数值越低，其单篇论文的信息量越高。然而，这个数值有一个限值。优质的学术论文是需要一定的页码或者字数支撑的，字数过少往往会导致论证不充分，不深入。

中国知网提供的被引和下载量部分反映出论文的传播情况和影响力，是探究论文质量优劣的一个指标。以2012年篇均页码最少的栏目（简论栏目）的5篇论文（论文所占页码为两页）和篇均页码最多的栏目（高等教育学栏目）的2篇论文（7页）为例（共10篇）分析篇均页码和论文质量的关系。

截至2013年6月26日，2012年简论栏目的6篇论文《论高校和谐审美教育的实践特征》被引0次，下载39次；《高职英语教学“工学结合”人才培养模式探索与实践》被引0次，下载124次；《农类大学生就业质量提高对策研究》被引0次，下载104次；《高校思想政治教育亲和力探索》被引0次，下载97次；《高校国学教育的路径探讨》被引0次，下载134次；《高校财务分析的现实反思与制度完善》被引0次，下载70次。这6篇论文平均被引0次，平均下载次数为94.7次。

2012年篇均页码最多的栏目为“高等教育学”栏目，该栏目只有论文两篇。为避免数据过少使偶然性遮蔽实际情况，选取2012年版面最多的论文（7页）为例（共10篇）研究篇均页码和论文质量的关系。这10篇论文被引量和下载次数如下：

《大学生自我管理与就业关系研究》被引0次，下载169次；《大众化进程中我国教师教育体系转型的走向与反思》被引0次，下载182次；《教学型大学教师教学科研关系观研究》被引0次，下载333次；《校企合作的企业决策模型》被引0次，下载74次；《学生评教差评教师的有效性研究》被引3次，下载395次；《我国普通公立高校学费定价标准新探》被引0次，下载140次；《澳大利亚高等教育市场化改革发展历程、影响及启示》被引0次，下载98次；《世界一流大学师资国际化过程分析》被引1次，下载303次；《矩阵化、虚拟化和联盟式：信息时代研究型大学的学术组织创新》被引1次，下载69次。这10篇文章平均被引次数0.5次，平均下载次数191.5次。

从以上数据可以看出，篇均页码最小的栏目的6篇论文平均被引0次，平均下载次数为94.7次；篇均页码最大的10篇文章平均被引次数0.5次，平均下载次数191.5次。篇均页码最大的文章在引用次数和下载次数方面均明显优于篇均页码最小的文章。

（二）篇均作者

篇均作者反映科研领域的合作情况。目前，鼓励合作研究，跨学科研究。但要区分论文无关人员的挂名现象。有些文章两个作者的研究领域差异甚大，其中一个作者的研究领域与文章内容毫无关联，这时就要考虑挂名的可能。挂名一方面让某些领导出了风头，一方面提升了论文通过审稿的概率。对作者而言，挂名是双赢的行为；对期刊而言，结果如何呢？

采用上述分析篇均页码的方法分析篇均作者的大小和论文质量的关系，得知：篇均作者为 1 的文章的被引次数和下载次数均高于篇均作者为 3 的文章。由此可知，在社会科学领域，合作的科研成果并不如我们推崇的合作科研那么理想。或者说，科研活动是数人参与的，但是研究成果的撰写通常人数越少质量越高。

四、栏目设置趋势预测

（一）增设学术动态栏目

根据期刊内容和学科专业划分栏目时，可以考虑根据投稿文章数量进行可行性分析和设置，也可考虑在现有栏目设置的基础上增加投稿文章数量多，面向读者群较广的内容栏目。[①]《科学》为综合性科技周刊，其独特的文本结构是由科研新闻和科研论文组成，也就是说，每周《科学》要向它在世界拥有的读者公布一周内国际科技界最重大的新闻信息，精选出世界上最有突破性、最能撼动人心神的科研论文予以发表。《出版科学》设置了“消息 · 书讯”栏目，向读者提供最新的出版专业重大事件和优秀著作。教育类期刊的时效性虽不及科技期刊，但设立反映最新学术动向的栏目，不仅可以向读者表明本刊的学术取向，指引科研新动向和吸引读者阅读期刊，而且可以提升影响因子。

通常，刊登综述、通讯等篇幅短小的论文的期刊，其影响因子比较高。这两种论文信息量大、引用文献多，容易引起同行研究人员的注意。综述类文章在刊发两年内引用次数上升得最快，比普通的研究论文高很多。通讯类论文刊发后的引用率急速上升，“半衰期”后引用次数明显下降。

（二）优化整合已有栏目

1．舍弃重复设置栏目

对有包含关系的栏目，视栏目文章的数量决定保留包含或被包含的栏

① 苗红环. 期刊栏目设置的作用与反思［J］. 中国传媒科技，2012（04 下）：148－149.

目。比如各类教育和高职教育两个栏目，尽量不要出现在同一期刊物中。如果高职教育、成人教育、民办教育等文章数量较多，可设置各类教育一个栏目。如果仅高职教育的文章已经有三四篇，建议只设置高职教育一个栏目，而包含在各类教育中的成人教育等安排下一期刊出。

2. 栏目名称精益求精

栏目名称变化体现办刊者精益求精的精神。[①] 2012年《高教探索》在不同刊期上出现了“高职教育”和“高职研究”栏目。其中第1、5、6期栏目命名为“高职教育”，栏目文章有：《新加坡高职人才培养模式的启示——以数字时代出版人才培养为例》（第1期）；《校企合作的企业决策模型——基于成本和收益的理论分析》（第5期）；《“双转移”战略下珠江三角洲高职教育发展趋势研究》（第5期）；《加快建立粤台职教联盟——台湾高等职业教育考察报告》（第6期）；第2、3期栏目名称为“高职研究”，栏目文章有：《高职院校的核心竞争力研究》（第2期）；《高职文科类学生实践能力培养模式探索——以广州城市职业学院人力资源管理专业为例》（第2期）；《大众化视野中的中国高职教育发展方向》（第3期）；《心理资本视阈下高职院校职业指导体系的构建》（第3期）。从两个栏目所含文章标题看，并无设置两个栏目的必要。为保持栏目连续性和稳定性，建议只保留“高职教育”和“高职研究”其中一个栏目。

（三）设置并深挖特色栏目

教育部已同意广东率先开展教育现代化的全面试验。根据广东省委、省政府的指示，广东省教育厅正在抓紧时间，广泛调研，特别是组织专家、学者对“教育现代化”的内涵目标要求进行深入研究。作为广东省教育厅主管的刊物，应引导并及时反映教育现代化研究进展，及时设置教育现代化研究栏目，引导率先基本实现教育现代化研究。以党的十八大报告提出的到2020年“教育现代化基本实现”，以及习近平总书记要求广东成为发展中国特色社会主义的排头兵、深化改革开放的先行地、探索科学发展的实验区和率先全面建成小康社会、率先基本实现现代化为背景，开设相关栏目，就广东在全国率先基本实现教育现代化的重点，如何才能率先，什么时候达到率先，率先的模式等问题开展研究。

教育现代化研究栏目只是列举的一个案例，编辑部通常会根据不同时期的社会、舆论、研究热点、难点开设新栏目，并在这些问题的热度褪去时实现新旧栏目的更替。

---

① 孙涵，罗艳蕊，贾莉莉．体育类CSSCI来源期刊发展评析——基于栏目设置的视角［J］．沈阳体育学院学报，2012（2）：16－19．

第四节 自然科学期刊栏目设置案例分析

——以2010—2012年《分析测试学报》为例

从宏观角度分析，自然科学论文学科交叉程度高，自然科学期刊多依据论文文体设置栏目。所以，自然科学期刊在栏目设置方面相似程度较高，各栏目载文量也都较多。如《陕西师范大学学报》（自然科学版）每期栏目6个左右，按照学科划分各个栏目；《细胞》杂志每期栏目7个左右，按照论文文体划分栏目。

从微观角度分析，自然科学领域的合作已为常态，单个研究项目通常包括设计者、实际操作者、数据处理人等，署名作者数量较多，所以，单篇论文的署名作者较多。这与社会科学期刊论文有所不同，因社会科学领域合作研究的必要性相对较低，现实中合作对某社科领域进行研究的案例不多，社会期刊论文的作者数量通常较少，因而社科论文的篇均作者较少。

一、2010—2012年《分析测试学报》栏目设置概览

《分析测试学报》是化学类核心期刊，影响因子为1.155，在中国化学类34种核心期刊中排名第3；总被引频次为1 814，在化学类期刊中排名第8。① 该刊为月刊，每月25号出版，大16开，铜版纸印刷。刊物根据论文文体和内容设有研究报告、研究简报、综述及实验技术等栏目。

表3－3 2010—2012年《分析测试学报》栏目构成总览

栏目名称	2010年各栏目发文篇数	2011年各栏目发文篇数	2012年各栏目发文篇数
研究报告	4＋7＋6＋5＋6＋5＋6＋5＋5＋5＋8＋8＝70	8＋7＋7＋8＋5＋7＋7＋9＋6＋7＋4＋5＝80	8＋5＋9＋22＋7＋8＋8＋9＋9＋7＋6＋7＝105
研究简报	18＋11＋10＋12＋13＋12＋13＋18＋13＋13＋15＋10＝158	10＋13＋12＋14＋9＋6＋12＋9＋12＋10＋6＋5＝118	12＋13＋11＋14＋14＋10＋12＋10＋13＋16＋11＝136

① 杂志简介［EB/OL］. http://www.fxcsxb.com/ch/first_menu.aspx?parent_id=2009051541056001.

续上表

栏目名称	2010 年各栏目发文篇数	2011 年各栏目发文篇数	2012 年各栏目发文篇数
实验技术	8 +7 +7 +8 +5 +7 +7 +9 +6 +7 +4 +5 =80	4 +3 +3 +3 +5 +3 +4 +3 +4 =32	3 +4 +2 +3 +3 +2 +4 =21
综述	1 +1 +1 +1 +1 +1 =6	1 +2 +1 +1 +1 +1 +2 +1 =10	1 +7 +1 +2 +2 +2 +1 +1 =17
分析测试技术与标准（化）			1 +2 =3
研究快报			3 +1 =4
食品安全（专栏）		13 +9 =22	
专题策划（纳米技术）		13 =13	
特约来稿		1 =1	
合计（栏目/载文量）	4/314	7/276	6/286

说明：表格中各栏目发文篇数为“ =”后数字，“ =”前数字个数为本年度该栏目出现次数，“ =”前各个数值表示单期《分析测试学报》该栏目发文数。

从表 3 –3 可以看出，2010—2012 年《分析测试学报》栏目变动不大，3 年来栏目设置以“研究报告”、“研究简报”、“实验技术”、“综述”为主导，在这 4 个栏目的基础上有所添加。3 年的载文量基本持平，上下浮动不大。为便于读者更清晰地看出 2010—2012 年《分析测试学报》的栏目设置和各个栏目的载文情况，将这三年每年的各个栏目的发文情况制成图表，供读者参考。

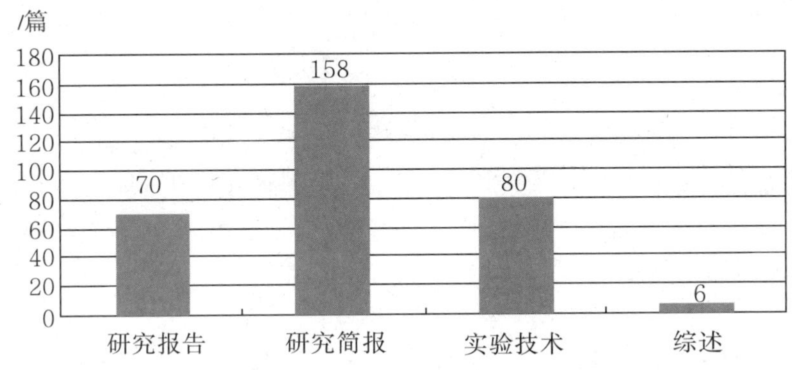

图 3 –4　2010 年《分析测试学报》各栏目载文数量

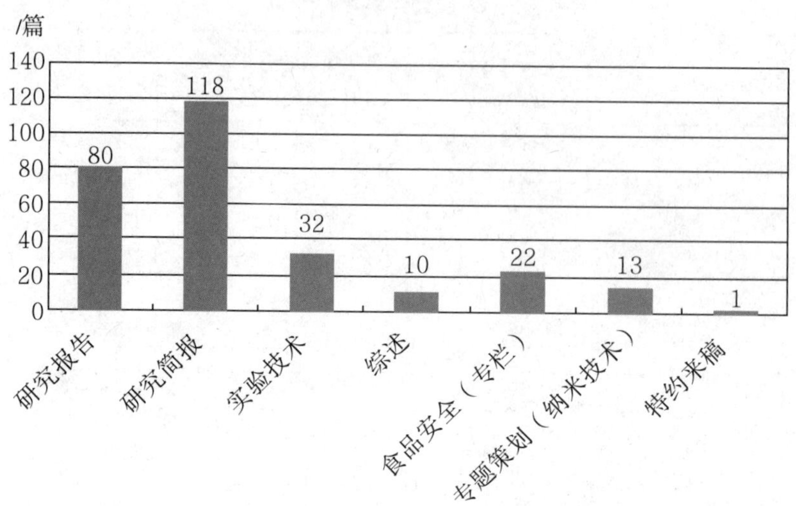

图 3－5　2011 年《分析测试学报》各栏目载文数量

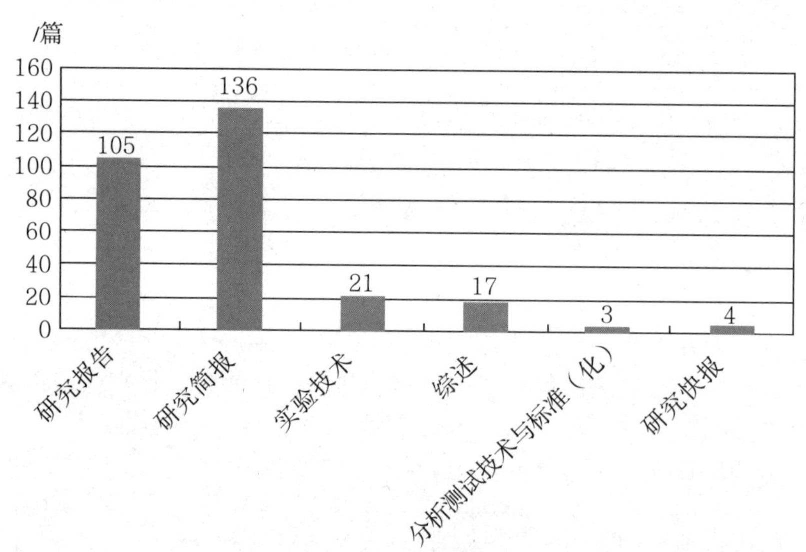

图 3－6　2012 年《分析测试学报》各栏目载文数量

从以上三图可以看出，最近三年来，《分析测试学报》4 个基本栏目载文量有明显变化的仅“实验技术”一个栏目。该栏目 2010 年、2011 年、2012 年载文量分别为 80 篇、32 篇、21 篇，呈显著下降趋势。

二、栏目设置分析

（一）栏目总数

《分析测试学报》2010—2012 年主要根据文种和研究内容划分栏目，2010 年栏目总数为 4 个，2011 年总栏目数为 7 个，2012 年有 6 个栏目。因为栏目数量总体较少，单个栏目包含文章数量比较多。尤其是“研究报告”和“研究简报”两个栏目，三年期间每一期的文章数量都比较多，两个栏目的载文数量 2010 年为全年载文量的 73%，2011 年为 72%，2012 年为 84%。可见，不论是哪一年，“研究报告”和“研究简报”两个栏目是该刊的重中之重。

（二）栏目增减及动因分析

相比 2010 年，2011 年《分析测试学报》新增栏目为“食品安全”、“专题策划”（纳米技术）、“特约来稿”。2011 年有两期刊物设置食品安全栏目，总发文量为 22 篇，占全年发文量的 8%。该栏目文章选题主要集中在农药残留，食品添加剂等方面。

食品安全一直是人类的重大问题，在有些国家是难题。《分析测试学报》在 2011 年 12 期开设了“食品安全”栏目。究竟是什么引发了 2011 年“食品安全”栏目的增设？该栏目的设置是编辑部主动引导的产物，还是源于作者对于食品安全问题的集中反映？

首先，从政策上分析，2011 年 4 月 29 日至 5 月 1 日，胡锦涛在天津视察时指出，食品安全是关系人民群众身体健康和生命安全的一件大事。他要求监管部门和技术机构以对人民群众高度负责的精神严把食品安全关。2011 年 2 月 18 日，国务院食品安全委员会召开第三次全体会议，就 2011 年进一步加强食品安全工作做出全面部署。2011 年 6 月 20 日，卫生部发布的《食品添加剂使用标准》（GB2760—2011）开始实施。2011 年 12 月 22 日，工信部、农业部、商务部、卫生部、工商总局、质检总局六部委联合发布公告，宣布自 2011 年 12 月 22 日起在中华人民共和国境内禁止生产和销售莱克多巴胺（俗称“瘦肉精”）。

由此可见，2011 年国家领导人、食品安全管理的最高机关等部门针对食品安全做出了重要举措，这势必引起社会对食品安全更为广泛和深入的关注。

其次，重大公共食品安全事故的发生也会迅速引起社会和学者对于食品安全的关注。2011 年食品安全大事记包括：山西老陈醋 95% 为醋精勾兑；京津冀地沟油机械化规模生产；双汇“瘦肉精”事件；台湾塑化剂等。

专题策划（纳米技术）栏目仅在2011年第11期刊物上出现，发文量为13篇，占全年发文量的5%。该栏目的推出有深刻的背景。纳米科技已成为许多国家提升核心竞争力的战略选择，也是我国有望实现跨越式发展的领域之一。《国家中长期科学和技术发展规划纲要（2006—2020年）》中把纳米研究列为重大科学研究计划资助项目。《分析测试学报》邀请了国内在纳米材料研究方面颇有造诣的部分研究团队或科研人员撰写了13篇稿件，其中综述论文4篇，研究论文9篇，希望通过本次专栏激发更多分析科学家对纳米材料在分析测试领域的重视和兴趣，从而共同推动我国纳米材料理论研究与应用的快速发展，促进我国的科技进步。

《分析测试学报》增设“专题策划（纳米技术）”的举动与美国白宫科技办公室于2011年2月发布的美国2011纳米技术发展战略（NNI）相呼应。美国国家纳米计划（NNI）是美国联邦政府机构间跨部门的一项系统计划，旨在协调美国纳米技术的整体研发，增强整个美国在纳米尺度上的科学研究合作力度，确保美国在纳米技术、工程技术方面的世界领先地位。

《分析测试学报》约稿一般有两种情况：一种是做专题，一种是应急事件约稿。应急事件约稿对象一般为具备国家检验资质的企业的知名人士。2011年第10期，《分析测试学报》特设“特约来稿”栏目。栏目文章为《不同类别食品中21种邻苯二甲酸酯的气相色谱——质谱测定及其分布情况研究》。

邻苯二甲酸酯就是塑化剂，塑化剂长期食用，会危害人体消化系统，男孩会变得女性化，女孩会性早熟，而且会降低人的免疫力和生殖能力，长期大量摄入会致癌。塑化剂事件在发现于2011年3月的台湾，2011年5月23日开始对社会公布。

“特约来稿”为应急事件约稿。《不同类别食品中21种邻苯二甲酸酯的气相色谱——质谱测定及其分布情况研究》的作者为吴惠勤等（吴惠勤，研究员，国务院特殊贡献津贴专家，中国广州分析测试中心有机分析研究室主任，2006年5月发生的齐齐哈尔第二制药厂的“亮菌甲素注射液”假药事件，2小时就为药检部门查出假药的成分是二甘醇替代1，2-丙二醇，为抢救受害人及打击假药提供了科学依据；2002年5月，广州市西华路下水道施工工地发现可疑气体，广东省政府指示省科学技术厅查明原因，吴惠勤接到样品后，1小时测出可疑气体的化学成分为二氯化二硫，为消除恐慌、及时抢救中毒民工及清理现场提出供科学依据）。该文提供了测定不同类别食品中21种塑化剂的分析方法，该方法系统、全面、准确、可靠，定量下限达0.05~0.5 mg/kg，可应用于各类食品中塑化剂的测定，为食品安全监控提供有价值的参考数据。

2012 年与 2011 年和 2010 年相比，相同的栏目为“研究报告”、“研究简报”、“实验技术”、“综述”，所不同的是增加了“分析测试技术与标准（化）”和“研究快报”。“分析测试技术与标准（化）”载文量为 3 篇，分别刊登在两期刊物上，所占比例为全年载文量的 1%。“研究快报”载文量为 4 篇，同样刊登在两期刊物上，所占比例为全年载文量的 1.4%。

“研究快报”和“研究简报”栏目一字之差。前者强调快，后者强调简。“研究快报”的设置体现了刊物对热点的及时反应和追求。对学科内热点问题和信息的及时反应，是《分析测试学报》一贯的宗旨。综观《分析测试学报》，编辑利用补白刊出了不少国际国内的学科内的成果。如：由科技部发布的俄罗斯科学院西伯利亚分院强流电子研究所研发出新型非侵入式血糖仪；欧盟利用微生物菌群降解有毒化学污染物质等。

这是 2012 年新增栏目的优势，然而，从新增栏目“分析测试技术与标准（化）”和“研究快报”的载文量和载文比例、栏目出现次数来看，这两个新增栏目缺乏持续性，可能会扰乱拟投稿作者的注意力，对部分拟投稿作者造成误导。

栏目的增减变动体现了刊物对热点的追求和对重点的反映。正如该刊主编陈小明在纪念《分析测试学报》创刊 30 周年寄语中提到：近年来，随着我国分析测试领域的快速发展，《分析测试学报》也加快了改革创新的步伐，开辟了新仪器新方法、食品质量与安全、分析测试与标准化等新栏目；定期策划专题约稿；及时刊登代表学科发展前沿的科研成果与研究，同时更加关注社会民生，体现科技服务民生的办刊理会，在三聚氰胺、塑化剂、地沟油等一系到食品安全突发事件爆发后，《分析测试学报》对相关的最新检测技术进行及时跟踪报道。

编辑部在主动增设栏目时通常都有明显的动因。敏锐的作者可以根据学科热点、难点，重要社会问题、新闻等提前准备论文，以便在期刊发出征稿启事时第一时间投稿，提高命中率。

（三）固定栏目

2010—2012 年相同的栏目为“研究报告”、“研究简报”、“实验技术”、“综述”。可以说，这 4 个栏目是基础性栏目，2011 年和 2012 年新增加的栏目都是基于 2010 年的固定栏目。这 4 个栏目的载文量 2010 年为全年载文量的 100%，2011 年的 87%，2012 年的 97.5%。这一方面反映了这些栏目的稿源稳定，另一方面因为载文量大吸引更多作者投稿，吸引更优质稿件，形成马太效应。

（四）特色栏目

2012 年，是《分析测试学报》创刊 30 周年，《分析测试学报》在该刊网站开设“创刊30周年百篇优秀论文评选”栏目，邀请网站点击人员在各个栏目中选出自己认为优秀的论文。这一栏目的开设，对于提升刊物吸引力，引导读者，鼓励作者都起到重要作用。

（五）栏目载文量和来稿量

一段时间内的栏目载文量除以来稿量（除去个别一稿多投已经在其他刊物刊发的通过审稿的稿件和因版面费问题不同意刊发的稿件）大致等于审稿通过率。如果某时间段内某个栏目的来稿文章激增，那么会出现两种结果：(1) 主要由作者主导的栏目变动。编审依然按照原审稿要求评价论文，这样则导致该栏目的文章数量增多。(2) 由编辑部主导的审稿标准的变动。编辑部严格控制审稿通过率，在稿件数量增多的情况下依然基本保持各个栏目的载文量。这样则导致审稿要求提高，也会对刊物质量提升有所帮助。

三、2012年栏目微观指标分析

以距今最近的2012年为例，深入分析各栏目的微观状态。2012年是《分析测试学报》创刊30周年，其中第9期《分析测试学报》为30周年专刊，内文页码215页。2012年总载文量为286篇（见表3－4）。

表3－4 2012年《分析测试学报》各栏目情况比较

栏目	载文量	页码总数	篇均页码	作者总数	篇均作者
研究报告	105	47＋55＋59＋43＋32＋44＋54＋34＋55＋134＋42＋53＝652	6.21	40＋39＋35＋43＋30＋32＋42＋30＋43＋106＋29＋42＝511	4.87
研究简报	136	50＋58＋53＋67＋81＋53＋61＋57＋58＋72＋71＝681	5.01	51＋47＋53＋61＋77＋42＋57＋60＋60＋26＋71＋65＝670	4.93
实验技术	21	12＋8＋17＋13＋18＋9＋12＝89	4.24	14＋9＋18＋13＋23＋6＋22＝105	5.00
综述	17	15＋11＋14＋6＋7＋7＋53＋10＝123	7.23	13＋8＋8＋5＋3＋136＋5＝48	3.59
分析测试技术与标准（化）	3	6＋13＝19	6.33	5＋9＝14	4.67
研究快报	4	18＋6＝24	6.00	23＋9＝32	8.00

说明：表格中页码总数和作者总数为“＝”后数字，“＝”前数字个数为本年度单期该栏目页码数和作者数。

对微观指标的分析可以窥探期刊选择论文的喜好。但并不是所有的期刊各个栏目的微观指标都存在显著性差异。栏目微观指标包括页码总数、篇均页码、作者总数、篇均作者等。

（一）篇均页码

篇均页码反映了单篇论文的信息量。篇均页码数值越低，其单篇论文的信息量越高。然而，这个数值有一个限值。优质的学术论文是需要一定的页码或者字数支撑的，字数过少的论文往往会导致论证不充分，不深入。同时，在职称评定等过程中，论文篇幅达到一定的页码才会被视为有“分量”。

针对《分析测试学报》进行分析，“研究报告”和“研究简报”的篇均页码分别为6.21和5.01。两个数据反映出两个栏目论文长度的明显不同。“研究简报”相比“研究报告”明显体现出“简”字。这就不难理解，为何在编辑过程中，很多作者要求将论文编排在“研究报告”栏目下，而将“研究简报”作为退而求其次的选择。

“研究报告”栏目的文章通常包括前言、方案设计、实验部分（实验部分包括四部分：仪器、试剂、材料；溶液配制；样品制备；测试条件）、方法验收标准、结果与讨论、简短结论。“研究简报”栏目的文章通常包括前言、实验部分（实验部分包括四部分：仪器、试剂、材料；溶液配制；样品制备；测试条件）、结果与讨论、简短结论。从两个栏目的结构上分析，“研究报告”的结构更完善，“研究简报”则更简洁。

篇均页码最多的是“综述”栏目。在这一点上，社会科学和自然科学论文是有区别的。社会科学的综述文章通常用几句话就可以概括某篇文章的核心观点，而自然科学论文通常要完整地呈现实验的过程，数据分析，研究结果等，所以自然科学的综述文章比社会科学的普遍要长。

篇均页码最少的是“实验技术”栏目。与“研究报告”和“研究简报”不同，“实验技术”栏目的论文仅提供实验的方法，属于方法论的研究，并没有将方法具体运用于分析某个事物上。具体分析，该栏目的文章主要包括前言、实验部分（实验部分包括三部分：仪器、试剂、材料；样品制备；测试条件）、结果与讨论、简短结论。其结构通常比“研究简报”的论文更为简洁。

（二）篇均作者

取篇均作者最大的“研究快报”栏目（篇均作者为8.00）和最小的“综述”栏目（篇均作者为3.59）为分析对象。“研究快报”只在2012年第1、第4期出现，载文量为4篇。为保证研究对象的基本统一性，“综述”栏目的文章取2012年第1至4期的4篇综述。从《分析测试学报》网站（http：//www.fxcsxb.com/ch/index.aspx）的阅读（下载）量（该数据为即时

数据，不同时间数据有所不同）比较篇均作者对论文受关注度的影响。

“研究快报”中的《SPME/GC－MS 鉴别地沟油新方法》一文摘要的阅读（下载）次数为 324 次，全文的阅读（下载）次数为 185 次；《SPME/GC－MS 鉴别地沟油新方法（Ⅱ）》一文摘要的阅读（下载）次数为 533 次，全文的阅读（下载）次数为 211 次；《复热食用植物油结构变化的红外吸收光谱分析》一文摘要的阅读（下载）次数为 308 次，全文的阅读（下载）次数为 146 次；《紫外分光光度计检测十二烷基苯磺酸钠鉴别潲水油的方法研究》一文摘要的阅读（下载）次数为 329 次，全文的阅读（下载）次数为 171 次。4 篇文章摘要平均阅读（下载）次数为 373.5，全文的阅读（下载）次数为 178.3。

“综述”栏目的《食物过敏原的低过敏性处理方法及其评价体系研究进展》一文摘要的阅读（下载）次数为 209 次，全文的阅读（下载）次数为 123 次；《石英晶体微天平在手性识别中的应用》一文摘要的阅读（下载）次数为 190 次，全文的阅读（下载）次数为 132 次；《睾酮电化学检测的研究进展》一文摘要的阅读（下载）次数为 262 次，全文的阅读（下载）次数为 150 次；《单核苷酸多态性电化学生物传感检测研究进展》一文摘要的阅读（下载）次数为 245 次，全文的阅读（下载）次数为 191 次。4 篇文章摘要平均阅读（下载）次数为 226.5，全文的阅读（下载）次数为 149.0。

《分析测试学报》网站（http：//www.fxcsxb.com/ch/index.aspx）的摘要和全文阅读（下载）部分反映出论文的受关注程度。由以上数据可以看出，篇均作者最大的文章（“研究快报”栏目）的摘要和全文阅读（下载）受关注度明显高于篇均作者最小的文章（“综述”栏目）。

自然科学期刊论文的作者数量差别很大，有的是独立作者，大多为 3～10 个作者，有的研究项目规模宏大，内容复杂，可能涉及数十名作者。作者数量与论文的影响因子有一定关系。这是因为，作者们发表论文时都有适当引用自己之前成果的倾向和需要。如果这样，署名作者多的论文被引用的几率就高于署名作者少的论文。而刊登署名作者多的论文的期刊的影响因子也会因此提高。

这个结论和第三节的社会科学期刊相反。从这一结论可以做出两个假设：在自然科学领域，合作是必要的，多方合作的科研成果的受关注度高于合作程度低的科研成果；综述类文章从时效上讲速度不及研究快报，其存在的合理性可能在于为本学科的发展状况做一个概述或者总结归类，便于读者和潜在的作者在科研时作为基础参考资料。

第四章
知晓审稿内容 洞悉用稿标准

编辑视角下的论文反映的是论文群体的问题。不管是自然科学，还是社会科学，其论文在评审过程中都遵循规定的程序，参照既定的标准。这些程序和标准，一部分来自于出版法律法规的规定，一部分出于编辑部的内部制度。这些内容对于作者来说，既不是隐性知识，更不是显性知识。本章主要利用案例和问卷调查呈现核心期刊论文的评审过程，使作者知晓评审程序和标准，以提升作者的论文撰写水平，提高投稿命中率。

第一节 审稿程序及审稿人

审稿是对稿件进行审读、评价，决定取舍，并对需要修改的稿件提出修改要求和建议的活动。[①] 审稿的制度规范主要是指审稿制度中作者、编辑、审稿人的权利义务的规定以及他们之间相互关系的行为规范，其中包括审稿过程中的流程规定。这些权利义务主要围绕著作权展开。著作权是指文学、艺术、科学作品的作者对其作品所享有的专有权利。在学术期刊编辑部，审稿对象主要为学术论文。学术论文的作者拥有学术论文的著作权，同时也有不剽窃他人学术成果的义务，对于引用他人的学术成果有诚实标注的义务。编辑拥有采用或不采用作者论文的权利，同时也拥有保障作者著作权的义务。审稿人拥有对学术论文进行评价的权利的同时也承担保障作者著作权的义务。这些权利义务的规定可以是法定的，也可以是学术刊物在不违背法律的情况下内定的。

一、法规和规章中的审稿程序

(一)《出版管理条例》

《出版管理条例》明确规定，报刊出版实行编辑责任制度，保证报刊刊

① 全国出版专业职业资格考试办公室．出版专业理论与实务：中级［M］．上海：上海辞书出版社，2004：85.

载内容符合国家法律、法规的规定。落实编辑责任制度，必须健全和完善“三审三校制”。三审制，是指责任编辑（编审、副编审、编辑、助理编辑均可担任责任编辑）对书稿进行初审（一审），编辑室主任（副主任）或由出版社领导委托的编审、副编审进行复审（二审），社长或总编辑或者社领导委托的编审、副编审进行终审（三审）。

三审制对各个审级的任务做了比较详细的规定和分工，其具体内容是：

初审（一审）是对书稿进行全面检查，做出评价，提出处理意见。初审是编辑部工作中的基础性工作，担任初审的责任编辑的水平高低和认真态度，对提高图书质量和出书效率极为关键。初审是三审制的基础，必须认真把关，逐字逐句审读书稿。初审对书稿的政治倾向、思想品位、学术或艺术价值、结构体例、文字水平等方面进行全面细致地审查，对全书的优缺点要做出实事求是地评价，同时对书稿的经济效益、社会效益做出评估，严格按照编辑规范对书稿进行编辑加工，并写出比较中肯的审读意见。

复审（二审）是在全面了解书稿内容的基础上，从更高的角度审核初审的审读意见是否中肯，对书稿的内容和形式再度把关，对原则性的问题和初审未能解决的问题表明自己的看法、提出处理意见，如果初审不符合要求，应退回责任编辑重新审读加工。

终审（三审）的主要任务是根据具体情况，或者审读全稿，或者根据初审、复审提出的问题有目的地抽审部分内容，并在此基础上审查初审、复审意见，对书稿的质量和形式，从全社和全局的角度考虑书稿是否适宜出版，提出书稿是否采用的决定性意见。终审既要解决初审、复审提出的问题，又要发现初审、复审未能发现的问题，要进行全面的最后的把关，是编辑审读工作中的关键环节之一。

（二）《期刊编辑规程》

《期刊编辑规程》（第一稿）第四部分规定：审稿是编辑流程的中心工作。基本要求可以概括为三个审级、两道程序、六个环节。三个审级是初审、复审、终审；两道程序是审读、审订；六个环节是初审审读、复审审读、终审审读、初审审订、复审审订、终审审订。

审稿阶段主要工作及有关事项：

1. 三个审级的责任限定

（1）初审由责任编辑负责。责任编辑由具有中级以上出版专业技术职务的人员担任。初级出版专业技术人员可以在责任编辑的指导下从事初审工作，但稿件必须经过责任编辑认可、签批。

（2）复审由具有副编审以上专业技术职务的编辑部主任或副主任负责；也可以委托其他正、副编审代审，但必须由具有副编审以上专业技术职务的编辑部主任或副主任复查、决断、签批。

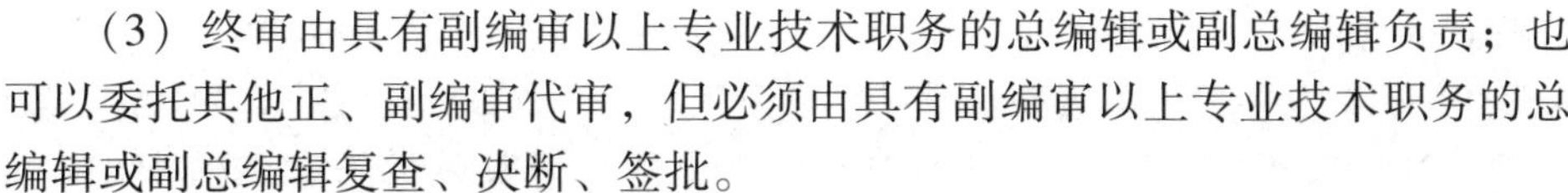

（3）终审由具有副编审以上专业技术职务的总编辑或副总编辑负责；也可以委托其他正、副编审代审，但必须由具有副编审以上专业技术职务的总编辑或副总编辑复查、决断、签批。

2．两道程序的任务和目标

（1）由前三个环节构成的审读程序，旨在从宏观上把关，任务是鉴别稿件是否可以采用、有没有加工基础，做出采用、退修、退稿的决断，并对退修的稿件提出修改意见。

（2）由后三个环节构成的审订程序，旨在全面把关，任务是对已决定采用并具加工基础的稿件进行润饰、优化，使之达到出版水平，得以发稿。

3．审读程序的工作及有关事宜

（1）初审审读。通读稿件。衡量是否符合内容质量要求，是否符合约稿合同约定，是否具有出版价值；立论是否成立；逻辑是否严密；结构是否合理；体例是否妥帖、一致；行文是否通顺、规范。做出决策：质量、价值都符合要求且具备加工基础的采用；质量、价值基本符合要求但尚不具备加工基础的退修；质量、价值有一项不符合要求的退稿。对准备退修的稿件提出具体修改意见。在此基础上写出审读报告，随同稿件一并送交复审。

审读报告要写明稿件来源、稿件内容、作者情况、审稿过程；对稿件价值、质量做出评价；对其中的政治、政策、敏感问题做出分析、判断；对稿件提出处理意见，并说明采用、退修、退稿的理由。

（2）复审审读。在通读稿件的基础上，对初审审视过的问题进行复核，对初审的意见做出判断；提出处理意见；写出审读意见，随同初审报告、稿件一并送交终审。

（3）终审审读。在浏览全稿的基础上，根据稿件的内容、性质和初审报告、复审意见，有目的地重点选读部分章节。对初审、复审审视过的问题进行思考，做出判断；对初审、复审提出的处理意见给予答复；写出审读意见，随同初审报告、复审意见和稿件依次退复审、初审。

（4）审读的后续处理。由责任编辑负责。以终审意见为依据，对稿件做出采用、退修、退稿处理。

4．审订程序的工作及有关事宜

（1）初审审订。已决定采用的稿件可以进入初审审订环节。结合稿件的审读意见，在略读全稿的基础上，逐字逐句精读稿件；以优化稿件为目的，以达到出版水平为标准，对稿件进行字斟句酌的编辑加工。包括完善原稿的观点，消除政治性差错，纠正思想性差错，订正知识性差错；优化标题，统一层次，调整结构，润饰文字；规范标点，规范数字，规范计量，规范符号；审查图表，核对引文，检查注释，对校目录；核对索引，审查文献，统

一用语，整理附录。最后还要与装帧设计的方案融为一体；需要其他工作配合的要做出批注，签发初审意见一同交复审。

（2）复审审订。通读稿件，对初审审订的工作做全面检查，处理初审审订的遗漏问题，对初审审订的结果做出评价，对稿件的质量做出判断，对初审审订提出的处理意见做出回应，写出审订意见。同意发稿则签批发稿单，随同全部稿件材料送终审；需要退审则写明理由，指出重审范围、内容，在可能的情况下提出指导性方案，随同全部稿件材料退初审重新审订。

（3）终审审订。浏览全稿，根据稿件内容、性质和初审审订报告、复审审订意见，有目的地重点选读部分章节。处理初审审订、复审审订的遗漏问题，对初审、复审讨论的问题做出回应，对稿件的内容质量、语言文字质量、体例的一致性、结构的合理性、装帧设计的水平做出判断，重新衡量一下稿件的价值，做出发稿、退审、退修、退稿的决断，写出审订意见。同意发稿则签批发稿单，随同全部稿件材料依次退复审、初审；需要退审则写明退审理由，指出重审范围、内容，在可能的情况下提出指导性方案，随同全部稿件材料依次退复审、初审；退修、退稿是在特别特殊或不得已的情况下做出的决策，需与复审、初审共同研究具体措施。

（4）审订的后续处理。终审同意发稿的，复审通稿翻阅，处理终审提出的问题，退初审。初审通稿翻阅，处理终审、复审提出的问题，送责任编辑。

终审要求重审的，复审可以解决的在复审层次上解决，需退初审解决的退初审解决；初审、复审重新审订后认为达到了发稿要求，各自写出重审报告，再送终审。

终审要求退修、退稿的，由初审、复审、终审共同研究，提出妥善的处理方法，由商定的人员按商定的方法处理。

二、期刊编辑部的审稿流程

遵循《出版管理条例》的规定，学术期刊一般实行的是基于同行评议机制的三审制：编辑初审、同行复审、主编终审。三个审级缺一不可，初审是复审的基础，复审是终审的基础，不能跳级，不可跨越，每一审都有提出退稿建议的权利。编辑负责初审，审查重点是论文的形式条件、学科范围和学术性、科学性；同行（专家）评审的重点是学术水平和科学性；主编则在前两审的基础上统筹考虑论文的学术水平及与期刊办刊方向的吻合度。除“三审制”外，为了保证选用文章的质量，有些编辑部同时实行“匿名审稿制”和“内稿外审制”。“匿名审稿制”即向审稿人隐去作者姓名，必要时只向作者传达修改意见。“内稿外审制”即一定比例的校内稿件由校外相关专家复审。

有一般情况，也有“特殊”情况。且走“特殊”路线的编辑部也不是少数。尽管法规和规章对审稿程序等进行了规定，然而，各期刊编辑部在实践过程中对部分规章内容有所变通。这不是毫无根据的变通。目前大型综合性医学杂志（如《新英格兰医学杂志》、《柳叶刀》等）或专业学科权威杂志（如《美国呼吸与重症监护杂志》、《变态反应与临床免疫杂志》等）为提高同行评审效率、减轻审稿负担，编辑部将负责提前审议稿件（inhose review）。约 60% 的稿件因设计不完善或科学意义有限而被迅速退回。[①] 出于节约人力资源、缩短审稿周期的考虑，国内不少编辑部也会对初审后的距离刊发要求比较远的稿件直接做退稿处理。

如《现代教育管理》编辑部，《自然科学进展》编辑部，《分析测试学报》编辑部等。

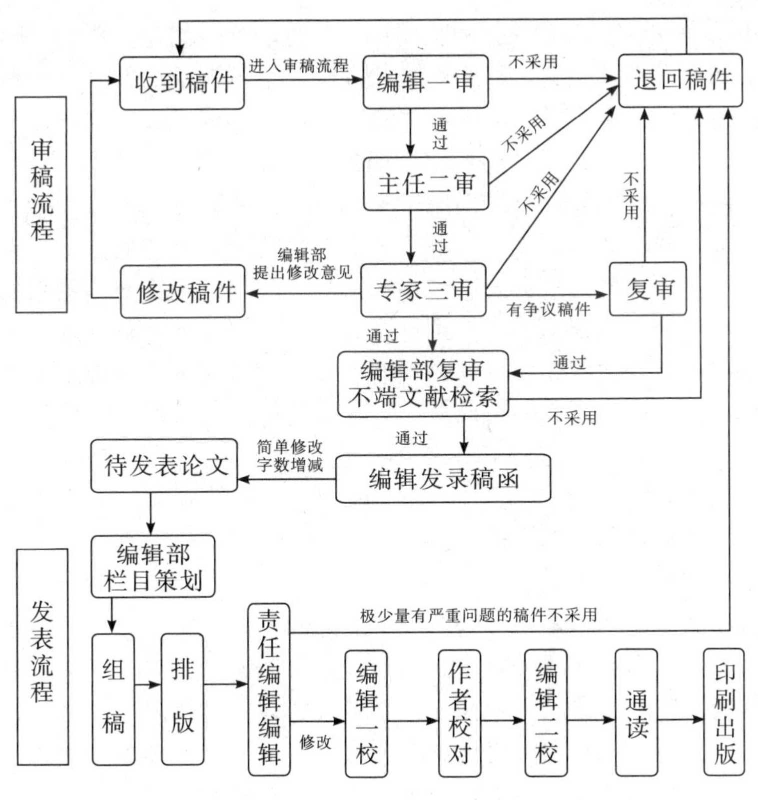

图 4－1 《现代教育管理》编辑部审稿及发表流程

① 关伟杰，等. SCI 期刊审稿流程及医学类杂志投稿的选择［J］. 中国科技期刊研究，2013，24（4）：753－756.

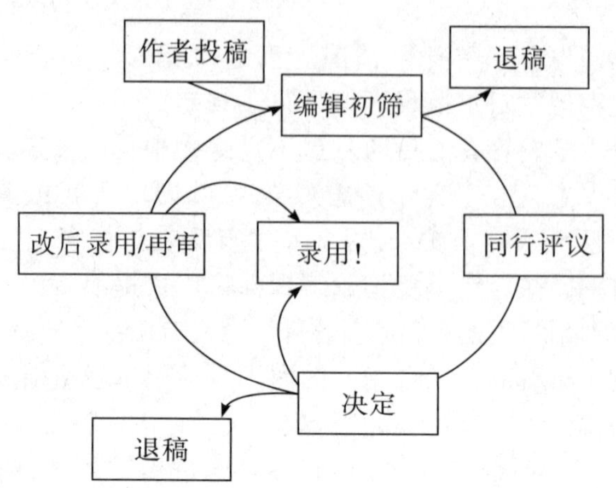

图 4－2 《自然科学进展》编辑部任胜利总结的稿件处理流程①

图 4－2 的审稿流程比较常见，图 4－1 的审稿流程在三审之后增加了编辑部复审和学术不端检测。在发稿之前进行学术不端检测有利于防范高重复率或有抄袭嫌疑的文章进入学术论文流通领域，体现了编辑部更为严谨的治学精神。而有些编辑部则采用初审编辑或者编务对论文进行学术不端检测，向上一审级负责人提供检测结果的做法。两种做法各有利弊，前者可能会导致审稿人时间的浪费，即在一篇涉及学术不端的论文上花费同行评审和终审主编的宝贵时间；但是三审后进行学术不端检测可以使论文与最新的文献进行对比，避免与新近刊发的论文重复。后者在一定程度上节约了二审及三审的时间，但是对于审稿周期长的编辑部，有刊发与新近以发表论文高重复稿件的风险，建议这种期刊编辑部在论文发排前再进行学术不端筛查。

三、审稿周期

（一）审稿周期普遍较长

审稿周期指整个审稿流程需要花费的时间。其中包括初审、复审、终审以及可能的三审后的编辑部学术不端检测。学术期刊的审稿周期与学科性质、文章的选题、质量、学术期刊以及学术期刊自身的研究领域和定位密切相关。目前，国内学术期刊审稿周期大多沿袭三个月的惯例，也有部分期刊审稿时间相对短很多。电子审稿过程，使审稿变得更加便捷，如《现代教育管理》审稿周期为半个月。而国外学术期刊因刊期与运行方式等方面与国内

① 任胜利. 编辑之家［EB/OL］. http://blog. sciencenet. cn/u/rensl.

学术期刊有一定的区别，审稿周期一般为 3 ~ 6 个月，个别期刊为一年。审稿周期为一年的期刊，一般为英文版季刊。

在审稿过程中，同行评审通常需用整个审稿时间的大半部分。同行评审所需时间主要取决于杂志社的限期及审稿人可支配的时间。同行评审可能需较长时间，部分作者急于查询稿件状态而写信向编辑催稿。事实上，这很可能会起反作用：若编辑仍未处理稿件则可能对作者印象不佳而拒稿；若同行仍在审稿，编辑则仅能将事实转告作者。建议作者在投稿前了解期刊审稿周期，在审稿周期结束后再礼貌地致信编辑部。

收到同行意见后，编辑会迅速评估稿件质量。两名审稿人意见一致且较为肯定，编辑部可能考虑录用，或建议修改稿件后再决定是否录用；若两名审稿人意见一致，且均较负面，则稿件被接受的几率较小，拒稿可能性大；若审稿人意见不一致，编辑会认真评估，通常的做法是建议作者修改稿件后让稿件再次进入复审及后续流程。在此，需要特别提醒读者的是，以往“稿件修改即等于录用”的说法随着投稿数量大增逐渐失去普遍性，稿件修改只提示录用的倾向。只有认真、全面地回复评审的意见且反馈良好才能保证稿件被接受。目前不少权威杂志多次建议作者大修论文后才做出决定。稿件大修改的工作量往往大于撰写第一稿，因需针对评委意见进行逐一、细致的回答，还要在原文上标记所作的改动。虽然在这个过程中，作者及其研究团队要付出巨大的劳动，但是这是很好的学习机会，同行的建议对提高论文水平、促进作者总结归纳帮助很大。经期刊审编后的文章在稿件质量、语言表述、讨论重点等都可能有较大的提升和改善。

（二）审稿周期长的弊端

有学者对于审稿周期做过专门的研究，研究指出，论文作者与科技期刊编辑部之间的通信中 65% 以上都与稿件审理周期有关，由此也反映出，期刊稿件评审周期长已成为编辑部与论文作者之间最为突出的症结。[①] 有些编辑部在投稿须知中指出：“稿件若不录用，在三个月内函告作者，来稿不得多投，若一经发现，除停止发表外，尚需赔偿有关损失。”[②] 做出类似规定的不止一家期刊，这则投稿须知反映了当前编辑部的普遍做法。审稿周期长不可避免地造成编辑部与作者之间的种种矛盾。

1. 追求时效性与确保高水平

科技论文以及一些综述性、报道性论文有明确的时效性要求。在一定时

① 唐耀. 对科技期刊审稿周期的思考［J］. 科技与出版，2011（9）：53 – 57.

② 投稿须知［EB/OL］. http://www.fxcsxb.com/ch/first_menu.aspx?parent_id=2010030192200001.

期后，这些论文将减值或者变得毫无价值。还有一种情况，作者急于发表某篇文章以使科研项目结题，使自己能如期答辩、如期参加高一级职称评审。明确这一点，编辑们就会明白为何作者总是催促编辑部尽快给出审稿结果。但是，明白和理解是一方面，现实的对于科学的严谨的追求是另一方面。编辑在一定程度上承担科学大门的守门人角色，他们将不适合进入科学传播领域的论文拒之门外或使其仅在小团体内部传播，这是基于对科学的敬畏，也是编辑职责的一部分。科研论文的科学性、创新性的鉴别不是一朝一夕的事情，论文的创新点越多，编辑部审阅的时间可能就越长。这种过程是值得作者期待的，一旦论文通过审稿，将在学术领域乃至对整个社会造成深远影响。

2. 学术不端与一稿多投

在审稿周期长而作者又急于出成果的时候，一稿多投就似乎成为必然了。对于质量不高的一稿多投稿件，编辑部的损失相对较小。这样的稿件往往在编辑初审时就淘汰了，不会耽误审稿同行和主编的时间。而对于质量较好的文章，这种做法往往使编辑部在人力、财力方面遭受损失。这些论文在通过初审后，编辑部会在众多的审稿专家中寻找最合适的审稿人复审，而科技论文的论证审查需要花费大量的时间和精力。如果两个以上的编辑部同一时段内都在请专家审核同一稿件，造成的浪费可想而知。作者的这种行为就属于典型的损人利己了。实践中有这样的例子：有时出于时间关系，我并没有自报家门“我是《高教探索》编辑部于编辑”，而直接口头告知作者“您的论文——通过审稿，我们准备刊用”，对方给出这样的回答“哦，通过了！好！请问您是哪个期刊?”对于这种作者，心目中的尊重顿时减了一半。如果作者的确已经一稿多投，建议他们记下所投期刊的名称和联系方式，在收到其中一个编辑部的用稿通知并决定刊发论文时第一时间告知其他编辑部，力所能及地减少编辑部的损失。

（三）缩短审稿周期的建议

在缩短审稿周期方面，《改革》编辑部做了有益的尝试，并在2013年第1期刊发了“审稿周期公告”。《改革》编辑部认为：国内学术期刊的审稿周期不宜长期沿袭三个月的概念，而应根据学术期刊的不同类别、不同风格，分别确定务实高效的审稿周期。该编辑部对在审稿周期方面的做法值得其他编辑部借鉴。其一，针对字数少于一定数量的短文；公文色彩浓厚的文章；等等，审稿周期为一周左右。其二，对于研究对象过于微观和技术化，有一些创新点，但修改余地较小的文章；不符合学术规范，如参考文献未实引的文章；等等，审稿周期为半个月左右。其三，对于已进入匿名评审程序，但未能通过的文章，及时通知作者审稿结果，使审稿周期缩短为一个月左右。其四，对于通过匿名评审，进入最后讨论程序，直至有发表的可能的论文，审稿周期为一个月至一个半月左右。其五，对于已通过匿名评审，但未通过学术委员会讨论终审的文章，审稿周期达两个月。这种有结果即通知作者的做法是对《出版管理条例》规定的审稿程序的变通，获益人是大多数作者。从这个角度看，《出版管理条例》更应该从相关利益者角度出发，适时调整相关内容，做到与时俱进。

四、审稿人

审稿人是论文的第一批读者，这些读者包括三审环节的各个编辑，有些还有同行审稿专家。他们在阅读论文的过程中完成审稿工作，但他们并不是普通的一般意义上的读者。审稿人总是用“挑剔”的眼光来阅读论文，对作者的任何“成果”都心存怀疑，都会进行质疑和审查。

“审稿人永远不可能比作者更了解论文的内容。审稿人并不能保证论文的高水平，只能保证挑不出问题——也就是说：审稿只是一个质疑的过程。”① 两个敬业的、专业水平相当的审稿人可能对同一篇稿件给出不同结论的审稿结果。一个从关爱、培养和发展年轻学者的角度给出十分宽容的结论：“初入行的作者，能研究到这样的深度已经不容易了。”另一个则撇开作者身份的因素，从单纯学科发展考虑则给出比较“苛刻”的结论：“连基本的理论都没掌握，无谈何创新？”

大部分审稿专家对待稿件是科学严谨的，对稿件能提出建设性的意见，有助于作者提升论文质量。然而，有些审稿专家的审稿意见却存在以下问题：（1）审稿意见过于简单。评语寥寥几句无针对性，对编辑处理稿件无任何帮助，对作者的科研和写作能力的提高也无任何帮助。（2）审稿意见模糊。有的审稿意见没有任何结论性意见，只罗列出几条观点，把判断的责任推给编辑部自行决定。（3）审稿意见无实质性内容。有的审稿意见只是罗列文章中几条观点或重复摘要内容，最后写上同意发表或建议修改后发表。没有说明是否有问题或问题出在什么地方及如何修改。（4）无审稿意见，只有审稿结论。有的审稿专家直接在“修改后可用”处打钩，却没有指出什么地方需要修改，如何修改。或直接在退稿处打钩，没有说明退稿的原因。（5）

---

① 赵大良．科研论文写作新解——以主编和审稿人的视角［M］．西安：西安交通大学出版社，2011：16.

审稿意见张冠李戴。有的专家给稿件提出很多修改意见，编辑在对照文章内容对修改意见进行整理时，发现审稿意见所及内容在论文中未曾提及。

故而，在要求作者推荐审稿人的编辑部，投稿时请附上推荐审稿人的资料。应尽量推荐对稿件主题比较熟悉的小同行作为审稿人，以下群体的同行通常可以作为审稿人推荐：

（1）稿件中参考文献的作者；

（2）拟投稿期刊的编委；

（3）重要的研究群体或个人。如：就职于期刊主办单位的科研人员，经常在拟投稿期刊发表论文的作者，在本领域具较高知名度的学者，等等。

第二节　社会科学期刊审稿内容及标准

——基于100篇《高教探索》自然来稿的评审过程

《高教探索》主要刊登高等教育研究领域，主要包括高等教育学，高等教育学与其他学科交叉，属于高等教育领域的其他学科（高等职业教育，民办高等教育，高校课程与教学，高等教育史）的比较宏观的、学理性较强的学术论文。该刊站在高等教育学科前沿，着重从理论和实践两个方面研究、探索高等教育改革和发展的各类问题。作为高教研究类综合性学术理论刊物，该刊注重学术性、前瞻性和时代性，注重反映高教研究前沿的学术动态，大力倡导不同观点的学术争鸣，主要刊登内容充实、论点明确、论据充分、概念严谨、逻辑严密、层次清晰的学术论文，以充分发挥舆论先导、决策参谋、学术园地、信息桥梁、实践指导的作用。

该刊面向全国，坚持实施精品战略，认真切实把握实践应用和学术研究之间的结合点：一方面，准确把握高等教育改革和发展的脉搏，及时反映高等教育领域中的新思路、新动向，为高等教育管理决策和人才培养提供参考；另一方面，始终坚持正确的学术导向，促进高等教育理论研究和学科的成熟与发展。

该刊1992年、1995年、2000年、2004年、2008年、2011年连续被评为全国中文核心期刊，是2006—2007年度、2008—2009年度、2010—2011年度、2012—2013年度、2014—2015年度CSSCI来源期刊。刊物在成长过程中逐渐获得社会的认可，赢得了高等教育研究工作者、高等教育管理人员和高校教师的广泛好评，被全国众多高校列为高等教育学硕士和博士生的必读刊物。刊物发行量也在全国同类刊物中名列前茅，订户遍及全国高校。电子数据的使用遍及全世界25个国家和地区。在高教界专家学者和广大读者、作者的关心支持下，《高教探索》的办刊质量和学术影响在全国同类期刊位居前列。

一、100份样本基本情况

《高教探索》每期刊登文章30篇左右，每个审稿周期的来稿量为1 000～1 500篇，通常审稿通过率在2%～3%之间。在一个年度里，寒暑假的来稿量稍低，这可能与大部分科研人员在假期积淀和稍作休息有关。本节按照来搞时间先后随机选取100份样本，从高等教育学和编辑出版角度逐一分析来稿选题、关键词、摘要、内文质量的优劣，再现了编辑部评审论文的全部流程。

表4－1　《高教探索》100份样本基本情况

序号	文章标题	关键词	投稿栏目	学科领域及体式	选题范畴
1	论一流大学本科人才培养模式改革	一流大学；人才培养；改革	比较教育	高等教育学学术论文	宏观
2	陕西民办高校创新型人才培养模式研究	民办高校；创新型人才；培养模式；	教育管理	民办教育学术论文	宏观
3	大学语文课教学中的文化、审美教育及德育渗透——以佛山科学技术学院为例	大学语文；教学；文化；审美；德育	课程与教学	高等教育学学术论文	微观
4	大学生情商“五力”调研及分析——以广东省某重点大学为例	情商；定量测定；大学生思想教育	教育管理	高等教育学与心理学交叉学科	中观
5	高校学生知识体系的树型建构探索	高校学生；知识体系；树型建构	教育管理	高等教育学学术论文	宏观

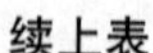

续上表

序号	文章标题	关键词	投稿栏目	学科领域及体式	选题范畴
6	基于Blended-Learning理念的《国际商务函电》教学模式研究	Blended-Learning（混合式学习）；国际商务函电；“4P+2D”模式；实践效果	课程与教学	高等教育学学术论文	微观
7	基于教学范式的电工学实践教学改革研究	电工学；实践教学改革；教学范式；创新型人才培养	课程与教学	高等教育学学术论文	微观
8	基于“即兴口语表达”为特色的《播音创作基础》课程教学探索与研究	即兴口语；播音创作基础；教学探索	课程与教学	高等教育学学术论文	微观
9	从工程教育到工程文化教育的探析与实践	工程文化教育；人文精神；创新；实践	课程与教学	高等教育学学术论文	中观
10	经济欠发达地区大学生失业群体职业生涯规划研究	大学生；失业群体；职业规划	教师与学生	高等教育学学术论文	宏观
11	排队文化培养，高校为人文素质教育补课	高校；素质教育；排队礼仪；社会秩序	各类教育	高等教育学学术论文	微观
12	广东高校“产学研”合作网络机制研究	广东；产学研；合作网络	教育管理	高等教育学学术论文	宏观
13	“团队作业与演讲式”教学模式探讨——基于财经信息管理教学实践	团队作业；演讲式教学；教学模式	课程与教学	高等教育学学术论文	微观

续上表

序号	文章标题	关键词	投稿栏目	学科领域及体式	选题范畴
14	论院校协作型专业学习共同体	院校协作；院校型专业学习共同体；整合式专业发展；知识创造	理论探讨	高等教育学学术论文	宏观
15	基于校本的高校成人教师专业发展制度研究	教师教育；成人教师；专业发展；制度建设；校本研究	各类教育	成人教育学学术论文	宏观
16	以生为本：美国高校学生事务管理的核心	美国；高校学生事务；以生为本；借鉴	比较教育	高等教育学学术论文	宏观
17	教育舆情研究论略——内涵、多维视角和未来走向	教育舆情；多维视角；范式；未来走向	理论探讨	教育学学术论文	宏观
18	经济复苏期英国高等教育财政问题与对策	经济复苏；英国；高等教育；财政；对策	比较教育	高等教育学学术论文	宏观
19	医学专业课教师担任兼职班主任的实践与体会	医学专业课教师；兼职班主任；医学检验	教育管理	高等教育学实践总结	微观
20	高等教育中的通用性教学设计研究	高等教育；通用性；教学设计	教育管理	高等教育学学术论文	宏观
21	“讲课—练习—实战一体化”教学模式的改革与实践	程序设计课程；教学模式；教学改革；教学实践	课程与教学	高等教育学学术论文	微观
22	“县校合作”式协同创新：高职教育“下移”发展简论	县校合作；协同创新；下移	各类教育	职业教育学术论文	宏观
23	反事实思维的影响因素研究	反事实思维；做与不做效应；易变性与可控性	学术争鸣	心理学学术论文	※

续上表

序号	文章标题	关键词	投稿栏目	学科领域及体式	选题范畴
24	MPA定量分析方法课程教学内容设置研究	MPA教育；定量分析方法；教学内容	课程与教学	高等教育学学术论文	微观
25	研究生心理危机干预对策分析	研究生；心理危机；干预	理论探讨	高等教育学与心理学交叉学术论文	宏观
26	大学本科生计算机应用课程的自学与必修的实践	计算机应用；课程改革；本科教学	课程与教学	高等教育学实践总结	微观
27	浅议高效复合型人才本科培养模式	复合型人才；培养模式；内涵培养策略	教育管理	高等教育学学术论文	宏观
28	体验导向的研究型案例教学模式设计与评价	体验导向；传统案例教学；研究型案例教学；知识体验	课程与教学	高等教育学学术论文	中观
29	采矿工程专业毕业实习、设计存在的问题及其对策	采矿工程；毕业实习；毕业设计；就业；一体化	学术争鸣	高等教育学学术论文	微观
30	机械制图体验学习环境的研究与实践	高等教育；体验学习；机械制图；虚拟现实	课程与教学	高等教育学学术论文	微观
31	研究型大学优势学科生成路径探究	研究型大学；优势学科；生成路径；探究	教育管理	高等教育学学术论文	中观
32	论中高职课程体系的有效衔接	中职教育；高职教育；课程体系；衔接	课程与教学	职业教育学术论文	宏观
33	关于高职教育教学方法改革的研究	高职教育；教学改革；方法	理论探讨	职业教育学术论文	宏观

续上表

序号	文章标题	关键词	投稿栏目	学科领域及体式	选题范畴
34	中高职培养目标有效衔接研究——以建筑工程技术专业为例	中职教育；高职教育；培养目标；衔接	各类教育	职业教育学术论文	微观
35	研究性教学在《环境友好材料》教学中的建构	环境友好材料；研究性教学；团队学习	课程与教学	高等教育学学术论文	微观
36	瑞士职业教育体系与管理体制	瑞士；职业教育；管理体制	比较教育	高等教育学学术论文	宏观
37	加快大学开放性建设 创建中外合作办学品牌	开放性；中外合作；品牌	理论探讨	高等教育学学术论文	宏观
38	从大学国际化走向国际化大学	无（未按照规定格式撰写论文）	教育管理	高等教育学学术论文	宏观
39	工程管理专业技术平台和专业方向课程体系改革的研究和探索	工程管理；技术平台课程；专业方向课程；课程体系；专业特色；独立学院	学科与专业	高等教育学学术论文	微观
40	社会需求视角下地方高校行政管理本科的课程设置	社会需求；行政管理；课程设置	课程与教学	高等教育学学术论文	微观
41	区分性高校教师绩效管理研究	高校教师；区分性；评价主体；评价模式	教育管理	高等教育学学术论文	宏观
42	民国时期高等教育创新机制研究	民国时期；高等教育；创新机制	教育史研究	高等教育学学术论文	宏观

续上表

序号	文章标题	关键词	投稿栏目	学科领域及体式	选题范畴
43	21 世纪初来华研究生教育发展状况与对策研究	来华研究生教育；发展规模；教育结构；基本特点；发展对策	比较教育	高等教育学学术论文	宏观
44	职业者·事业者·专业者·生活者	新升格院校；学校管理；教师角色	教育管理	高等教育学学术论文	宏观
45	网络多媒体应用人才培养模式的研究与实践	网络多媒体；人才培养；创新；实践教学	学科与专业	高等教育学学术论文	微观
46	高校校友捐赠影响因素实证研究——基于对清华大学校友的调研	高校；校友捐赠；影响因素；清华大学	教育管理	高等教育学学术论文	宏观
47	高等院校学生食品安全与企业多元发展综合探究	食品安全；企业发展；校企合作；创新	课程与教学	高等教育学学术论文	微观
48	浅谈义务教育学科网络课程资源建设中的拍摄制作	教学；拍摄课程；资源；摄像机	课程与教学	教育学学术论文	微观
49	PDCA 循环在教育技术实验教学中的应用研究	PDCA 循环；实验教学；教学质量	各类教育	教育技术学学术论文	中观
50	有效对接专业　构建高职数学教学新模式	高职数学；专业；有效对接；教学改革	课程与教学	职业教育学学术论文	微观
51	基于高职数学课程分层教学的实证研究	分层教学；高职数学课程；实证研究	课程与教学	职业教育实证研究	微观

续上表

序号	文章标题	关键词	投稿栏目	学科领域及体式	选题范畴
52	两性心理驱动大学公共体育教学效果的研究	高校大学生；两性心理；公共体育课；教学效果	教育管理	高等教育学与心理学交叉学术论文	微观
53	浅议社会认可型人才培养之道	礼仪教育；激情教学；创新能力	教师与学生	高等教育学学术论文	宏观
54	基于 CDIO 模式的电子商务人才培养体系建设	CDIO 工程教育理念；电子商务；复合型人才培养；教学改革	学科与专业	高等教育学学术论文	微观
55	教学型高校材料类专业人才培养的分析与研究	教学型高校；材料类专业；人才培养	学科与专业	高等教育学学术论文	微观
56	基于卓越工程师培养对教育理念的一些思考	卓越教育；工程师；理论力学；教育理念	课程与教学	高等教育学学术论文	微观
57	建构主义要审思慎用：浅议建构主义本体论与方法论之缺陷	建构主义理论；本体论；方法论；情境教学；探究学习	理论探讨	教育学学术论文	宏观
58	爱是助飞的翅膀	无（未按照规定格式撰写论文）	教育管理	记叙文	※
59	独立学院师资队伍建设研究现状分析	独立学院；师资队伍；研究现状分析	教育管理	高等教育学学术论文	宏观
60	团队项目教学法及其在 MBA 教学实践中的应用	MBA；团队项目；教学法；考核；评价	各类教育	高等教育学学术论文	微观
61	基于电子学档的数字媒体软件应用类课程教学模式研究	电子学档；数字媒体；教学模式	课程与教学	高等教育学学术论文	微观

续上表

序号	文章标题	关键词	投稿栏目	学科领域及体式	选题范畴
62	“卓越计划”下的城轨车辆专业工程教育课程体系创新设计	卓越工程师；轨道交通车辆；工程教育；课程体系创新	教育管理	高等教育学学术论文	微观
63	基于双导师制的工科学生毕业设计培养模式	双导师制；毕业设计；校企合作；工科	学科与专业	高等教育学学术论文	微观
64	高职院校学生自觉性培养探析	高职院校；自觉性；培养	课程与教学	职业教育学学术论文	宏观
65	独立学院计算机专业实训教学的研究与实践	独立学院；计算机专业；实训	课程与教学	高等教育学学术论文	微观
66	多媒体环境下的大学英语听力教学实验	多媒体；大学英语；教学实验	课程与教学	高等教育学学术论文	微观
67	《电子实习》课程改革与探讨	创新；仿真；设计	课程与教学	高等教育学学术论文	微观
68	父母对大学生就业期望的作用机理研究——基于杭州市高校的调查	大学生；就业期望；父母；调查	教师与学生	高等教育学学术论文	宏观
69	民国时期高校学生转学制度考察	民国时期；高校学生；转学	教育史研究	高等教育学学术论文	宏观
70	高职院校专业设置与区域产业结构适应性分析——以广州市为例	高职院校；专业设置；产业结构；适应性	教育管理	职业教育学学术论文	宏观
71	基于哲学视野下的微格教学	微格教学；哲学观；职前教师	各类教育	高等教育学与哲学交叉学科	微观

续上表

序号	文章标题	关键词	投稿栏目	学科领域及体式	选题范畴
72	职前教师教育实践能力培养模式的探索	职前教师；实践能力；培养模式	各类教育	高等教育学学术论文	中观
73	“卓越工程师教育培养计划”下校企合作培养创新型人才的研究	卓越工程师教育培养计划；校企合作；人才培养	学科与专业	高等教育学学术论文	微观
74	广东高校辅导员心理授权情况调查：分析与对策	高校辅导员；心理授权；情况调查	教师与学生	高等教育学与心理学交叉学术论文	宏观
75	美国与日本大学生创业教育比较研究	美国；日本；创业教育；比较	理论探讨	高等教育学学术论文	宏观
76	广东省高校音乐教育学学科现状调研报告	高校；音乐教育学学科；课程；现状调研	课程与教学	高等教育学学术论文	微观
77	我国大学科技园发展的制度保障体系研究	大学科技园；法律；制度；保障	教育管理	高等教育学学术论文	宏观
78	社会性科学议题（SSI）之议题中心教学模式初探	社会性科学议题；议题中心教学；结构性争论模式；做决定模式；反思探究模式	课程与教学	教育学学术论文	中观
79	具有专业特色的大学生信息素养教育模式的构建	信息素养教育；专业特色；四阶段教学模式；三个整合	各类教育	高等教育学学术论文	中观
80	以文化自觉促进大学成为廉洁的首善之区	大学；廉政建设；廉洁文化；首善之区	理论探讨	思政论文	宏观
81	高校师范生师德素养与认知的调查研究	师德养成；因子测评；职业规划；师德实践	理论探讨	高等教育学学术论文	中观
82	大学生思想政治教育工作的核心理念、现实要求和目标价值	无（未按照规定格式撰写论文）	教师与学生	思政论文	宏观

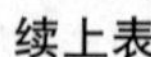
续上表

序号	文章标题	关键词	投稿栏目	学科领域及体式	选题范畴
83	大学生思想政治教育工作“精细化”发展的思考	大学生思想政治教育；精细化；发展；思考	教师与学生	思政论文	中观
84	化学电源课程群教学的探讨	化学电源工艺学；课程设计；实际需求	课程与教学	高等教育学学术论文	微观
85	工学结合背景下的教学团队建设研究	工学结合；教学团队；建设	各类教育	高等教育学学术论文	宏观
86	体验研讨式教学模式实证研究：以《国际投资学》为例	国际投资学；体验研讨式；教学模式；实证研究	课程与教学	高等教育学学术论文	微观
87	高校重点学科项目建设障碍分析及其管理策略	重点学科；建设项目；障碍；低碳；管理策略	学科与专业	高等教育学学术论文	宏观
88	学生视角下的高职教师胜任力现状研究	学生；高职教师；胜任力；调查	教师与学生	职业教育学学术论文	宏观
89	高校教师课堂教学质量评价——基于学生评教的视角	教学质量评价；主成分分析；学生评教	教育管理	高等教育学学术论文	宏观
90	基于高等教育成本分担理论的高校筹资研究	高等教育；成本分担；筹资	教育经济	高等教育学学术论文	宏观
91	驯化与自缚——论党委领导下的校长负责制的政治意蕴	高等学校；领导体制；校长	教育管理	高等教育学学术论文	宏观

续上表

序号	文章标题	关键词	投稿栏目	学科领域及体式	选题范畴
92	新建本科高校就业困难群体就业现状及应对策略	新建本科高校：就业困难群体；就业现状；策略	理论探讨	高等教育学学术论文	宏观
93	管理类专业学生创新能力培养模式研究	管理类专业；创新能力；培养模式	教育管理	高等教育学学术论文	微观
94	社会转型期高校思想政治教育面临的两大困境及其破解	思想政治教育；两大难题；破解	学科与专业	高等教育学学术论文	中观
95	高校去行政化改革及其治理的路径探究	高校；去行政化治理结构；改革	教育管理	高等教育学学术论文	宏观
96	基于概念系统、组合系统和语篇系统的英汉对比教学语法体系建构研究	概念系统；组合系统；语篇系统；教学语法	课程与教学	高等教育学学术论文	微观
97	模拟电子技术双语教学的实践与探讨	双语教学；模拟电子技术基础课程	课程与教学	高等教育学学术论文	微观
98	高校生态德育体系“三位一体”模式的建构	生态德育；体系；建构；生态文明	理论探讨	高等教育学学术论文	中观
99	教授治学绩效评估体系研究	教授治学；绩效评估；指标体系	各类教育	高等教育学学术论文	宏观
100	高等学校国际化建设方略——基于日本的经验	高等学校；国际化；日本；经验	比较教育	高等教育学学术论文	宏观

注：“※”表示非教育类论文或非论文的文章。

从表 4－1 可以看出，根据选题范畴进行分类，100 份样本可以分为宏观论文、中观论文和微观论文。根据学科领域及论文体式分类，样本分为高等教育学学术论文、职业教育学学术论文、心理学学术论文、交叉学科学术论

文及非教育类论文等。根据拟投栏目分类，教育管理、课程与教学两个栏目的文章来稿量最大，而学术争鸣栏目的来稿量最小。样本分类情况统计见表4－2、表4－3、表4－4。

表4－2　《高教探索》100份样本学科及体式分类情况

学科及体式	高等教育学学术论文	交叉学科学术论文	成人教育学学术论文	教育学学术论文	职业教育学学术论文	高等教育学实践总结	心理学学术论文	教育技术学学术论文	记叙文	思政论文	民办教育学论文
论文篇数	72	5	1	4	9	2	1	1	1	3	1

表4－3　《高教探索》100份样本选题范畴分类情况

选题范畴	宏观论文	中观论文	微观论文
论文篇数	46	12	41

注：有1篇为记叙文，不列入统计。

从表4－2和表4－3可以看出，在学科及体式方面，100份稿件中的绝大部分论文符合《高教探索》的选题范围；但是在选题范畴方面，只有半数左右的论文符合《高教探索》的来稿要求。这证明许多作者对《高教探索》的来稿要求只有宏观的把握，也表明《高教探索》的刊名本身对来稿作者起到一定的指引作用，但是作者对《高教探索》更为详细的来稿要求并不熟悉——《高教探索》主要刊登宏观的论文。这一方面有赖于作者投稿之前更为细致的咨询，也有赖于编辑部更为广泛的宣传。

表4－4　《高教探索》100份样本拟投栏目分类情况

拟投栏目	比较教育	教育管理	课程与教学	教师与学生	各类教育	学术争鸣	理论探讨
论文篇数	6	32	30	7	11	2	11

注：有1篇为记叙文，不列入统计。

为了更为直观的比较各个栏目的论文数量，将表4－4以图表的方式表达出来（见图4－3）。而对比各个栏目实际的来稿数量与近期一段时间内期刊各个栏目的载文数量，则会发现“供应量”和“需求量”在某种程度上是不太均衡的。

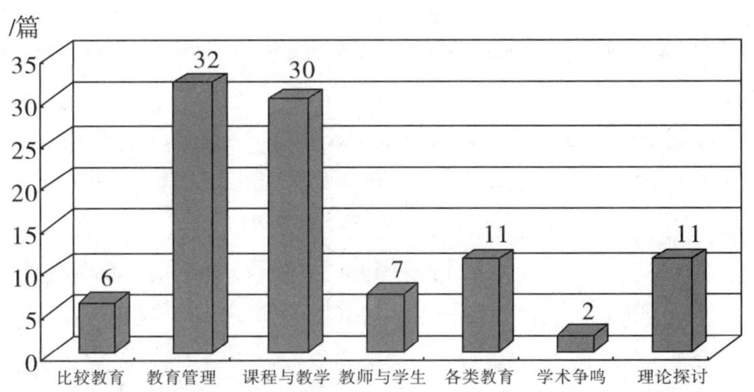

图 4-3　100 篇自然来稿的栏目分布情况

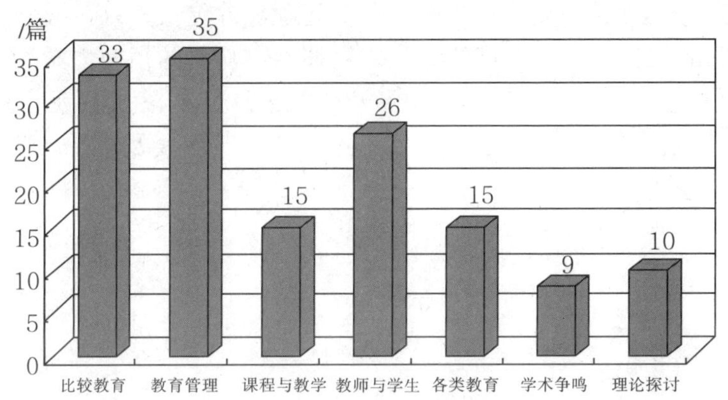

图 4-4　2011 年栏目载文量

将 100 篇来稿的栏目分布情况与审稿年份的前一年的栏目载文量进行比较（见图 4-3、图 4-4），可以发现，各个栏目的来稿数量和实际栏目载文量的关系各异：2011 年比较教育，教师与学生两个的栏目载文量远远大于 100 篇来稿中的相同栏目的论文；2011 年教育管理，各类教育，学术争鸣，理论探讨 4 个栏目的载文量与 100 篇来稿中相同栏目的论文数量大致相等；2011 年课程与教学栏目的载文量明显小于 100 篇来稿中相同栏目的论文数量。通过比较可以看出，来稿栏目分布和刊物实际栏目分布是不匹配的，表现出一种不均衡的状况。如果这种来稿栏目比例持续数个审稿周期，而编辑部坚持各个栏目的载文比重，那么势必影响相关栏目的审稿要求，即比较教育栏目的文章通过审稿的几率会高些，而课程与教学栏目的文章通过评审的几率会低些。

二、100 份样本选题和关键词评价情况

文章的标题和摘要能让可能的读者对论文有一个快速整体的了解并确定阅读正文是否必要。与此同时，标题和摘要还被编成索引，作为期刊网的数据库的检索关键词。基于这个原因，标题和摘要应准确反映文章的内容，应含有能确保在数据库中对他们进行检索的关键词。建议作者在文章写完后构思标题和摘要，那时，作者对论文的结构和内容有了更精准的把握。

（一）选题

1. 选题的重要性和原则

爱因斯坦在评价伽利略提出的测定光速问题时指出：“提出一个问题往往比解决一个问题更重要，因为解决一个问题也许仅仅是一个数学上的或实验上的技能而已。而提出新问题、新的可能性，从新的角度去看问题，却需要有创造性的想象力，而且标志着科学的真正进步。”由此可见，提出新的问题是学术发展的起点。选题关乎学术论文的创新程度及水平高低。“题好文一半”，选题不仅决定着论文写作的主要方向和目标，而且在一定程度上规定了论文写作的方法和途径。

选题必须具备三性：

（1）必要性。需要，是人类发展的动力，也是科学研究的最根本、最内在的原因，也是最持久的推动力。选题的必要性，包括两个方面：一是社会的需要，二是科学本身发展的需要。它是选题策划的重要依据和出发点。需要分为两种，合理需要和非合理需要。选择课题不仅要考虑社会需要，还要分析这种需要的合理性，考虑课题本身的理论和实践价值。

（2）学术性。首先，该论题应该是在本学科中占有比较重要的地位，为大家所关心和迫切需要解决的问题。其次，该论题要有创见、有新意、有特色，要有一定的先进性。创新性在理论研究中表现为新设想、新发现、新观点、新见解，提出新问题；在应用开发研究中表现为新技术、新工艺、新产品，解决新问题。创新的内容和形式十分丰富，具体表现可列为以下三个方面。“首先，探索前沿，填补空白。其次，纠正通说，正本清源。再次，补充前说，有所前进。也叫老题新论，旧题新作。”①

学术创新和继承密切相关。学术研究的一个显著特点是它的继承性，以前人的研究成果为基础，并在继承前人研究的基础上进一步拓展和创新。学

① 刘洁民. 论学术论文写作的选题原则［J］. 理论月刊，2008（5）：129－131.

术论文的创新是对专业而系统的理论进行智力再加工，要想做一篇语言、思维、见解真正全“新”的论文是不可能的，国外的研究显示，一篇富有创见的文献，其提供的新信息仅占全部信息量的10%，其余的90%为前人提供。① 而且，随着人类文明进程的不断发展以及研究的不断深化，创新难度越来越大。

（3）可行性。可行性包括主观和客观方面的条件。主观方面包括：首先，要考虑自己的专业特长与优势。专业特长是一项很重要的主观条件。其次，要有浓厚的兴趣。再次，要考虑自己的能力与水平，选择大小难易适中的论题。举例说明：在选题时，要尽可能地“小题大做”，不要“大题小做”。选题策划除了要考虑上述主观条件外，还要考虑客观条件，诸如资料、时间、使用设备、器材、科研经费等客观条件。

2. 选题的方法

有学者认为，可以从六个途径提炼论文选题：从对现象的透视中提炼主题；从个人的体验感悟中提炼主题；从教学实践中提炼主题；从教育热点中提炼选题；从偶发的灵感中提炼主题；从逆向思维中提炼主题。②

其实，从讨论和学术沙龙中提炼选题也是不错的选择。在选题时，要珍视一个个一闪之念。不要因为这“一念”的看似浅显而轻易放弃，要挖掘“浅显”背后的深层次问题。在阅读文献资料或和同行、同学科人员讨论中，有时会突然产生一些思想火花，尽管这种想法很简单，很模糊，未成框架，但千万不可轻易放弃。

选题方法众多，最常用的方法就是浏览捕捉法。这种方法就是通过对占有的文献资料快速地、大量地阅读，在比较中来确定题目的方法。浏览，一般是在资料占有达到一定数量时集中一段时间进行，这样便于对资料做集中的比较和鉴别，在消化已有资料的过程中，提出问题，寻找自己的研究课题。

选题方式应不拘一格，可以在多科学的交叉区域选题，发现研究空白区域，如高等教育政策分析，高等教育经济，高等教育引发的社会问题等。

真理不会穷尽，人类的认识永无止境。对待同一问题，前人总是从他们所处的时代氛围、历史背景、认知水平来阐释自己的看法。真理不变，而真

---

① 宋全成．论文科学报编辑的信息能力和信息域［J］．石油大学学报：社会科学版，1993（4）：92－94.

② 潘孟良．赢在实例——教师论文写作与发表十讲［M］．广州：华南理工大学出版社2012：36－38.

理周围的事物在变。随着社会的发展，政策的推进，观念的更新等，后人可以从一个新角度研究旧问题，使旧问题出现新意。[①]

在选题过程中，通常要经历以下几个过程：（1）怀疑一切。学者是怀疑一切的群体，怀疑进而批判是发现真理之途。一般地说，学科发展水平越低，值得怀疑的结论越多；越是依赖于经验和常识的实践，可信度越低。（2）换位思考。换位思考是指从与原有结论不同的角度进行思考，或从不同的层面来认识原有的研究对象，以形成关于对象的新的认识。如对异地高考问题，可以从不同主体的五个角度考虑：流入地户籍人口、流入地高中、流入地高校、流入地政府、流动主体。不同的主体对待同一问题的看法会有所不同甚至完全相反。这种认识的产生不以否定原有的结论为前提，它需要摆脱原来的思维定式和已有的知识影响，另辟蹊径。（3）类比移植。类比与移植是通过与其他学科研究对象类比和借用其他学科的思维方式，来发现本学科研究的新问题。[②] 经历以上过程后，待选论题将渐渐明晰。

3．标题的分类

标题一般分为主标题、副标题、分标题几种（下文标题如无说明均指主标题）。

主标题：主标题是文章总体内容的体现。其要求是恰如其分地概括文章内容，准确精练、醒目。最常见的方式是展现文章的关键研究点，如主要观点、研究对象、研究内容、研究目的等。有的期刊对标题字数有一定限制，这不仅是依据排版的美观需要，也是对学者概括能力提出要求。

副标题：副标题用于对主标题进行补充、强调，如研究范围的界定、论文侧重面、研究途径等。特别是一些商榷性的论文，一般都有一个副标题，如《为高等教育职业主义化辩护？——与何雪莲博士商榷》，《也谈交通肇事责任判断的标准——与彭剑鸣、江水玲先生商榷》。有时候，主标题是虚题，副标题则为实题，如《文化传承·人格教育·社会感化——林文庆大学责任观的理论与实践解析》等。在这种情况下，副标题形为副、实为主。副标题不是一篇论文的必要组成部分，在实际选题中，需仔细斟酌副标题是否必要，正副标题是否相矛盾，也需注意人为割裂正副标题的情况。

分标题：设置分标题的主要目的是为了清晰地显示文章的层次和逻辑，使文章脉络清晰、结构分明、便于阅读。分标题的设置必须层级明确，切不

① 杜兴梅. 学术论文写作ABC［M］. 广州：广东高等教育出版社，2010：31.

② 刘洁民. 论学术论文选题的类型、途径和方法［J］. 理论月刊，2009（4）：135－137.

可以下犯上，即下级标题与上级标题相似或更大。同时分标题应该是对总标题的一种层层解析，反映出作者的写作思路，也使读者阅读时更易抓住纲目，领会主题。建议尽量少用“浅析”、“浅论”、“试论”、“略论”等谦辞，以及“关于××的思考”“之我见”等闲词。[①]

（二）关键词

1. 关键词的重要性

关键词是为了吸引读者和方便文献标引工作从报告、论文中选取出来用以表示全文主题内容信息的单词或术语[②]，是指那些出现在论文题名、摘要、正文中的，对表达论文主题内容具有实质意义的词语，即对揭示和描述论文主题来说是重要的、带关键性的（可以作为检索/入口的）那些语词。[③]

学术论文关键词的规范化标引，是作者写作的一个重要内容，也是期刊编辑评价论文的一个重要环节，同时更是我国期刊全文数据库标准化、规范化建设与国际接轨的需要。“一个学术研究领域较长时域内的大量学术研究成果的关键词集合，可以揭示研究成果的总体内容特征、研究内容之间的内在联系、学术研究的发展脉络与发展方向等许多重要课题。”[④]

2. 关键词标引问题和方法

目前，在关键词标引方面，主要存在以下几个问题：首先，作者缺乏对关键词实质意义的了解；其次，不重视对关键词的选取；最后，作者不知如何选取关键词，因而造成对关键词的标引或含义模糊、选词不当，或逻辑混乱、主题不明，或揭示主题不全面、数量不够等。[⑤]

关键词选取时，首先要认真审核论文，熟悉论文主题内容。从题名、摘要、正文等处将表示学科范畴、科学研究对象、研究方法、技术方法、生产工艺、加工技术、设施设备、环境条件等能充分揭示论文的主题内容的名词术语抽取出来，确保关键词标引的系统性和完整性。作者在撰写论文时，对

---

① 周莉华. 学术论文标题常见问题及其优化［J］. 科技与出版，2012（12）：73－74.

② GB 7713—1987 科学技术报告、学位论文和学术论文的编写格式［S］. UDC001. 81.

③ 王昌度，熊云，徐金龙，等. 科技期刊论文关键词标引的问题与对策［J］. 编辑学报，2003，15（5）：349－351.

④ 安秀芬，黄晓鹂，张霞，等. 期刊工作文献计量学学术论文的关键词分析［J］. 中国科技期刊研究，2002，13（6）：505－506.

⑤ 胡玲玲，许征尼. 科技论文关键词的正确标引［J］. 编辑学报，2005（4）：110－111.

题名的拟定一般会涉及该论文最主要的关键词。若题名中无法满足关键词，则可在论文摘要甚至在正文中抽取；但应注意不可过滥，应抽取最重要的、读者最容易联想到的词。①

在标引关键词时，要避免使用禁用词。禁用词主要包括：冠词、代词、连词、感叹词、副词、形容词和某些动词；化学结构式、反映式和数学式；某些不能表示所属学科专用概念的不足以反映实质内容的词，如方法、问题、理论、报告、试验、研究、分析等；不通用的英文缩略语、符号。② 因为关键词要求词义明确，一词一意，以利于检索内容的确定。

（三）选题和关键词评价结果

表 4－5 《高教探索》100 份样本选题和关键词评价情况

序号	文章标题	关键词	选题，关键词评价（合格/不合格）	评审意见
1	论一流大学本科人才培养模式改革	一流大学；人才培养；改革	合格	√
2	陕西民办高校创新型人才培养模式研究	民办高校；创新型人才；培养模式；	合格	√
3	大学语文课教学中的文化、审美教育及德育渗透——以佛山科学技术学院为例	大学语文；教学；文化；审美；德育	不合格	微观选题，不能发表
4	大学生情商“五力”调研及分析——以广东省某重点大学为例	情商；定量测定；大学生思想教育	不合格	中观选题，偏于心理学科，不能发表
5	高校学生知识体系的树型建构探索	高校学生；知识体系；树型建构	合格	√

① 刘岱伟. 科技论文关键词的编辑加工［J］. 编辑学报，2004（4）：107－108.

② 唐宏伟. 学术论文关键词标引的检索意义［J］. 青海大学学报：自然科学版，2008（1）：91－93.

续上表

序号	文章标题	关键词	选题，关键词评价（合格/不合格）	评审意见
6	基于 Blended-Learning 理念的《国际商务函电》教学模式研究	Blended-Learning（混合式学习）；国际商务函电；“4P＋2D”模式；实践效果	不合格	微观选题，不能发表
7	基于教学范式的电工学实践教学改革研究	电工学；实践教学改革；教学范式；创新型人才培养	不合格	微观选题，不能发表
8	基于“即兴口语表达”为特色的“播音创作基础”课程教学探索与研究	即兴口语；播音创作基础；教学探索	不合格	微观选题，不能发表
9	从工程教育到工程文化教育的探析与实践	工程文化教育；人文精神；创新；实践	不合格	中观选题，偏于实践，不能发表
10	经济欠发达地区大学生失业群体职业生涯规划研究	大学生；失业群体；职业规划	合格	√
11	排队文化培养，高校为人文素质教育补课	高校；素质教育；排队礼仪；社会秩序	不合格	微观选题，不能发表
12	广东高校“产学研”合作网络机制研究	广东；产学研；合作网络	合格	√
13	“团队作业与演讲式”教学模式探讨——基于财经信息管理教学实践	团队作业；演讲式教学；教学模式	不合格	微观选题，不能发表
14	论院校协作型专业学习共同体	院校协作；院校型专业学习共同体；整合式专业发展；知识创造	合格	√

续上表

序号	文章标题	关键词	选题，关键词评价（合格/不合格）	评审意见
15	基于校本的高校成人教师专业发展制度研究	教师教育；成人教师；专业发展；制度建设；校本研究	合格	√
16	以生为本：美国高校学生事务管理的核心	美国；高校学生事务；以生为本；借鉴	合格	√
17	教育舆情研究论略——内涵、多维视角和未来走向	教育舆情；多维视角；范式；未来走向	不合格	无高教特色，不能发表
18	经济复苏期英国高等教育财政问题与对策	经济复苏；英国；高等教育；财政；对策	合格	√
19	医学专业课教师担任兼职班主任的实践与体会	医学专业课教师；兼职班主任；医学检验	不合格	微观选题，不能发表
20	高等教育中的通用性教学设计研究	高等教育；通用性；教学设计	合格	√
21	“讲课—练习—实战一体化”教学模式的改革与实践	程序设计课程；教学模式；教学改革；教学实践	不合格	微观选题，不能发表
22	“县校合作”式协同创新：高职教育“下移”发展简论	县校合作；协同创新；下移	合格	√
23	反事实思维的影响因素研究	反事实思维；做与不做效应；易变性与可控性	不合格	心理学论文，不能发表
24	MPA定量分析方法课程教学内容设置研究	MPA教育；定量分析方法；教学内容	不合格	微观选题，不能发表

续上表

序号	文章标题	关键词	选题，关键词评价（合格/不合格）	评审意见
25	研究生心理危机干预对策分析	研究生；心理危机；干预	合格	√
26	大学本科生计算机应用课程的自学与必修的实践	计算机应用；课程改革；本科教学	不合格	微观选题，不能发表
27	浅议高效复合型人才本科培养模式	复合型人才；培养模式；内涵；培养策略	合格	√
28	体验导向的研究型案例教学模式设计与评价	体验导向；传统案例教学；研究型案例教学；知识体验	不合格	中观选题，偏于实践，不能发表
29	采矿工程专业毕业实习、设计存在的问题及其对策	采矿工程；毕业实习；毕业设计；就业；一体化	不合格	微观选题，不能发表
30	机械制图体验学习环境的研究与实践	高等教育；体验学习；机械制图；虚拟现实	不合格	微观选题，不能发表
31	研究型大学优势学科生成路径探究	研究型大学；优势学科；生成路径；探究	不合格	中观选题，偏于实践，不能发表
32	论中高职课程体系的有效衔接	中职教育；高职教育；课程体系；衔接	合格	√
33	关于高职教育教学方法改革的研究	高职教育；教学改革；方法	合格	√
34	中高职培养目标有效衔接研究——以建筑工程技术专业为例	中职教育；高职教育；培养目标；衔接	不合格	微观选题，不能发表

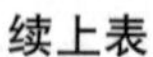

续上表

序号	文章标题	关键词	选题，关键词评价（合格/不合格）	评审意见
35	研究性教学在《环境友好材料》教学中的建构	环境友好材料；研究性教学；团队学习	不合格	微观选题，不能发表
36	瑞士职业教育体系与管理体制	瑞士；职业教育；管理体制	合格	√
37	加快大学开放性建设创建中外合作办学品牌	开放性；中外合作；品牌	合格	√
38	从大学国际化走向国际化大学	无（未按照规定格式撰写论文）	合格	√
39	工程管理专业技术平台和专业方向课程体系改革的研究和探索	工程管理；技术平台课程；专业方向课程；课程体系；专业特色；独立学院	不合格	微观选题，不能发表
40	社会需求视角下地方高校行政管理本科的课程设置	社会需求；行政管理；课程设置	不合格	微观选题，不能发表
41	区分性高校教师绩效管理研究	高校教师；区分性；评价主体；评价模式	合格	√
42	民国时期高等教育创新机制研究	民国时期；高等教育；创新机制	合格	√
43	21 世纪初来华研究生教育发展状况与对策研究	来华研究生教育；发展规模；教育结构；基本特点；发展对策	合格	√
44	职业者·事业者·专业者·生活者	新升格院校；学校管理；教师角色	合格	√
45	网络多媒体应用人才培养模式的研究与实践	网络多媒体；人才培养；创新；实践教学	不合格	微观选题，不能发表

续上表

序号	文章标题	关键词	选题，关键词评价（合格/不合格）	评审意见
46	高校校友捐赠影响因素实证研究——基于对清华大学校友的调研	高校；校友捐赠；影响因素；清华大学	合格	√
47	高等院校学生食品安全与企业多元发展综合探究	食品安全；企业发展；校企合作；创新	不合格	微观选题，不能发表
48	浅谈义务教育学科网络课程资源建设中的拍摄制作	教学；拍摄课程；资源；摄像机	不合格	微观选题无高教特色，不能发表
49	PDCA 循环在教育技术实验教学中的应用研究	PDCA 循环；实验教学；教学质量	不合格	中观选题偏于实践，不能发表
50	有效对接专业　构建高职数学教学新模式	高职数学；专业；有效对接；教学改革	不合格	微观选题，不能发表
51	基于高职数学课程分层教学的实证研究	分层教学；高职数学课程；实证研究	不合格	微观选题，不能发表
52	两性心理驱动大学公共体育教学效果的研究	高校大学生；两性心理；公共体育课；教学效果	不合格	微观选题，不能发表
53	浅议社会认可型人才培养之道	礼仪教育；激情教学；创新能力	不合格	主题不明，不能发表
54	基于 CDIO 模式的电子商务人才培养体系建设	CDIO 工程教育理念；电子商务；复合型人才培养；教学改革	不合格	微观选题，不能发表
55	教学型高校材料类专业人才培养的分析与研究	教学型高校；材料类专业；人才培养	不合格	微观选题，不能发表

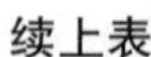

续上表

序号	文章标题	关键词	选题，关键词评价（合格/不合格）	评审意见
56	基于卓越工程师培养对教育理念的一些思考	卓越教育；工程师；理论力学；教育理念	不合格	微观选题，不能发表
57	建构主义要审思慎用：浅议建构主义本体论与方法论之缺陷	建构主义理论；本体论；方法论；情境教学；探究学习	不合格	无高教特色，不能发表
58	爱是助飞的翅膀	无（未按照规定格式撰写论文）	不合格	非论文，不能发表
59	独立学院师资队伍建设研究现状分析	独立学院；师资队伍；研究现状分析	合格	√
60	团队项目教学法及其在MBA 教学实践中的应用	MBA；团队项目；教学法；考核；评价	不合格	微观选题，不能发表
61	基于电子学档的数字媒体软件应用类课程教学模式研究	电子学档；数字媒体；教学模式	不合格	微观选题，不能发表
62	“卓越计划”下的城轨车辆专业工程教育课程体系创新设计	卓越工程师；轨道交通车辆；工程教育；课程体系创新	不合格	微观选题，不能发表
63	基于双导师制的工科学生毕业设计培养模式	双导师制；毕业设计；校企合作；工科	不合格	微观选题，不能发表
64	高职院校学生自觉性培养探析	高职院校；自觉性；培养	合格	√
65	独立学院计算机专业实训教学的研究与实践	独立学院；计算机专业；实训	不合格	微观选题，不能发表
66	多媒体环境下的大学英语听力教学实验	多媒体；大学英语；教学实验	不合格	微观选题，不能发表

续上表

序号	文章标题	关键词	选题，关键词评价（合格/不合格）	评审意见
67	“电子实习”课程改革与探讨	创新；仿真；设计	不合格	微观选题，不能发表
68	父母对大学生就业期望的作用机理研究——基于杭州市高校的调查	大学生；就业期望；父母；调查	合格	√
69	民国时期高校学生转学制度考察	民国时期；高校学生；转学	合格	√
70	高职院校专业设置与区域产业结构适应性分析——以广州市为例	高职院校；专业设置；产业结构；适应性	合格	√
71	基于哲学视野下的微格教学	微格教学；哲学观；职前教师	不合格	微观选题，不能发表
72	职前教师教育实践能力培养模式的探索	职前教师；实践能力；培养模式	不合格	中观选题偏于实践，不能发表
73	“卓越工程师教育培养计划”下校企合作培养创新型人才的研究	卓越工程师教育培养计划；校企合作；人才培养	不合格	微观选题，不能发表
74	广东高校辅导员心理授权情况调查：分析与对策	高校辅导员；心理授权；情况调查	合格	√
75	美国与日本大学生创业教育比较研究	美国；日本；创业教育；比较	合格	√
76	广东省高校音乐教育学学科现状调研报告	高校；音乐教育学学科；课程；现状调研	不合格	微观选题，不能发表

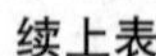

续上表

序号	文章标题	关键词	选题，关键词评价（合格/不合格）	评审意见
77	我国大学科技园发展的制度保障体系研究	大学科技园；法律；制度；保障	合格	√
78	社会性科学议题（SSI）之议题中心教学模式初探	社会性科学议题；议题中心教学；结构性争论模式；做决定模式；反思探究模式	不合格	无高教特色，不能发表
79	具有专业特色的大学生信息素养教育模式的构建	信息素养教育；专业特色；四阶段教学模式；三个整合	不合格	中观选题偏于实践，不能发表
80	以文化自觉促进大学成为廉洁的首善之区	大学；廉政建设；廉洁文化；首善之区	不合格	无高教特色，不能发表
81	高校师范生师德素养与认知的调查研究	师德养成；因子测评；职业规划；师德实践	合格	√
82	大学生思想政治教育工作的核心理念、现实要求和目标价值	无（未按照规定格式撰写论文）	不合格	无高教特色，不能发表
83	大学生思想政治教育工作精细化发展的思考	大学生思想政治教育；精细化；发展；思考	不合格	无高教特色，不能发表
84	化学电源课程群教学的探讨	化学电源工艺学；课程设计；实际需求	不合格	微观选题，不能发表
85	工学结合背景下的教学团队建设研究	工学结合；教学团队；建设	合格	√
86	体验研讨式教学模式实证研究：以《国际投资学》为例	国际投资学；体验研讨式；教学模式；实证研究	不合格	微观选题，不能发表

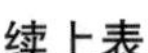

续上表

序号	文章标题	关键词	选题，关键词评价（合格/不合格）	评审意见
87	高校重点学科项目建设障碍分析及其管理策略	重点学科；建设项目；障碍；低碳；管理策略	合格	√
88	学生视角下的高职教师胜任力现状研究	学生；高职教师；胜任力；调查	合格	√
89	高校教师课堂教学质量评价——基于学生评教的视角	教学质量评价；主成分分析；学生评教	合格	√
90	基于高等教育成本分担理论的高校筹资研究	高等教育；成本分担；筹资	合格	√
91	驯化与自缚—论党委领导下的校长负责制的政治意蕴	高等学校；领导体制，校长	合格	√
92	新建本科高校就业困难群体就业现状及应对策略	新建本科高校：就业困难群体；就业现状；策略	合格	√
93	管理类专业学生创新能力培养模式研究	管理类专业；创新能力；培养模式	不合格	微观选题，不能发表
94	社会转型期高校思想政治教育面临的两大困境及其破解	思想政治教育；两大难题；破解	合格	√
95	高校去行政化改革及其治理的路径探究	高校；去行政化治理结构；改革	合格	√
96	基于概念系统、组合系统和语篇系统的英汉对比教学语法体系建构研究	概念系统；组合系统；语篇系统；教学语法	不合格	微观选题，不能发表
97	模拟电子技术双语教学的实践与探讨	双语教学；模拟电子技术；基础课程	不合格	微观选题，不能发表

续上表

序号	文章标题	关键词	选题，关键词评价（合格/不合格）	评审意见
98	高校生态德育体系“三位一体”模式的建构	生态德育；体系；建构；生态文明	合格	√
99	教授治学绩效评估体系研究	教授治学；绩效评估；指标体系	合格	√
100	高等学校国际化建设方略——基于日本的经验	高等学校；国际化；日本；经验	合格	√

注：“√”表示选题和关键词符合选稿要求，具体审稿结果视摘要和内文质量而定。

从表4－5可以看出，大部分稿件在选题和关键词评价中被淘汰了。在效率至上和目前编辑部人员配置有限的情况下，选题和关键词不合格的稿件基本上就无法进入复审者的视域了——尽管有些稿件有自己的闪光点，尽管初审编辑在极偶尔的情况下会给出错误的评价。

综观表4－5发现，论文被淘汰的主要原因可以分为以下几种：（1）选题微观，不能发表（41篇，占稿件总数量的41%）。（2）中观选题，不能发表（6篇，占稿件总数量的6%）。（3）无高教特色，不能发表（6篇，占稿件总数量的6%）。学术刊物有自身独有的受众，因而其选题的范围一般也是限定在一定的区域内。《高教探索》曾在投稿须知中明确指出刊发“宏观的、学理性强的学术论文”。既然是向《高教探索》投稿，其稿件的基本要求是和高等教育相关。这种相关包括了高等教育学方面的论文以及跨学科的从某个学科或理论的视角研究高等教育的论文。作者在投稿前需要详细了解拟投刊物的“来稿须知”等相关资料，做到有备而投。

三、100份样本摘要评价情况

（一）摘要的定义及重要性

中华人民共和国国家标准（GB 7713—87）《科学技术报告、学位论文和学术论文的编式》指出：“摘要是报告、论文的内容不加注释和评论的简短陈述。报告、论文一般均应有摘要。”在当今浩瀚的信息海洋中，人们要在有限的时间和精力内获取尽可能多的有用信息，通过查阅文献的摘要可以快速而准确地鉴别一篇文献的基本内容，从而确定是否需要阅读全文。因此，写好摘要对读者查阅文献的取舍尤为重要。

摘要既要包括论文的全部重要内容，担负着吸引读者和提供论文足够信息量的功能，又要按一定的规范格式表达，为科技（情报）人员和计算机检索提供方便。由此可见，规范的、高质量的摘要对于增加期刊的摘引率、吸引读者、扩大影响具有重要意义，对论文中研究成果的应用和推广将起到积极的促进作用。

（二）提炼摘要的方法

学术期刊大多采用报道性摘要，其结构模式一般包括目的、方法、结果和结论四个要素，具有独立性和自明性。所谓目的，是“为了解决什么范围的什么问题”；结果和结论，应该重点写出其特点和创新点而不要成为优点的罗列和堆砌①；四个要素中的“方法”，在科技论文和实证类社科论文中是最重要的。社科期刊也注重研究的方法。因其论文主要采用思辨方法，所以大部分论文摘要中设有特别指出研究方法，采取的是公认的“默认”的方式。

摘要是一篇不依附原文的独立短文，其富有自明性、独立性和完整性，是文章内容的“高度浓缩”。GB 7713—87 中提出：“摘要一般应说明研究工作目的、实验方法、结果和最终结论等，重点是结果和结论。”摘要的核心要求有两点：一是尽量简洁，二是尽量全面。

作为一种可供阅读和检索的独立使用的文体，摘要只宜用第三人称而不用其他人称来写。国家标准 GB 6447—86 文摘编写规则中规定：文献“要用第三人称的写法，不必使用‘本文’、‘作者’等作为主语。”“有的摘要中出现了‘我们’、‘笔者’作主语的句子，一般讲，这会减弱摘要表述的客观性；不少摘要中还以‘本文’作句子的主语，这在人称上倒是可以，但有时逻辑上讲不通。”②

摘要写作存在的主要问题：一是摘要不能按照论文的结构概括论文各部分的主要内容。有学者指出，我国学术期刊论文摘要存在的最大问题是，摘要仅仅是概括各部分的主要内容，却没有揭示论文的结论。③ 二是摘要必须指出论文研究的主题。摘要必须阐明论文的具体结论，不能泛泛而谈，摘要中的结论必须明确、具体，不能泛泛而论。

---

① 窦延玲，徐文梅. 林业类学术论文摘要结构模式分析［J］. 西北林学院学报，2012，27（6）：265－268.

② 高建群，吴玲，施业. 学术论文摘要的规范表达［J］. 东南大学学报：哲学社会科学版，2003，5（2）：114－117.

③ 徐雨衡. 学术论文摘要的写作之道［J］. 出版发行研究，2012（2）：60－62.

（三）100份样本摘要分析及评价

表4-6　《高教探索》100份样本摘要评价情况

［注：为节约篇幅，此表仅列出选题和关键词评价结果为合格的文章（见表4-5），实际样本数为44个］

序号	文章标题	摘　要	摘要评价	评审意见
1	论一流大学本科人才培养模式改革	人才培养模式改革，既是一个重大的理论命题，也是一个具有较强实践性的命题。培养目标要聚焦精英人才，专业建设立足本土放眼国际，教学内容不断更新，课程体系得以优化，教学方式突出研究性，教学过程关注实践性与国际性，教改实验聚焦创新人才培养。同时，要进一步明确培养目标，扩大专业选择空间，关注课程体系的梯度与联系，教学方法和教学方式凸显个性化与探究性	合格	√
2	陕西民办高校创新型人才培养模式研究	民办高等教育已成为我国高等教育的重要组织部分。但是，民办高校基本处于高等教育人才培养层次的低端。教育理念落后，高校定位模糊，人才培养模式滞后于社会发展，阻碍了民办高校的内涵提升。民办高校推进创新型高素质人才培养模式的改革，势在必行	不合格	摘要观点不突出
5	高校学生知识体系的树型建构探索	文章结合建构主义理论，针对我国高校学生知识体系的建构与培养，创新性引入生态学概念，形象地提出知识体系树型建构法，讨论了其产生根源、重要特征、关键环节、依托手段等要素，并对其在实践中的应用进行了展望	不合格	摘要无核心观点
10	经济欠发达地区大学生失业群体职业生涯规划研究	经济欠发达地区大学生规模不断发展，大学毕业生就业困难逐年加大，其失业问题日益成为社会和学校关注的热点。大学生失业群体在劳动力市场均衡、结构性和摩擦性失业因素影响下存在就业困难，重要原因是大学生失业群体缺乏个体潜力挖掘和职业规划指导。可以从大学生素质结构优化维度开展职业指导和服务，对大学生失业群体进行个性化的职业生涯规划，帮助大学生失业群体解决就业过程中的问题，实现顺利就业	合格	√

续上表

序号	文章标题	摘 要	摘要评价	评审意见
12	广东高校“产学研”合作网络机制研究	本文以现代服务业发展研究院为主构建了“产学研”合作社会网络，通过对该网络的形成机理以及该网络特性的分析，再从网络关系、网络结构、网络认同度三个方面分析探讨了“产学研”合作网络的合作机制	不合格	摘要行文欠流畅
14	论院校协作型专业学习共同体	贯彻落实以协同创新为核心的第三个重要国家战略“2011 计划”，高职教育大有可为。要以高端技能型专门人才培养为宗旨，以“以生存空间换取发展空间”为政策取向，以“平行”稳固为前提和基础，以“县校合作”式协同创新为核心内容和突破口，通过“下移”拓展来实现“上移”提升的发展	合格	√
15	基于校本的高校成人教师专业发展制度研究	任何教师的专业发展都是在一定的制度环境中进行，但现行的高校教师专业发展制度对成人教师专业发展的支持却显得力有不逮，制度建设理论基础单一，制度环境失衡，制度文本不够完善。为给成人教师提供专业发展可持续的动力与保障，高校有必要拓宽教师专业发展制度建设的理论基础，营造成人教师良好的专业发展环境，完善专业发展的制度文本，采取切实有效的评价与激励措施，更好地激发成人教师的发展潜能	合格	√
16	以生为本：美国高校学生事务管理的核心	美国高校学生事务“以生为本”的工作理念，综合化、专业化的学生服务体系，规范有效的工作准则，以及学生事务工作者呈专业化、职业化等特点，对我国探索与发展中的高校学生事务具有借鉴意义。文章运用比较分析的方法，深入研究了美国高校学生事务管理队伍的特点，并得出对我国高校学习型辅导员队伍建设的有益启示	不合格	摘要观点不突出

续上表

序号	文章标题	摘　要	摘要评价	评审意见
18	经济复苏期英国高等教育财政问题与对策	随着国际金融危机带来的经济衰退期的结束，英国经济进入了复苏期。当前英国经济呈现出明显的不稳定性，从而导致英国高等教育面临严重的财政问题。为解决经济复苏时期英国高等教育突出的财政问题，英国政府在学生资助、资金分配以及卓越研发等方面提出了一系列战略举措，以期在确保世界一流高等教育体制的同时，为经济快速复苏注入新动力	不合格	摘要观点不突出
20	高等教育中的通用性教学设计研究	本文分析了使学习者真正获得公平和均等的学习机会的具有美国高等教育的特点的通用性教学目标设计、通用性教学内容设计、通用性教学方法设计、通用性教学评价设计。指出我国应在借鉴美国的经验基础之上，积极应对复杂的教育环境、差异性的教育对象和国际化的教育发展趋势等挑战	不合格	摘要观点缺新意
22	“县校合作”式协同创新：高职教育“下移”发展简论	在传统的教师教育中，大学职前教育与学校在职教育的分离是教师专业化裹足不前的根源。它一方面削弱了教师专业发展的有效性，另一方面动摇着教师工作的专业地位。20 世纪末期以来，伴随着互惠性院校协作呼声的日渐高涨和专业发展学校的学习化转型，“院校协作型专业学习共同体”正在成为促进教师专业成长的有效路径。学习为本的愿景体系、互惠性专业学习团队、实践知识的学习与创造、整合式专业学习路径是“院校协作型专业学习共同体”的基本属性。确立“大教师教育观”，开展互惠型协作学习，实施共享型领导学习是“院校协作型专业学习共同体”得以长期发挥作用的重要保障。批判地借鉴“院校协作型专业学习共同体”的理念和做法有利于让“能者做事，学者教书”成为未来我国教师的专业形象	合格	√

续上表

序号	文章标题	摘　要	摘要评价	评审意见
25	研究生心理危机干预对策分析	高校研究生的心理危机产生有复杂的原因。其原因包括人际关系紧张、婚恋问题、学业压力、经济问题等。构建研究生心理危机干预体系，改善学习条件和学习环境，加强心理危机干预队伍的建设等可以有效缓解研究生的心理危机	合格	√
27	浅议高效复合型人才本科培养模式	复合型人才是当今社会发展的需求，是高校培养人才的重要模式。高校的辅修、双专、双学位的培养模式对复合型人才培养具有一定的意义，取得较好的效果，但是也存在一些问题，不利于人才的培养。为此，本文就该培养模式进行分析，进一步阐释复合型人才的内涵，并对复合型人才培养的意义、对存在的问题进行思考。最后，结合实际提出发展和解决的策略	不合格	摘要观点不突出
32	论中高职课程体系的有效衔接	中高职课程体系衔接是提升职业教育质量的重要途径。本文在借鉴国际上中高职课程体系衔接有益经验的基础上，探求符合我国国情的中高职课程衔接问题，以期为我国职业教育改革提供参考	不合格	摘要观点不突出
33	关于高职教育教学方法改革的研究	高职教育教学方法影响到高职人才培养的方向和质量。本文分析了我国目前高职教育教学存在的问题，从人才市场需求的角度探究了高职教育教学改革的方向和方法	不合格	摘要观点不突出
36	瑞士职业教育体系与管理体制	马克思指出，生产劳动同教育相结合，是发展社会生产，造就全面发展的人的唯一方法。瑞士职业教育是马克思这一思想的生动实践。在技术革命突飞猛进的背景下，瑞士职业教育始终围绕劳动力市场需求与人的发展这一本质矛盾，建立了以职业资格认证和学历教育为链接点的四通八达的职业教育体系，实现了科技创新、技术进步、素质提高和生产发展的良性循环。本文根据瑞士官方权威资料勾勒出了瑞士职业教育体系的全貌，以资借鉴	不合格	摘要无核心观点

续上表

序号	文章标题	摘　要	摘要评价	评审意见
37	加快大学开放性建设创建中外合作办学品牌	中外合作办学过程中，开放性建设是重要的议题。我国中外合作办学不合理的发展速度导致了很多问题的出现，纵观这些问题可以得出其主要原因之一是品牌意识的缺乏。对中外合作办学进行品牌建设这一问题进行思考后，运用层次分析法对其中涉及的要素进行分析研究，筛选出关键要素，并对这些关键要素进行整合运用，进行中外合作办学品牌的创立	不合格	摘要无核心观点
38	从大学国际化走向国际化大学	大学国际化和国际化大学是两个既有联系又有区别的概念，国际化大学是大学国际化的高级形式，是大学国际化这一渐进过程的目标和结果。当国内领先的本科大学正处在向国际一流大学奋进的努力过程中的时候，国内领先的职业技术学院更有可能率先进入同类学校国际一流大学的行列。本文以深职院为样本，分析了大学国际化的内涵和实践、现状和问题、策略和举措以及对政府和社会的期许，阐述建设国际化大学的主题	不合格	摘要观点不突出
41	区分性高校教师绩效管理研究	我国现行高校教师绩效管理存在很强的“区分性缺失”问题，不利于高校教师的专业成长。文章以从教时间、心理成熟度和专业成熟度三个维度将高校教师区分为新手型、适应型、成熟型、专家型和问题型 5 种高校教师绩效评价类型，并阐释这 5 种高校教师绩效评价类型的动态转化过程，同时构建了区分性的高校教师绩效评价主体和评价模式	合格	√
42	民国时期高等教育创新机制研究	创新是一个国家和民族兴旺的动力和源泉，而高等教育又是培养创新人才的重要场所。民国时期是我国高等教育发展史上最成功、最辉煌的时期，这一时期高等教育创新机制主要体现在以转变办学理念为先导；以大学自治为保障；以学术自由为重心；以西学中用为范本；以弘扬国学为灵魂上。这些机制促成了民国时期高等教育的大繁荣和大发展，对创新精神和创新能力的培养起了决定性作用	不合格	摘要观点不突出

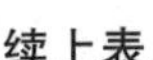

续上表

序号	文章标题	摘　要	摘要评价	评审意见
43	21世纪初来华研究生教育发展状况与对策研究	大力发展来华研究生教育是提高留学教育层次的主要抓手。新世纪以来，来华研究生教育进入快速发展期，体现在发展规模、生源地、接受地、专业分布、经费资助等诸多方面。通过历史与国际比较，可以总结当前来华研究生教育基本特点，寻求科学发展对策，预测未来发展趋势	不合格	摘要观点不突出
44	职业者·事业者·专业者·生活者	新升格的高职高专院校要尽快实现学校战略重心的转变，关键在于必须在以人为本、以师为本的理念下，学校管理要高度重视并充分发挥每一位教师的主动性和潜能，使作为职业者的教师，充分感受到从教的尊严感和荣誉感，使作为事业者的教师，充分体验到从教的归属感和责任感，使作为专业者的教师，充分实现到从教的自信感和成就感，使作为生活者的教师，充分享受到从教的安全感和幸福感	合格	√
46	高校校友捐赠影响因素实证研究——基于对清华大学校友的调研	本研究基于对2 386名清华大学校友大规模的问卷调查，对校友捐赠的影响因素进行研究。将影响因素分为学校的因素、个体的因素和在校经历三个方面。研究表明，对学校的文化越认同，越愿意为母校提供捐赠。对学校教育满意度越高，越愿意为母校提供捐赠。入学年越晚的年轻校友越愿意为母校提供捐赠。研究建议，要继续做好校友工作，加强与校友的联络。加强对年轻校友的培养、关注和募捐。加强对来自企业的校友进行关注	合格	√

续上表

序号	文章标题	摘　要	摘要评价	评审意见
59	独立学院师资队伍建设研究现状分析	独立学院的发展，尤其是在当前转型期的建设和发展中，能否建设一支素质优良、结构合理、人员稳定的师资队伍成为制约其办学质量，提升竞争力的重要因素之一。文章通过对独立学院师资队伍建设的研究现状进行定量和内容分析的方式，总结了该领域的研究现状及存在的问题，从加强院校合作、微观问题研究、研究方法多样化等方面提出了研究建议，以期该领域有新的成果，推进独立学院的良性运行和健康发展	不合格	摘要观点不突出摘要行文不流畅
64	高职院校学生自觉性培养探析	以往的高职教育对学生主体性及主体自觉的认识不高，再加上受社会环境、高职教育模式和错误认知的影响，导致了我们在培养人才过程中，重知识轻能力，重理论轻实践，重教师主导忽视学生主体作用。要改变这一现状，就应当通过重视对学生能力培养的同时，通过多种途径培养学生能力自觉，使其能够对自我能力进行正确认识、评价和反思，从内在主体性上完成能力自我转化和自我提高	不合格	摘要观点缺新意
68	父母对大学生就业期望的作用机理研究——基于杭州市高校的调查	就业期望是指大学生对就业的预期。本文对杭州市5所部属高校本科生的调查资料及5个个案深度访谈资料的分析表明，父母对子女就业的期望与大学生的就业期望之间存在重要差异，但前者对后者有重要影响。大学生的自我就业期望以工作发展前景为主，父母的期望则以薪酬待遇和工作的稳定性为主。大学生就业期望是父母主观愿望的投射，大学生通过对父母期望的内化、融合与修订，最后针对就业期望达成一定程度的共识	不合格	摘要与主题偏离

续上表

序号	文章标题	摘　要	摘要评价	评审意见
69	民国时期高校学生转学制度考察	民国时期的大学生，除师范生和医学生的转学被限制在同性质的学校外，其他所有的学生都可以申请自由转学。转学制度是民国高等教育的一个重要特色，其规则十分简单，只需学生向所在学校申请，然后参加编级考试及格后就可以入学，而且这些转学生的成材率也比较高。深入研究民国高等教育的转学机制，对我国当前打破专业壁垒，培养高质量人才具有重要的借鉴意义	合格	√
70	高职院校专业设置与区域产业结构适应性分析——以广州市为例	高职教育要与产业结构相适应。广州市高职院校专业设置没有与广州市产业结构全面对接、专业设置产业内分布比例不协调原因在于，专业设置与产业结构对接不够，专业设置随意性大。要提升专业服务地方产业发展的能力，各高职院校要增强专业服务地方产业发展的意识；各高职院校的总体专业结构应全面对接广州市产业结构；各高职院校应根据广州市产业集聚发展战略，协同建设专业集群；根据自身特色和优势，找准生态位，加强特色专业建设	不合格	摘要观点不突出
74	广东高校辅导员心理授权情况调查：分析与对策	研究表明，岗前培训机制、个体的专业发展意识、社会认同及个体学历水平，是影响高校辅导员心理授权情况的重要因素。高校应针对本校辅导员队伍实际情况采取措施，提高队伍中模范人物业务水平，打造交流平台，针对不同性别和学历的辅导员进行业务引导，促进个体专业发展意识，结合社会角色认同情况进行心理安抚，坚定他们对教育工作的信念，从而提高高校学生工作成效	不合格	摘要观点不突出

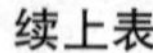

续上表

序号	文章标题	摘 要	摘要评价	评审意见
75	美国与日本大学生创业教育比较研究	美国和日本经过不断摸索和实践，都形成了独具特色的创业教育体系。两国在具体的实施过程中存在着一些共性特征及特点差异。通过美日两国高校创业教育的比较研究，认为我国高校的创业教育应在创业教育发展理念、创业教育课程设置、创业教育师资队伍、创业教育资金来源及创业教育支撑体系等关键问题上有所作为	不合格	摘要观点不突出
77	我国大学科技园发展的制度保障体系研究	大学科技园对提高我国技术创新能力、促进经济跨越式发展、提高国际竞争力具有重要的战略意义。但其不完善制度保障体系严重制约了大学科技园发挥的功能。因此，政府加强建立健全大学科技园发展中的金融、税收、外贸、关税、人才等法律、优惠政策与措施，是实现大学科技园可持续发展的重要制度保障	不合格	摘要行文欠流畅
81	高校师范生师德素养与认知的调查研究	在教师教育一体化的背景下，加强师德教育职前养成的前提是摸清师范生的师德素养与认知状况。通过对师范生的抽样调查发现，在师德理想教育上，师范生有着强烈的认同感。但当认知与行为发生冲突时，师范生往往缺乏合乎社会道德准则的价值判断。其根源在于教师职业生涯规划的缺位。鉴于此，让师范生做好职业生涯规划应成为师德教育的起点，其次通过具有强烈冲突的实践性师德教育让学生形成更稳固、更持久的师德价值观	合格	√

续上表

序号	文章标题	摘　要	摘要评价	评审意见
85	工学结合背景下的教学团队建设研究	高职工学结合人才培养模式改革背景下对高职院校专业教学团队建设提出了新要求。我院专业教学团队在工学结合教学改革中，确定专业教学团队建设总体目标，以校企合作为平台，以工学结合项目为载体开展专业教学团队建设实践，全校专业教学团队整体实力有了显著提升	不合格	摘要观点缺新意
87	高校重点学科项目建设障碍分析及其管理策略	高校重点学科的建设正面临着学科生态建构失衡、学科发展违背规律、学科精神缺乏传承等障碍因素，带来了教育资源的高投入和低产出等一系列问题。借鉴国外高等教育发达国家的高等教育投资管理经验，本文提出相应的管理策略，包括：(1) 倡导投入产出的学科生态平衡，分类立项，错位竞争；(2) 顺应开放自由的学科发展规律，学术主导，科学发展；(3) 培育特色鲜明的学科传承精神，凝练方向，团队创新	合格	√
88	学生视角下的高职教师胜任力现状研究	高职教师胜任力的发展程度极大地影响到高等职业教育质量，而学生与教师的关系最密切，对教师队伍整体素质的反映最真实。本文对陕西省6所高职院校400余名在校生开展问卷调查，从学生视域了解高职教师胜任力的发展状况。根据调查结果结合实证分析，发现当前高职教师胜任力发展的现状不容乐观，针对存在的问题，本文探讨从4个路径来提升高职教师胜任力的发展水平	不合格	摘要观点不突出

续上表

序号	文章标题	摘要	摘要评价	评审意见
89	高校教师课堂教学质量评价——基于学生评教的视角	教师课堂教学是高等学校教学活动的最基本形式，也是实现高等教育与教学目标的主要途径。本文结合目前高校学生评教实际，从教学基本要求、教学内容、教学实施与教学改革4方面构建高校教师课堂教学质量指标评价体系，并以教师课堂教学学生评分为基础，采用主成分分析法获取各指标重要程度系数，进而结合各指标平均评分值绘制教学质量评价结果分析图，根据各指标所在分析图中区域来衡量教师课堂教学质量，并由此提出进一步改善教学质量的相关建议	不合格	摘要观点缺新意
90	基于高等教育成本分担理论的高校筹资研究	本着谁受益谁付费的原则，从高等教育中获得利益的主体都应该根据所获利益的大小支付高等教育费用的不同份额。本文基于高等教育成本分担理论，在分析我国高校经费来源构成现状的基础上，提出我国高校筹资所面临的困境，对高校筹资方法和途径进行了探索	不合格	摘要无核心观点
91	驯化与自缚——论党委领导下的校长负责制的政治意蕴	高等学校的领导体制是中国共产党执政制度的一部分，它的建构是围绕着对校长权力进行有效规制这一主线展开的，党委领导下的校长负责制与现阶段的中国国情具有高度的适应性。党委领导下的校长负责制通过扩张组织的力量，限制和削弱校长的权能，用组织驯服个人，实现了党对高等学校的领导，但这种体制下，校长的权能不足，既无法充分发挥才能，又缺乏足够的动力推行改革，高校的人才培养和创新能力因而受到很大的限制。高校领导体制关乎执政党的根本利益，现行政治体制几乎没有为高校领导体制的改革预留出足够的空间，国家政治体制改革不推进，高校领导体制本身无法改革	合格	√

续上表

序号	文章标题	摘　要	摘要评价	评审意见
92	新建本科高校就业困难群体就业现状及应对策略	新建本科高校就业困难毕业生比例高、人数多，就业现状不容乐观，应引起此类院校就业工作者的高度重视。本文通过对新建本科高校就业困难群体的就业现状分析及其就业困难的原因分析，提出新建本科高校应从关注机制、帮扶机制和预警机制构建三方面来应对就业困难群体的就业问题	不合格	摘要观点缺新意
94	社会转型期高校思想政治教育面临的两大困境及其破解	高校思想政治工作面临前所未有的许多新情况和新问题，机遇和挑战同在。本文分析了高校思想政治教育面临的两大困境，指出使教育内容、环境、方法等各要素符合当前客观实际，并进行系统性地有机结合，才能提高大学生思想政治教育的针对性和实效性	不合格	摘要无核心观点
95	高校去行政化改革及其治理的路径探究	高校去行政化改革，对重拾大学精神，推动现代大学制度建设，促进大学的科学发展，具有十分重要的意义。而加强立法，以法律保障大学的独立法人地位；转变政府职能，正确处理政府与大学的关系；推动依法治校，实现民主管理；促使大学行政权力与学术权力相得益彰；以及合理借鉴法人治理结构和董事会治理模式等是实现大学去行政化改革的基本路径	合格	√
98	高校生态德育体系“三位一体”模式的建构	迄今为止，高校生态德育体系尚未建构。本文以高校生态德育的任务、内容、方法为基础，对高校生态德育体系进行“三位一体”模式的构建。该模式的高校生态德育体系具有如下特点，即高校生态德育的任务具有指向性、内容具有整合性、方法具有多样性、三个基本构成要素之间具有内在关联性	不合格	摘要观点缺新意

续上表

序号	文章标题	摘 要	摘要评价	评审意见
99	教授治学绩效评估体系研究	本研究从教授治学内涵确认入手，明确绩效指标设计原则与选择依据，以治学科、治教学、治学术、治学风为主体内涵构建绩效评估指标和模型，以教授自评、同行专家互评，学生参与评教相结合的方法综合评判治学绩效，构建了科学、系统的教授治学绩效评估体系	合格	√
100	高等学校国际化建设方略——基于日本的经验	国际化建设对提高一所大学的整体水平有很大的促进作用。本文以我在日本学习的一年的经验为基础，对比了中日高等教育国际化发展的过去和现在，提出如下几点思考：我国高校应从培养学生的国际化视野与全球性竞争意识、大力发展留学生教育、积极与国外高水平大学进行交流与合作、引进国际教育资源和探索中外合作办学新模式等几个方面着手提升我国高校的国际化水平	不合格	摘要缺乏学理性

注：“√”表示摘要撰写符合选稿要求，具体审稿结果视内文质量而定。

为便于作者更清晰地看出摘要中存在问题的类型和出现的频率，现将《高教探索》100 份样本摘要评价情况统计如下（见表 4 –7）。

表 4 –7 《高教探索》100 份样本摘要评价情况统计

样本数/篇	摘要合格数/篇	摘要与主题偏离/篇	摘要无核心观点/篇	摘要观点缺新意/篇	摘要观点不突出/篇	摘要缺乏学理性/篇	摘要行文欠流畅/篇
44	15	1	5	5	13	1	3

注：实际样本数为 44。有 1 篇稿件的审稿意见为摘要观点不突出、摘要行文不流畅，故第一列数据不等于后 7 列数据之和。

从表 4 –6、表 4 –7 可以看出，尽管不少作者选对题，但是仍有大部分作者在摘要撰写方面缺乏钻研或者经验（44 份样本摘要仅有 15 篇为合格，合格率为 34%）。所谓摘要，从字面意思来看即摘抄要点，就是对论文要点的摘抄，英文的 ABSTRACT 也是这个意思。不管是从经验累积的角度考量，还是从实际案例统计分析，在摘要撰写方面，以下六类问题不容忽视。

1. 摘要与主题偏离

摘要是正文的浓缩，而标题是摘要的提炼。摘要与标题在内容上有高度的一致性。摘要与文章标题偏离，反映出作者对论题把握不准，既想写这个方面，又想写另一方面。这样的论文正文往往抓不住重点，每一部分的研究深度都不够。以《父母对大学生就业期望的作用机理研究——基于杭州市高校的调查》一文的摘要为例：

> 就业期望是指大学生对就业的预期。本文对杭州市5所部属高校本科生的调查资料及5个个案深度访谈资料的分析表明，[①] 父母对子女就业的期望与大学生的就业期望之间存在重要差异，但前者对后者有重要影响。大学生的自我就业期望以工作发展前景为主，父母的期望则以薪酬待遇和工作的稳定性为主。大学生就业期望是父母主观愿望的投射，大学生通过对父母期望的内化、融合与修订，最后针对就业期望达成一定程度的共识。[②]

文章的标题为“父母对大学生就业期望的作用机理研究——基于杭州市高校的调查”。从标题判断，文章的主要内容应该是通过问卷调查得出父母如何以及在何种程度上作用于子女的就业期望。摘要内容应包括父母对大学生就业期望产生影响的途径：1，2，3…该摘要舍本逐末，与标题内容完全偏离，从行文上看更像是标题为“父母及其子女的就业期望差异研究”的摘要。

2. 摘要无核心观点

摘要是论文核心观点的集结。而很多作者把该写入引言部分的研究背景、研究的必要性等写进摘要，用不太重要的文字占据了摘要的重要位置。也有作者在摘要写作中用大部分文字描述研究方法和过程，而对应该重点展示的研究结论却只字不提。以上两种现象都是要极力避免的。以《加快大学开放性建设 创建中外合作办学品牌》一文的摘要为例：

> 中外合作办学过程中，开放性建设是重要的议题。[③]我国中外合作办学不合理的发展速度导致了很多问题的出现，纵观这些问题可以得出其主要原因之一是品牌意识的缺乏。[④]对中外合作办学进行品牌建设这一问题进行思考后，运用层次分析法对其中涉及的要素进行分析研究，

---

① 在摘要中指出研究方法。

② 该部分是本摘要的主要结论：父母与子女对就业期望的差异；大学生通过自我调整，使自己的就业期望与父母的达成部分共识。

③ 指出开放性建设的重要性。

④ 表明我国中外合作办学品牌意识缺乏的观点。

筛选出关键要素，并对这些关键要素进行整合运用，进行中外合作办学品牌的创立。①

该摘要指出了合作办学过程中开放性建设的重要性和品牌意识的缺乏，表明了论文的主要研究方法——层次分析法，进而得出通过整合涉及品牌建设中的关键要素创立中外合作办学的品牌。该摘要相对于论文标题过于抽象，应在摘要中指出如何加快大学开放性建设，影响中外合作办学品牌的因素有哪些，并在大学开放性建设与创建中外合作办学品牌之间建立一定的关系。

3. 摘要观点缺新意

摘要应呈现论文的主要观点，尤其是新颖的观点。读者往往根据一篇文章的摘要中体现的观点决定是否需要阅读全文的。如果摘要中的观点缺乏新意，那么读者就会推定论文正文也是老生常谈，进而舍弃该论文。所以，一定要在摘要中体现论文的精华。当然，这是以整体论文的创新为基础的。以《工学结合背景下的教学团队建设研究》一文的摘要为例：

高职工学结合人才培养模式改革背景下对高职院校专业教学团队建设提出了新要求。②我院③专业教学团队在工学结合教学改革中，确定专业教学团队建设总体目标，以校企合作为平台，以工学结合项目为载体开展专业教学团队建设实践，④全校专业教学团队整体实力有了显著提升。⑤

首先，在摘要中无须论述选题的重要性或者必要性。其次，教学团队建设需要相应的目标、平台、载体是人所公知的。以此内容作为整篇文章的核心观点会让读者认为作者只是泛泛而谈，并没有提出新的观点。《高教探索》是全国中文核心期刊、CSSCI 来源期刊，对来稿的创新性方面要求较高。若摘要缺乏新观点，是无法脱颖而出的。

4. 摘要观点不突出

从某种程度上看，摘要观点不突出所犯的错比上文的摘要无核心观点要小。前者在摘要中体现了部分或者浅表层的研究结论，但是没有对结论做更为直接的、全面的展示。有人可能说这需要大量的笔墨，其实不然。概括能力本身就是学者应熟练运用的基本功之一。说明一个论题的论证仅需 250 ~

① 陈述研究方法，通过该方法直接得出创立中外合作办学品牌的结论。

② 指出研究的必要性。

③ 应避免使用第一人称代词，否则有为某单位做广告之嫌。

④ 指出教学团队建设的目标、平台、载体。

⑤ 摘要的结论。

500字足够了。以《学生视角下的高职教师胜任力现状研究》一文的摘要为例：

高职教师胜任力的发展程度极大地影响到高等职业教育质量，而学生与教师的关系最密切，对教师队伍整体素质的反映最真实。[①]本文对陕西省6所高职院校400余名在校生开展问卷调查，从学生视域了解高职教师胜任力的发展状况。[②]根据调查结果结合实证分析，发现当前高职教师胜任力发展的现状不容乐观，针对存在的问题，[③]本文探讨从四个路径来提升高职教师胜任力的发展水平。[④]

摘要表达了作者的相关观点，但是不够具体。读者关注的是作者通过实证调查发现了什么，1，2，3…而不是简单的“不容乐观”和“存在问题”。与此同时，作者需在摘要中补充提升高职教师胜任力的四个路径——一则吸引读者，二则使摘要内容平衡而饱满。

5．摘要行文欠流畅

行文流畅是基础教育应该解决的问题。然而，到了研究生之后的阶段，这个问题还是不得不强调。行文流畅关系到语义表述的准确性，关系到读者是否选择继续读下去。撰写摘要时要注意两点：一是长句的使用注意连接词，标点符号也要高度重视，同时注意删除语义重复的修饰词。二是动宾结构的句式要注意词语的搭配。以《我国大学科技园发展的制度保障体系研究》一文的摘要为例：

大学科技园对提高我国技术创新能力、促进经济跨越式发展、提高国际竞争力[⑤]具有重要的战略意义[⑥]。但其不完善制度保障体系[⑦]严重制约了大学科技园发挥的功能[⑧]。因此，政府加强建立健全[⑨]大学科技园发展中的金融、税收、外贸、关税、人才等法律、优惠政策与措施，是[⑩]实现大学科技园可持续发展的重要制度保障。

---

① 从学生视角评价高职教师胜任力有合理性。

② 研究样本和方法。

③ 调查结果。

④ 由调查结果得出的分析。

⑤ 作者可能要使用排比句，去掉“我国”使语句更工整。

⑥ “重要”和“战略意义”语义重复。

⑦ 应该是“其不完善的制度保障体系”

⑧ 改为“功能的发挥”。

⑨ 改为“应建立健全”。

⑩ 改为“以”使句子前后连贯。

论文之所以需要摘要，就是为了把作者的核心观点第一时间以凝练的方式呈现在读者面前。这不仅需要抽象的概括能力，也体现作者的文字驾驭水平——需要将概括的内容以可读、易读的方式呈现出来。若摘要读起来就磕磕碰碰，作者的写作能力和科研能力基本就被否定了。

6. 摘要缺乏学理性

摘要是作者文字表达能力的集中体现。这种表达能力不仅体现行文语言流畅，更有使用学术语言的要求。学术语言不是晦涩难懂的语言，是精准、客观的文字表述。专业文章写得很有专业水平，以至让非专业人员也能够读懂，这样的文章就是编辑部寻找的文章。以《高等学校国际化建设方略——基于日本的经验》一文的摘要为例：

> 国际化建设对提高一所大学的整体水平有很大的促进作用。本文以我在日本学习的一年的经验为基础①，对比了中日高等教育国际化发展的过去和现在②，提出如下几点思考③：我国高校应从培养学生的国际化视野与全球性竞争意识、大力发展留学生教育、积极与国外高水平大学进行交流与合作、引进国际教育资源和探索中外合作办学新模式等几个方面着手提升我国高校的国际化水平。

学术语言是表述严格、科学，用词专业、准确，不容易产生歧义的一种书面语言。语言表达是一门艺术，同样的内容，不同风格的表述会达到不同的效果，或粗俗不堪，或通俗易懂，或简洁而精确。该摘要突出的表述问题就是学术语言生活化，易使读者产生误解——这是学习经验交流会的发言稿，不是基于某一问题的学术研究成果。

四、100 份样本审稿结果

（一）评价稿件内容的三个维度

中国编辑学会编著的《出版专业实务》（2007 版）提出：“对稿件内容质量进行把关并作出评价，是审稿工作最为基本的内容。审读各种稿件时，都应该从政治性、思想性、科学性、知识性和独创性方面对稿件的内容质量加以衡量和评估。”④ 这是对稿件质量的概括性要求。郑一奇对编辑和作者看

---

① 学术论文中应避免使用此类词语。

② 口语化表述，建议改为“历史和现状”。

③ 学术论文中应避免使用此类词语。

④ 中国编辑学会，全国出版专业职业资格考试办公室. 出版专业实务：中级[M]. 上海：上海辞书出版社，2007：48.

待论文的角度进行过这样的对比："编辑审稿是代表出版社、编辑部，以独立审稿眼光、客观的社会评价尺度、第一读者的角度来审视评价书稿。审稿具有客观的、社会的、职业的、商业的角度。具有一定的独立性、客观性。而作者往往从主观的、个人偏好的、自我欣赏的、纯学问的角度评价书稿。两者审读的尺度、评价体系也是不同的，有互补性。"①

编辑在评价稿件时，由表及里从以下三个维度"审查"论文：

（1）形式的维度。形式的维度主要指论文的表现形式（主要指排版方面的要求），即符合期刊对论文格式的要求，往往包括标题，作者简介，基金项目，摘要，关键词，一、二级标题字体字号，正文字体字号，图表排版，参考文献排版；等等。对于这一维度的关注，不同的编辑有不同的标准。有的编辑部规定不符合格式的论文不予评审，有的则在形式方面无特别要求，仅对通过审稿的论文提出格式要求。

（2）内容的维度。内容的维度包括专业性和学术性。任何编辑部都有具体的覆盖范围，即要求作者的论文是专业内的或者领域内的。在符合专业性的前提下，编辑部对论文的学术性提出要求，往往有科学性、创新性等。科学是相对常识而言的，表明在层次上高于常识。同时，科学是和合理相联系的，包含了正确性方面的内容。创新是学术论文必备的条件。学术期刊的版面是属于学术共同体的，毫无创新的论文浪费了学术共同体的资源和时间。

（3）意识形态的维度。这一维度包括法律的维度和舆论导向的维度。中国的法律体系和机制在不断的完善过程中，读者及作者的法律意识日益增强，法律问题不仅出现频繁且关注度高。对稿件涉及的法律问题，我国出版方面的政策法规有十分明确的规定。如国务院颁布的《出版管理条例》中，对出版物禁止包含的内容做了非常详细的规定。对于这些涉及明文规定的法律条文的内容，编辑在审稿时稍加留意，通常不会有太大的问题。而对于涉及伦理、道德、导向等内容的稿件，编辑则要保持警惕。尤其当遇到学术不端行为时，编辑稍微不慎就会让出版单位惹上官司。②编辑评审学术论文时要格外注意合理引用方面的问题，要辨别哪些是合理的——属于正常引用，哪些是不合理的——属于抄袭剽窃。这对编辑的编校水平与学术鉴别能力是一大考验，也对学术职业者的学术伦理提出要求。

杂志社和编辑部属于出版单位，往往是某些主管部门的"喉舌"。其在开展学术成果传播，推动科技发展过程中，都会体现自身的舆论引导作用。舆论引导，是一种运用舆论操纵人们的意识，引导人们的意向，从而控制人

① 郑一奇．编辑的悟性［M］．北京：首都师范大学出版社，2009：101.

② 李振荣．论编辑评价稿件的四个维度［J］．出版科学，2012（3）：45－48.

们的行为，使他们按照社会管理者制定的路线、方针、规章从事社会活动的传播行为。比如克隆技术，它是科学研究的成果，但是将这一成果公开传播涉及严重的伦理问题，对其公开意味着赞成这一技术的实际应用。所以，对于敏感的，涉及伦理、政治的论题编辑部的态度是审慎的。

（二）典型稿件分析

在审读100篇样本论文的过程中，有这样一篇兼具典型性和代表性的文章——《驯化与自缚——论党委领导下的校长负责制的政治意蕴》。该文章对党委领导下的校长负责制的负面作用做了详细剖析，初看属于不同观点的学术争鸣。该篇文章内容充实、论点明确、论据充分、概念严谨、逻辑严密、层次清晰，一路走到复审通过。然而，在终审过程中，这篇文章被重点讨论。从文章标题看，真的是党委的领导“捆绑”和“驯服”了校长的行为吗？党委领导下的校长负责制是对实践起消极作用的制度？

从国家法律、党内法规到教育改革发展规划都对高校内部领导体制做出明确规定，实行党委领导下的校长负责制体现了党的主张和国家意志。《中华人民共和国高等教育法》第三十九条规定：“国家举办的高等学校实行中国共产党高等学校基层委员会领导下的校长负责制。”新修订的《中国共产党普通高等学校基层组织工作条例》第三条规定：“高等学校实行党委领导下的校长负责制。”2010年颁布的《国家中长期教育改革和发展规划纲要(2010—2020年)》把“完善中国特色的现代大学制度”作为高等教育改革的重要任务，进一步提出“公办高等学校要坚持和完善党委领导下的校长负责制。健全议事规则与决策程序，依法落实党委、校长职权”。

作者在论文中反映出一些实践操作中的问题——部分高校党委干涉高校行政过多，导致校长管理高校时束手束脚。但是，党委领导下的校长负责制的主流是对高校发展起护航和促进作用。

应该重视学术争鸣还是舆论引导？这个问题摆在《高教探索》编辑部面前。编辑部的态度是：

（1）党委领导下的校长负责制坚决不动摇。

（2）党委领导下的校长负责制需更健康的运行。

该文通过复审，审稿意见为修改后刊用。具体意见为某些表述过于尖锐。2013年1月23日，经过作者数月的修改，作者提交了修改稿。

该文通过2013年第2期的稿件复审，具体意见为对老问题的讨论进行了深化。但未通过终审，原因有三：（1）主题：党委领导的功能是“驯服校长”；（2）论述高校领导的历史演变占了90%篇幅，真知灼见很少；（3）该文是老主题，但很敏感，不用也罢。

（三）100 份样本审稿结果

表 4－8 《高教探索》100 份样本审稿结果

（注：为节约篇幅，此表仅列出选题、关键词、摘要评价为合格的文章，实际样本数为 15）

序号	文章标题	摘　要	评审意见
1	论一流大学本科人才培养模式改革	人才培养模式改革，既是一个重大的理论命题，也是一个具有较强实践性的命题。培养目标要聚焦精英人才，专业建设立足本土、放眼国际，教学内容不断更新，课程体系得以优化，教学方式突出研究性，教学过程关注实践性与国际性，教改实验聚焦创新人才培养。同时，要进一步明确培养目标，扩大专业选择空间，关注课程体系的梯度与联系，教学方法和教学方式凸显个性化与探究性	不刊用 研究深度不够
10	大学毕业生社会性策略与早期职业生活适应的实证研究	基于 3 年跨度的纵向研究，以江西高校毕业生为研究群体，根据 LGC 和 Mplus 统计软件进行数据分析和建模，研究表明，社会积极型策略与职业倦怠呈正相关，社会回避型策略则呈负相关；社会积极型策略与职业倦怠呈正相关，社会回避型策略则呈现负相关，从而有效地论证了大学毕业生社会性策略与早期职业生活的关系	不刊用 研究深度不够
14	论院校协作型专业学习共同体	在传统的教师教育中，大学职前教育与学校在职教育的分离是教师专业化裹足不前的根源。它一方面削弱了教师专业发展的有效性，另一方面动摇着教师工作的专业地位。20 世纪末期以来，伴随着互惠性院校协作呼声的日渐高涨和专业发展学校的学习化转型，“院校协作型专业学习共同体”正在成为促进教师专业成长的有效路径。学习为本的愿景体系、互惠性专业学习团队、实践知识的学习与创造、整合式专业学习路径是“院校协作型专业学习共同体”的基本属性。确立“大教师教育观”，开展互惠型协作学习，实施共享型领导学习是“院校协作型专业学习共同体”得以长期发挥作用的重要保障。批判地借鉴“院校协作型专业学习共同体”的理念和做法有利于让“能者做事，学者教书”成为未来我国教师的专业形象	修改后刊用 “院校协作”一词容易产生误解，建议修改为更准确的表达。文章要明确：中小学与高校伙伴关系，着眼于教师专业发展和国外的发展状况与讨论

续上表

序号	文章标题	摘要	评审意见
15	基于校本的高校成人教师专业发展制度研究	任何教师的专业发展都是在一定的制度环境中进行，但现行的高校教师专业发展制度对成人教师专业发展的支持却显得力有不逮，制度建设理论基础单一，制度环境失衡，制度文本不够完善。为给成人教师提供专业发展可持续的动力与保障，高校有必要拓宽教师专业发展制度建设的理论基础，营造成人教师良好的专业发展环境，完善专业发展的制度文本，采取切实有效的评价与激励措施，更好地激发成人教师的发展潜能	不刊用 内容缺乏新意
22	“县校合作”式协同创新：高职教育“下移”发展简论	贯彻落实以协同创新为核心的第三个重要国家战略“2011 计划”，高职教育大有可为。要以高端技能型专门人才培养为宗旨，以“以生存空间换取发展空间”为政策取向，以“平行”稳固为前提和基础，以“县校合作”式协同创新为核心内容和突破口，通过“下移”拓展来实现“上移”提升的发展	修改后刊用 标题建议改为“县校合作”式协同创新视角下的高职教育：“下移”发展； 一、二级标题最好修正一下，使之更符合逻辑
25	研究生心理危机干预对策分析	高校研究生的心理危机产生有复杂的原因。其原因包括人际关系紧张、婚恋问题、学业压力、经济问题等。构建研究生心理危机干预体系，改善学习条件和学习环境，加强心理危机干预队伍的建设等可以有效缓解研究生的心理危机	不刊用 结构不甚合理 文字表达欠缺
41	区分性高校教师绩效管理研究	我国现行高校教师绩效管理存在很强的“区分性缺失”问题，不利于高校教师的专业成长。文章以从教时间、心理成熟度和专业成熟度三个维度将高校教师区分为新手型、适应型、成熟型、专家型和问题型 5 种高校教师绩效评价类型，并阐释这 5 种高校教师绩效评价类型的动态转化过程，同时构建了区分性的高校教师绩效评价主体和评价模式	不刊用 结构不甚合理

续上表

序号	文章标题	摘要	评审意见
44	职业者·事业者·专业者·生活者	新升格的高职高专院校要尽快实现学校战略重心的转变，关键在于必须在以人为本、以师为本的理念下，学校管理要高度重视并充分发挥每一位教师的主动性和潜能，使作为职业者的教师，充分感受到从教的尊严感和荣誉感，使作为事业者的教师，充分体验到从教的归属感和责任感，使作为专业者的教师，充分实现到从教的自信感和成就感，使作为生活者的教师，充分享受到从教的安全感和幸福感	不刊用 结构不甚合理
46	高校校友捐赠影响因素实证研究——基于对清华大学校友的调研	本研究基于对 2 386 名清华大学校友大规模的问卷调查，对校友捐赠的影响因素进行研究。将影响因素分为学校的因素、个体的因素和在校经历三个方面。研究表明，对学校的文化越认同，越愿意为母校提供捐赠。对学校教育满意度越高，越愿意为母校提供捐赠。入学年越晚的年轻校友越愿意为母校提供捐赠。研究建议，要继续做好校友工作，加强与校友的联络。加强对年轻校友的培养、关注和募捐。加强对来自企业的校友进行关注	可刊用
69	民国时期教会大学的“科学辅教”问题	教会学校重视科学课程，是出于“科学传授”和“学术辅教”等布教方式的需要，拉近宗教和科学的距离，借科学为宗教造势无疑是初衷。科学课程在客观上顺应了教育发展的进步趋势；彰显了能力训练的教育取向；助益了科学精神的悄然养成；启发了崇尚理性的独立品格。科学以事实为基础、依靠实证说理的特性，使学生因科学方法、文学技巧、历史批判等“知识作用离宗教而独立”	不刊用 结构不甚合理 （第一部分应提供更全面的事实材料，包括在中教会大学的较详细的课程计划等）

续上表

序号	文章标题	摘要	评审意见
81	高校师范生师德素养与认知的调查研究	在教师教育一体化的背景下，加强师德教育职前养成的前提是摸清师范生的师德素养与认知状况。通过对师范生的抽样调查发现，在师德理想教育上，师范生有着强烈的认同感。但当认知与行为发生冲突时，师范生往往缺乏合乎社会道德准则的价值判断。其根源在于教师职业生涯规划的缺位。鉴于此，让师范生做好职业生涯规划应成为师德教育的起点，其次通过具有强烈冲突的实践性师德教育让学生形成更稳固、更持久的师德价值观	不刊用 内容缺乏新意
87	高校重点学科项目建设障碍分析及其管理策略	高校重点学科的建设正面临着学科生态建构失衡、学科发展违背规律、学科精神缺乏传承等障碍因素，带来了教育资源的高投入和低产出等一系列问题。借鉴国外高等教育发达国家的高等教育投资管理经验，本文提出相应的管理策略，包括：（1）倡导投入产出的学科生态平衡，分类立项，错位竞争；（2）顺应开放自由的学科发展规律，学术主导，科学发展；（3）培育特色鲜明的学科传承精神，凝练方向，团队创新	不刊用 内容缺乏新意
91	驯化与自缚——论党委领导下的校长负责制的政治意蕴	高等学校的领导体制是中国共产党执政制度的一部分，它的建构是围绕着对校长权力进行有效规制这一主线展开的，党委领导下的校长负责制与现阶段的中国国情具有高度的适应性。党委领导下的校长负责制通过扩张组织的力量，限制和削弱校长的权能，用组织驯服个人，实现了党对高等学校的领导，但这种体制下，校长的权能不足，既无法充分发挥才能，又缺乏足够的动力推行改革，高校的人才培养和创新能力因而受到很大的限制。高校领导体制关乎执政党的根本利益，现行政治体制几乎没有为高校领导体制的改革预留出足够的空间，国家政治体制改革不推进，高校领导体制本身无法改革	不刊用 偏离舆论导向

续上表

序号	文章标题	摘要	评审意见
95	文化传承·人格教育·社会感化——林文庆大学责任观的理论与实践解析	探究大学责任的问题，是关乎大学合法性存在的根本问题。林文庆执掌厦门大学校长期间，从文化传承、人格教育及社会感化等方面提出了对于大学责任观的独到见解，并且竭力付诸实践之中。积极地探究林文庆大学责任观的理论见解与实践操作，不仅可以促进学界对于大学职能问题的反思，而且还利于当代大学责任问题实践操作层面上的改进	不刊用 论证不够严谨
99	创业教育效果评估：基于合意性和可行性的分析	通过引入合意性感知和可行性感知两个中介变量，探讨了现阶段高校创业教育对大学生创业意向的影响效应。通过研究发现：创业教育对创业意向有正向影响作用，可行性感知在创业教育与创业意向之间起到部分中介作用，不同类型的创业教育对创业意向影响存在差异。根据模型检验结果，对现有创业教育效果进行了评估，揭示了提高大学生创业意向的可操作化途径，为高校开展创业教育提供了评价工具和对策建议	不刊用 研究深度不够

经过三审程序，最终100份样本中通过审稿的稿件为3篇，2篇为修改后刊用（即基本内容符合选稿要求，需要调整或补充小部分内容），1篇为合格。在稿件内容评价过程中，以下六类问题比较典型：

（1）研究深度不够。学术论文要对选题的内容进行多角度、多方面的剖析、论证和阐释，通常由若干部分构成，各部分之间要有严密的内在逻辑，层层展开，环环相扣，一切围绕中心论点进行。内容上，需要提出问题，深入分析，解决问题。若只提出问题，分析深度不够，或把表象当作原因，得出的结论让读者感觉似曾相识，或有新意但让读者意犹未尽，这种鸡肋式的论文多半会被退回修改或退稿。

（2）内容缺乏新意。来稿中人云亦云的稿件居多，这不是学术研究倡导的方向。应该是人云亦云我不云，老生常谈我不谈。内容缺乏新意的主要原因是作者对研究领域了解不够，对学科发展前沿缺少把握，对已有研究成果占有不够。也有作者因时间精力有限，选题和论证带有随意性。缺乏新意的论文通常是重复率高的论文，在大部分编辑部开始使用学术不端检测系统的情况下，这样的论文可能未进入编辑视野就被淘汰了。

（3）结构不甚合理。论文的结构没有固定的模式。常见的有并列式、递进式、综合式（并列中有递进或递进中有并列）3 种。并列式结构依据事物多角度、多侧面、多因素的特点来安排结构。递进式结构有的由外到内展开论证，先讨论问题的外部，再讨论问题的实质；有的按照时间先后顺序展开，如教育史类的文章；有的按照事物发展的逻辑关系展开。论文核心观点处要深入论证，严谨避重就轻，力求文章结构完整、长短和谐。

（4）论证不够严谨。学术论文的核心是做出论断，因此强调语言的肯定。无论是肯定或否定，都要有依据，应避免使用“大概”、“或许”、“可能是”等过于含糊的词语，否则只能使读者对研究结果的真实性和科学性产生疑虑，进而怀疑论文的价值。在研究成果中，研究数据不精确，计算论证过程缺乏逻辑，部分计算结果有误，对于某些引用断章取义等，都会使编辑对论文的严谨性产生怀疑。

（5）文字表达欠缺。有些论文为了把问题说清楚，作者选用了特别平直、通俗的大白话。论文像一篇讲话稿、发言稿，缺乏学术的严谨性、理论性和深邃性。在学术论文撰写中，还应注意避免语言、句式的欧化。很多学者长期受外语尤其是英语的影响，习惯写很长的句式，并把修饰语和限定语放到句子的后半部分，这样的句式不符合现代汉语的规范，要尽量避免。现在学界存在这种弊端：“把简单的说复杂、把复杂的说得不知所云，甚至用谁都不懂的语言讲谁都明白的事情；生吞活剥国外的学术理论，对一些术语的含义一知半解却强行引用，生搬硬套。这种做法尤不足取。”① 过于平直或华丽的文字都不适用于学术论文。

（6）偏离舆论导向。一方面，学术研究力求价值中立。然而，学术论文是特定的人在特定的历史、文化、知识背景下撰写的。对于价值中立，只能无限接近，而永远达不到。另一方面，学者有学术自由，有相对的言论自由，可以自由的将自己的思想以文字的方式表现出来。然而，编辑却不同。编辑评价稿件的行为，并不是一种个人自发的鉴赏行为，而是代表出版单位——杂志社、期刊编辑部进行的一项活动，具有很强的社会性。稿件的舆论导向是什么，稿件的刊发将会引起什么样的舆论反响，这是编辑不得不考虑的。舆论导向不明或者偏离主导价值观的论文，通常会被“看似保守”的编辑部淘汰。

---

① 赵红玉，陈海燕. 期刊编辑谈学术论文的撰写［J］. 编辑之友，2010（12）：78－79.

小 结

在申稿过程中，论文的形式的重要性层层体现。也就是说，编辑对论文的形式审查决定论文是否能够进入学术审查环节，所以形式的缺陷不仅会导致论文不能通过审稿，而且会使作者遭受得不到学术性修改的建议的损失。同行（专家）审稿的重点尽管是学术性和科学性，但是形式上的不足会引致阅读的困难、造成审稿人的反感或者怀疑，致使审稿专家给出否定性结论；而主编通常会尊重复审的意见，轻易不会改动否定性审稿建议。由此看来，一篇形式上有缺陷的尽管是高水平的论文也有很大可能被弃用。

在论文评审过程中，编辑和审稿专家的关注点依次为论文形式、选题、关键词、摘要、分标题、内文等方面。在大多数情况下，选题、关键词、摘要、分标题等这几个方面有层级关系，即第一个符合审稿要求第二个才具备了被关注的必要性。如何提高论文的被关注度？可以从以下几个方面来把握。

（1）合适的选题和标题是论文发表的“敲门砖”。不管作者的论文多么“内秀”，符合编辑部要求的选题才能进入编辑的视野。从表 4 – 3 可以看出，在选题方面，存在的最大最常见的问题是选题微观，即投稿论文和拟投刊物的投稿要求相去甚远。根据这一结论，建议作者在投稿前仔细研读拟投刊物的来稿须知或者根据刊物的目录页辨析刊物的选题类型、范围，或者致电编辑部询问编辑部的选题范围。比如，哪些刊物主要刊登宏观层面的论文，哪些刊物以微观论文为主；哪些刊物刊登实践性较强的论文，哪些刊物更偏重论文的理论性；等等。

学术论文的标题应该简洁、准确，具备吸引力。这里的吸引力是有度的、合理的。标题党虽然吸引了读者眼球，却引起读者的不悦，让读者产生被欺骗的感觉。其原因就是只考虑了如何吸引读者，不惜夸大和歪曲内容。这是学术论文必须禁止的。

（2）摘要核心的要素是说明论文的结论，摘要中的结论必须明确、具体，不能泛泛而论。① 要确保摘要的“独立性”或“自明性”；尽量避免引用文献、图表和缩写；尽量避免使用化学结构式、数学表达式、角标和希腊文等特殊符号。摘要需充分且必要。充分是指摘要的 250 ~ 500 字可以完全概括论文的核心思想和观点，不遗漏。必要指摘要的内容仅为论文的中心论

① 徐雨衡. 学术论文摘要的写作之道［J］. 出版发行研究，2012（2）：60 – 62.

点，相关概念、背景、发展进程等无须出现在摘要中。摘要字数有限，要用有限的篇幅呈现论文精华，吸引读者的眼球。表述流畅的摘要，会免去读者因语法问题而产生的疲累，也使读者对作者的写作能力产生初步的信任。

（3）关键词是论文核心内容仅次于标题的集中体现。关键词，一般由主题词和自由词组成。主题词为《汉语主题词表》等词表收录的规范词，自由词为其未收录的新学科、新技术中的重要术语。关键词可以是任何中文、英文、数字，或中英文数字的混合体。需要注意的是，不要使用过于宽泛的词做关键词，以免失去检索的作用；避免使用自定的缩略语、缩写字体为关键词，除非是科学界公认的未有缩写字。作者需要凝练出论文中最重要的3～8个词语，以此表达作者在聚合思维方面的能力。关键词的作用一是提示论文内容，二是为检索提供素材。优质的关键词就是能充分发挥其作用的词语。关键词在论文内容提炼方面，要做到充分、必要，不遗漏，不重复。基于检索方面的考虑，关键词要完整，即不能是非通用的简写或所写。同时，关键词必须标注单一的概念，切忌复合概念。“基于概念系统、组合系统和语篇系统的英汉对比教学语法体系建构研究”一文的关键词为：概念系统；组合系统；语篇系统；教学语法。仅看这 4 个关键词，读者无法知晓作者的论文是和英汉对比教学相关的。显然，这 4 个关键词限定得不具体，是复合概念。如果将关键词改为“英汉对比教学；语法体系；建构”，读者一眼就可看出这是一篇有关课堂教育教学语法的论文。

（4）中图分类号是《中国图书资料分类法》对现有学科的分类标志。为了便于检索，部分期刊规定每一篇论文均应编印分类号。一篇跨学科的论文可以编印多个分类号，但主要学科分类号应该放在首位。文献标识码共设 5 种：A—理论与应用研究学术论文（包括综述报告）；B—实用性技术成果报告（科技）、理论学习与实践总结（社科）；C—业务指导与技术管理性文章（包括领导讲话、特约评论等）；D——一般动态性信息（通讯、报道、会议活动、专访等）；E—文件、资料（包括历史资料、统计资料、机构、人物、书刊、知识介绍等）。作者应根据作品的形式合理选用。

（5）引言应该包括且仅包括（即充分且必要）如下内容：首先从研究的问题的背景中论述问题的重要性或必要性，其次对相关研究进行概括和归纳，不仅呈现已有研究的成果，而且分析已有研究的不足，从而顺理成章提出作者准备解决的问题（叙述前人工作的欠缺以强调自己研究的创新时，应慎重且留有余地，避免“首次提出”、“重大发现”等）；最后提出解决问题的理论、思路、方法及预期的效果。引言部分资料应充分，让审稿人认为此问题是必须研究的、重要的。切忌不着边际的铺垫，一则浪费审稿人时间，二则让审稿人对作者的分析能力产生怀疑。同时也要注意文献综述要有罗列，有分析，有血有肉，给审稿人留下作者是有一定研究能力的印象。

（6）分标题通常包括一级标题和二级标题。一级标题和二级标题展现了论文的结构，提示了论文的主要内容，是论文各个部分的统领。分标题不仅展示了论文作者的语言表达能力，而且也表现了作者的逻辑思维能力。分标题不仅应该简洁、和谐、学术气息浓厚，而且要体现论文的创新点。一篇论文全部是创新点的可能性不大，能在前人的基础上有一点点进步就非常难得了。要在显眼的位置——分标题中体现作者的创新部分，让审稿人一眼就能看到论文的与众不同之处。

下面以《区域教育发展的一种战略选择——对南方教育高地的若干认识》（并列式结构）和《从遮蔽到去蔽：教学学术发展的制度分析》（综合式结构）两篇文章的结构为例，供读者学习参考。

《区域教育发展的一种战略选择——对南方教育高地的若干认识》（作者：卢晓中；来源：《高教探索》2012 年第 4 期）一文的结构为并列式，有六个并列的一级标题，分别为：

一、南方教育高地是一个“卓越”的概念
二、南方教育高地是一个“比较”的概念
三、南方教育高地是一个“群体”的概念
四、南方教育高地是一个“中心”的概念
五、南方教育高地是一个“发展”的概念
六、南方教育高地是一个“文化”的概念

《从遮蔽到去蔽：教学学术发展的制度分析》（作者：陈伟，易芬云；来源：《高教探索》2010 年第 4 期）一文为综合式结构，即文章中既有递进式结构，也包含并列式结构。一级标题用汉字一、二、三标明，二级标题用（一）、（二）、（三）标明。该文的结构如下：

一、教学学术遭遇遮蔽的制度表现
（一）学术职务评审及晋升制度：科研之“硬”与教学之“软”
（二）学术奖励制度：科研之“实”与教学之“虚”
（三）学术资源分配制度：科研之“主”与教学之“次”
二、教学学术遭遇遮蔽的制度根源
三、教学学术去蔽的制度设计
（一）教学学术的培育制度设计
（二）教学学术的繁衍制度设计
（三）教学学术的价值认可制度设计

(7) 内文的质量是核心。这个质量要求包括四个方面：一是完整、清晰、和谐的结构。完整是对论文结构最基本的要求，有了完整的结构才有可能有完整的论文。而清晰与和谐是在结构方面提出的更高的要求，前者便于缩短读者把握论文整体内容的时间，后者能给予读者阅读的舒适感受。这两者都起到吸引读者阅读的作用。

二是准确、真实、严谨的论证。学术论文和小说的最大区别就在于前者的论证必须是准确的、真实的、严谨的。论文开篇如果误引了该领域知名学者的成果，那么编辑就会认为论文作者缺乏该领域最基本的知识，进而对整篇论文的含金量大打折扣。基本概念的界定需具备严谨性，尤其是以此概念为分析论证基础的实证论文。同一术语在论文中的前后一致也是编辑关注的，这同样涉及论文的严谨性。

有这样一个案例：投稿作者 A 在论文中提及日本高校教师的退出机制，“日本高校教师如果没有重大刑事犯罪等可以一直工作到退休，基本没有淘汰机制”。在看到这篇文章前不久，编辑阅读过一个关于日本高校教师学术不端治理的实证论文，文中以大量新闻报道证实日本高校对学术不端的处理措施非常严厉，如“东北大学 1 名教授 4 篇学术论文中存在捏造、篡改实验数据，被做惩戒解雇处理”等。前后两篇文章观点完全相反，编辑在核实后发现 A 的论述不实。对于此种缺乏严谨性的论文编辑只好建议作者修改后再投稿。

三是立论要充分。实证论文的施测时间、研究假设、研究样本、问卷选用等基础性内容部分要有理有据，不容怀疑。审稿人审稿是对论文质疑的过程，如果一开始就对论文的科学性有所怀疑，那么很容易先入为主地一路怀疑下去，随着阅读的深入加深这种怀疑的程度，最终给出否定性结论。

学术论文要走出常识。常识和理论是有区别的。比如说，太阳从东边升起，这是每个人都知道的常识，但“地球围绕太阳转”才是反映事物真实性、规律性的理论。“苹果落地”是每一个人都知道的常识，但只有牛顿创造了“万有引力”定律这一理论。学术论文不能违背常识，但应高于常识，是常识的理论化。

四是具备流畅性、理论性和学术性的简洁表述。一些看似不重要的问题往往会动摇编辑对论文的“信任”。如语句的错误、逻辑的混乱就会让编辑怀疑作者的写作能力，数据的笔误会让编辑怀疑论证的科学性和准确性；从论文的行文中可以看出作者的科研态度，错别字连连出现、语法错误不断的论文，即使有创新也让人难以置信。编辑最头痛的莫过于看到磕磕巴巴的文字，读则痛苦不已，不读则怕误失“黄金”。表述流畅是基础教育应该解决的问题，然而，到了研究生毕业，这个问题还要重申。曾有一篇医学博士写的教学方面的实证论文，两行一个段落，论文的主要思想都散落在各自独立的文字里，作者对于数据的分析也让编辑不知所云。在无奈下，编辑请作者通读全文进行修改，改完之后请一个高中生看看是否可以明白主要内容。流畅是论文表述的基本要求，流畅基础上的理论性和学术性要求是针对学术论文提出的，过于平直或华丽的文字都不适用于学术论文，有学术气息的理论性强的表述才能加深编辑对论文的印象。“研究成果在没有让人一见就眼睛发亮的情况下，论文内容组织的逻辑性和表达的清晰程度往往会直接影响论文的命运。”①

强烈建议作者，能够一句话表达清楚的不要用两句话表达，能够用简单句的地方不要用长句。要知道，期刊的版面不仅是出版单位的，也是科学共同体的。修炼自己的中文水平，避免中文论文中体现英文的语法及生硬的表述。在看过的论文中，除过论文无新意、逻辑不清楚外，大多数论文是因语言表达不够严密或者难以理解而影响评审结论的。

（8）学术研究中，所占有资料的程度不同，写出的论文的“分量”也就不同。学术资料根据其表现形式，可以分为文献资料、实物资料和口述资料；根据资料价值不同，可以分为第一手资料（如原始文件、档案、信函、日记、回忆录、照片、文物古籍、实物等）和第二手资料（如已经公开发表的论文和著作）。

第一手资料就是原来的或该事件（或活动）的首次记录，是事件的实际目击者或参与者所经历的。第二手资料是至少一次以上被援引的关于该事件的叙述。其主要区别在于：第一手资料就是持资料的人是最先接触该资料的，而且资料具有高度保密性；第二手资料，也就经过转手的资料，知情人多，远不如第一手资料宝贵，也不具保密性。通常情况下，第一手资料比第二手资料可信。所以，在使用参考资料时，尽可能使用第一手资料，以显示研究的“分量”。

关于著录参考文献的意义和作用，已有众多同仁做过比较详尽的论述，陈浩元将其归纳如下②：①体现科学文化的继承性和发展历史；②尊重和保护他人的著作权；③精练文字，缩短篇幅；④便于编辑人员和审稿专家准确评价论著的学术、技术水平；⑤方便读者快速、准确地找到引用信息的出处，达到信息资源共享；⑥通过引文分析对期刊的学术影响力（应用总被引

---

①　赵大良．科研论文写作新解——以主编和审稿人的视角［M］．西安：西安交通大学出版社，2011：86.

②　陈浩元．文后参考文献的著录规则［EB/OL］．http://www.cujs.com/web/chy/index.html.

频次、影响因子、即年指标、他引率等数据衡量）做出客观公平的评价；⑦有助于建立科学公正的国家科学技术评价平台和社会科学评价平台；⑧促进科技情报和文献计量学的研究，推动该学科的发展。参考文献是科学研究的起点和基础，也是论著的重要组成部分。然而，对于著录文后参考文献的意义和作用，相当多的著者和编辑认识得很不够，具体表现是不太重视文献著录，在著录中存在诸多问题。

现行有效的关于参考文献著录的国家标准为从 2005 年 10 月 1 日实施的 GB/T 7714—2005。这 一个标准是最通用的基础性标准之一，适用于各个学科、各种类型的出版物。

参考文献的引用的合理、充分、必要，是学术期刊审稿时的评价标准之一。文献引用的数量和质量也是国际上评价学术期刊水平高低的一项指标。这一点通常为初级学术职业者忽视——随意标引或省略参考文献。对待参考文献的态度反映了作者对待科研的态度，反映了一个人对学术的敬畏。

参考文献不仅映充分、必要、合理，其位置也会成为审稿标准之一。通常在引言部分作者需要对前人的成果进行总结，将自己的成果建立在前人成果之上。而结论或者论文最后一部分的大量引用则会引起审稿人怀疑——作者是用来比较自己的研究成果，还是论文本身缺乏创新。

特别指出的是自引的问题。对于自引，完全杜绝则使自己的研究没有根基，让审稿人认为作者是开展新的研究方向；过多自引，则影响审稿人的评价，会引起刻意扩大自身影响力的猜疑。对于自引，作者只需遵循科学精神，坦坦荡荡，以平常心对待。

综上所述，社科期刊论文结构和受关注度可以总结如下图：

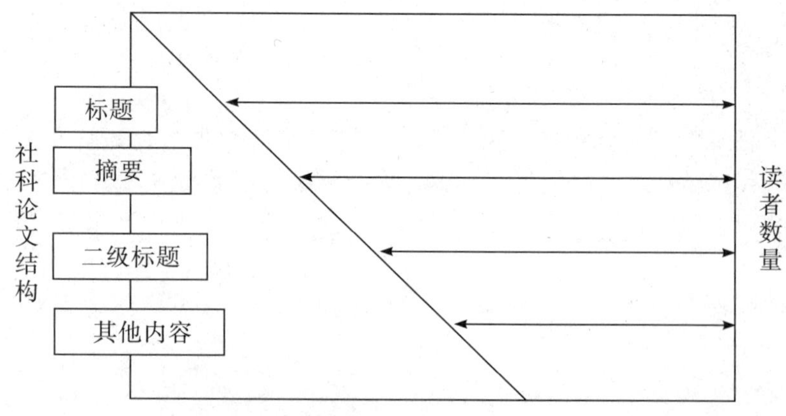

图 4－6　社科论文结构与读者关注度

第三节 自然科学期刊审稿内容及标准

——基于三位自然科学核心期刊编辑（审）的调查

自然科学期刊和社会科学期刊在审稿程序及标准上有很多共同之处。本人虽然有8年的自然科学学习背景，却没有自然科学期刊编辑部的从业经历，无法如上一节那样从众多自然来稿的审理中总结分析出审稿标准和流程。困境和出路往往是并存的。在一条道路受阻的时候往往有另外一条路就在不远处。本节选取三位有代表性的编辑（审），对他们开展问卷调查和访谈，从另一个视角获取审稿程序及标准的相关信息。将本节的研究方法与第二节的列举法相结合，读者可以多角度的看待审稿问题，进而对审稿内容和标准获得更全面的把握。

一、研究对象及组织形式

调查对象有三位，按照调查时间先后将其称为A、B、C。A为广州市某应用型核心期刊责任编辑，中级职称，任职时间6年，年龄31岁。B为广州市某医学刊物（核心期刊）编辑，编审，任职时间19年，年龄41岁。C为广州市某自然科学学报（核心期刊）编辑，副编审，任职时间7年，年龄40岁。在问卷收集完毕后，针对问卷中个别表述不清楚的问题做了进一步访谈。

问卷内容主要如下：

（1）请简要概括您所在的编辑部的审稿程序？是否有三审程序之外的特殊程序？

（2）请问您所在编辑部的一审由何职务的人员担任？一审主要审查文章的哪些内容？审查标准如何？一审不合格的稿件将如何处理？

（3）请问您所在编辑部的二审由何职务的人员担任？如果是同行审稿，请您简要介绍他们的工作单位类型、职称和职务特征。二审主要审查文章的哪些内容？审查标准如何？二审不合格的稿件将如何处理？

（4）请问您所在编辑部的三审由何职务的人员担任？三审主要审查文章的哪些内容？审查标准如何？三审不合格的稿件将如何处理？

（5）请问您认为什么样的论文最适合在贵刊发表？这种论文在内容和形式上有何特征？

(6) 请问什么样的论文会对您阅读论文产生负面影响?

二、调查结果

调查的三位编辑（审）给了较为概括的回答。虽然三位都是自然科学期刊（核心刊物）的编辑，但是每个人的回答有所侧重，内容也不同。三位编辑（审）的答卷如下：

A

(1) 请简要概括您所在的编辑部的审稿程序？是否有三审程序之外的特殊程序？

我刊现在实行的是三审＋外审制度，所有的稿件均在审稿过程中增加了外审的环节。

(2) 请问您所在编辑部的一审由何职务的人员担任？一审主要审查文章的哪些内容？审查标准如何？一审不合格的稿件将如何处理？

一审主要由责任编辑来担任，主要核查文章方法的重复率、创新性及学术性等，核查标准以与已有文献不存在相似的研究方法，综述类文章相似度不高于15%，一审不合格的稿件将会告知作者退稿。

(3) 请问您所在编辑部的二审由何职务的人员担任？如果是同行审稿，请您简要介绍他们的工作单位类型、职称和职务特征。二审主要审查文章的哪些内容？审查标准如何？二审不合格的稿件将如何处理？

二审由编辑部主任或副编审来担任，暂时没有实行同行审稿的情况。二审主要核查初审的审稿意见和结论，针对不同的稿件提出更多的看法及意见，二审不合格的稿件同样会被退稿，有部分稿件满足创新性及学术性的会退修给作者修改后再审。

(4) 请问您所在编辑部的三审由何职务的人员担任？三审主要审查文章的哪些内容？审查标准如何？三审不合格的稿件将如何处理？

三审主要由我刊的副主编担任，主要审查初审、二审、外审的审稿结论以及作者的修改情况，三审不合格的稿件将会被退稿。

(5) 请问您认为什么样的论文最适合在贵刊发表？这种论文在内容和形式上有何特征？

由于我刊属于学术类期刊，除了稿件的内容需符合我刊研究方向以外，还得在研究内容上具有创新性、学术价值、实用性等要求。在我刊发表的论文一般情况下研究内容比较前沿，写作比较规范，大都具有研究基金的支持。

（6）请问什么样的论文会对您阅读论文产生负面影响？

产生负面影响的论文主要是其写作不佳，或者表述较为混乱，文章逻辑性较差，较难理解的文章。

您的职称：中级　　您的年龄：31　　　您的编辑从业时间：6 年

B

（1）请简要概括您所在的编辑部的审稿程序？是否有三审程序之外的特殊程序？

本部也实行三审一定制，但可能与一般意义不尽一致：首先是编务初审，审查稿件的格式和是否重复发表（抄袭）等。其次是编辑审稿，对稿件内容做初步判断。通过者由两位编外同行专家背靠背外审。通过者再由主编定稿。这里没有编辑部主任审稿。

（2）请问您所在编辑部的一审由何职务的人员担任？一审主要审查文章的哪些内容？审查标准如何？一审不合格的稿件将如何处理？

一审由编务处理，主要审查稿件的文字重复性，以数据库的检测为准，重复文字 >20% 就退稿。也可以认为，这一关不算初审，只是检测文字重复率，因此，一审编辑审查稿件的格式与初步审查稿件内容，如仅是格式问题，可以先送外审，如内容较差，则退稿；如内容尚可，则送外审。审查标准定为：先进、科学、实用。

（3）请问您所在编辑部的二审由何职务的人员担任？如果是同行审稿，请您简要介绍他们的工作单位类型、职称和职务特征。二审主要审查文章的哪些内容？审查标准如何？二审不合格的稿件将如何处理？

二审由外部的同行专家担任，同时请两位外审专家。一般要求“211 工程”高校的副高职称以上同行专家，职务不规定。二审则审查稿件的先进性、逻辑性和实用性等，也会审查其是否重复发表等。审查标准也是定性的，就是以上所说的几个方面，由专家把握。两位专家都同意发表者可送主编定稿，都不同意则退稿，意见相左者可考虑送第三位专家或由编辑依情况决定退稿。如是修改后再审，则由作者修改后再送专家复审，依复审结果再决定下一步处理。

（4）请问您所在编辑部的三审由何职务的人员担任？三审主要审查文章的哪些内容？审查标准如何？三审不合格的稿件将如何处理？

三审由主编担任，进一步审查文章存在的问题，如发现有外审专家遗漏的重大问题，则退稿。如有小问题，则可修改后发表。

（5）请问您认为什么样的论文最适合在贵刊发表？这种论文在内容和形式上有何特征？

原创性论文，且结论科学、没有夸大，对医学研究或临床工作有一定指导意义。没有特殊形式，内容侧重西医基础与临床。

（6）请问什么样的论文会对您阅读论文产生负面影响？

语句不通，有错别字，或目的交代不清者。

您的职称：编审　　您的年龄：41　　您的编辑从业时间：19 年

C

（1）请简要概括您所在的编辑部的审稿程序？是否有三审程序之外的特殊程序？

①编务基本规范检查后入库；②编辑初审；③编辑送专家审；④编辑综合专家意见给出审稿意见后送副主编审；⑤副主编审后送主编终审。

（2）请问您所在编辑部的一审由何职务的人员担任？一审主要审查文章的哪些内容？审查标准如何？一审不合格的稿件将如何处理？

①一审由编辑担任。

②a. 行文规范；b. 是否有学术不端情况；c. 文章的整体质量。

③标准由编辑把握。

④一审不合格稿件写出退稿意见交副主编复审。

（3）请问您所在编辑部的二审由何职务的人员担任？如果是同行审稿，请您简要介绍他们的工作单位类型、职称和职务特征。二审主要审查文章的哪些内容？审查标准如何？二审不合格的稿件将如何处理？

①同行评议者一般为高校及科研院所的正高职称者；

②文章创新性、先进性、正确性；

③审查标准由同行专家自我把握，编辑部没有引导性意见，意见回来后由编辑综合评定写出审稿意见；

④二审不合格者由编辑写出意见，决定是否再重新送审还是退稿。

（4）请问您所在编辑部的三审由何职务的人员担任？三审主要审查文章的哪些内容？审查标准如何？三审不合格的稿件将如何处理？

①三审由（副）主编担任；

②综合审查编辑及专家意见；

③自我把握；

④重审或退稿。

（5）请问您认为什么样的论文最适合在贵刊发表？这种论文在内容和形式上有何特征？

①具有创新性的研究型论文；

②观点新颖、数据翔实、有重要改进或创造性。

(6) 请问什么样的论文会对您阅读论文产生负面影响？

粗制滥造、抄袭拼凑、炒剩饭、笼统

您的职称：副编审　您的年龄：40　您的编辑从业时间：7 年

三、归纳与分析

（一）审稿过程及标准汇总

三位不同学科的调查对象均对问卷问题进行了回答，虽然语言风格不同，但都从一个角度展现了自然科学期刊审稿的内容及标准。现将三份问卷的内容进行综合，以更明晰的方式呈现给读者（见表 4－9）。

表 4－9　自然科学期刊审稿程序及标准汇总

审稿基本程序	A. 三审＋外审制度，所有的稿件均在审稿过程中增加了外审的环节。 B. 有别于一般的三审一定制：首先是编务初审，审查稿件的格式和是否重复发表（抄袭）等。其次是编辑审稿，对稿件内容做初步判断。通过编辑审稿的论文由两位编外同行专家背靠背外审。通过同行审稿的论文再由主编定稿。这里没有编辑部主任审稿。 C. 审稿程序：（1）编务基本规范检查后入库；（2）编辑初审；（3）编辑送专家审；（4）编辑综合专家意见给出审稿意见后送副主编审；（5）副主编审后送主编终审
一审人员、标准及结果处理	A. 一审主要由责任编辑来担任，主要核查文章方法的重复率、创新性及学术性等，核查标准为与已有文献不存在相似的研究方法，综述类文章相似度不高于 15%，一审不合格的稿件将会告知作者退稿。 B. 一审由编务处理，主要审查稿件的文字重复性，以数据库的检测为准，重复文字 > 20% 就退稿。也可以认为，这一关不算初审，只是检测文字重复率，因此，一审编辑审查稿件的格式与初步审查稿件内容，如仅是格式问题，可以先送外审，如内容较差，则退稿；如内容尚可，则送外审。审查标准定为：先进、科学、实用。 C. 一审由编辑担任；主要审查：a. 行文规范；b. 是否有学术不端情况；c. 文章的整体质量：审稿标准由编辑把握；一审不合格稿件写出退稿意见交副主编复审

续上表

二审人员、标准及结果处理	A. 二审由编辑部主任或副编审来担任，暂时没有实行同行审稿的情况。二审主要核查初审的审稿意见和结论，针对不同的稿件提出更多的看法及意见。二审不合格的稿件同样会被退稿，满足创新性及学术性的部分稿件会退修给作者修改后再审。 B. 二审由外部的同行专家担任（同时请两位外审专家，一般要求“211工程”高校的副高职称以上同行专家，职务方面不做规定），二审审查稿件的先进性、逻辑性和实用性等，也会审查其是否重复发表等。审查标准也是定性的，主要由专家把握。两位专家都同意发表者可送主编定稿，都不同意则退稿，意见相左者可考虑送第三位专家或由编辑依情况决定退稿。如是修改后再审，则由作者修改后再送专家复审，依复审结果再决定下一步处理。 C. 同行评议者一般为高校及科研院所的正高职称者；二审关注文章创新性、先进性、正确性；审查标准由同行专家自我把握，编辑部没有引导性意见，编辑综合评定同行评审意见后写出审稿意见；二审不合格者由编辑写出意见，决定是否再重新送审还是退稿
三审人员、标准及结果处理	A. 三审主要由副主编担任，主要审查初审、二审、外审的审稿结论以及作者的修改情况，三审不合格的稿件将会被退稿。 B. 三审由主编担任，进一步审查文章存在的问题，如发现有外审专家遗漏的重大问题，则退稿。如有小问题，则可修改后发表。 C. 三审由（副）主编担任；三审综合审查编辑及专家意见；审稿标准自我把握；对于不合格稿件重审或退稿
评审偏好	A. 除了稿件的内容需符合期刊研究方向以外，还需在研究内容上具有创新性、学术价值、实用性等要求。一般情况下刊发研究内容比较前沿，写作比较规范的论文，且论文大都具有研究基金的支持。 B. 原创性论文，且结论科学、没有夸大，对医学研究或临床工作有一定指导意义。没有特殊形式，内容侧重西医基础与临床。 C. 具有创新性的研究性论文；观点新颖、数据翔实、有重要改进或创造性都会受到编辑的青睐
评审给出差评的论文特征	A. 产生负面影响的论文主要是其写作不佳，或者表述较为混乱，文章逻辑性较差，较难理解的文章。 B. 语句不通，有错别字，或目的交代不清者。 C. 粗制滥造、抄袭拼凑、炒剩饭、笼统

（二）审稿过程及标准分析

1. 审稿程序

综合三份问卷可知，自然科学期刊的审稿程序有相似之处，也有区别。

相同之处：各个编辑部均按照出版管理条例执行三审程序。在三审的基础上各个编辑部增加了对稿件的重复率的筛选程序。可见，在学术不端检测系统推广数年来，期刊编辑部大都利用这一系统对来稿做检测。然而，道高一尺，魔高一丈。软件高手们已经研究了该系统的设计与技术原理，对其进行了详尽的分析。还有网站利用检测软件进行非法检测，在“帮助”论文作者的同时获取丰厚的利润（5 元/万字）。这些网站不仅提供检测，还将总结的降级重复率的方法公开在网站上，对自己的客户进行“售后服务”。故而，重复率筛查的结果是相对的。

不同之处：在三审基础上增加的审稿环节主要有两个：一是在稿件进入初审时增加编务对基本规范和重复发表的检查。不符合基本规范的和高重复率的稿件不能进入审稿系统。对于自然科学期刊来讲，这样可以减轻编辑初审的工作量。对作者而言，遵守论文基本规范成为进入审稿程序的敲门砖。不管作者的论文有多少创新点，不按照规范撰写的论文将被拒之门外。二是在专家外审后增加副主编审稿程序，增强了期刊领导对稿件的把关。这种做法使二审的参与人由审稿专家增至审稿专家加上副主编，增强了二审程序的审稿力度，更高程度地保护了作者的利益，减少了“冤假错案”的发生。这种情况是在期刊编辑部人力资源比较充足的情况下发生的。在杂志社，一个副主编管辖数个期刊，若对二审稿件全部亲力亲为，恐怕要分身乏术了。

在同行交流时，得知有些编辑部的审稿程序比较特别（见图 4－7）。比如《中国组织工程研究》编辑部，该刊在审稿流程中增加了作者的自查，增加了专家审稿的力度，复审后的稿件统一由编委会讨论给出审稿结果。审稿过程中以编委会代替了传统的主编的终审角色。该刊不仅审稿程序有特色，出版流程也别具一格——在编辑部定稿后增加作者校对环节，作者校完签署版权转让协议后即印刷出版。在整个审稿和出版流程中，作者的身份得到更多重视，也承担更多的责任。这种做法增强了作者和编辑的沟通，使作者在理解和学习编校过程中提升论文撰写水平。

2. 审稿过程及标准

（1）一审。

有的编辑部在一审前增加编务预审，主要审查稿件的文字重复率和稿件的规范性。前者以数据库的检测为准，重复文字多于 20% 就退稿。对于稿件

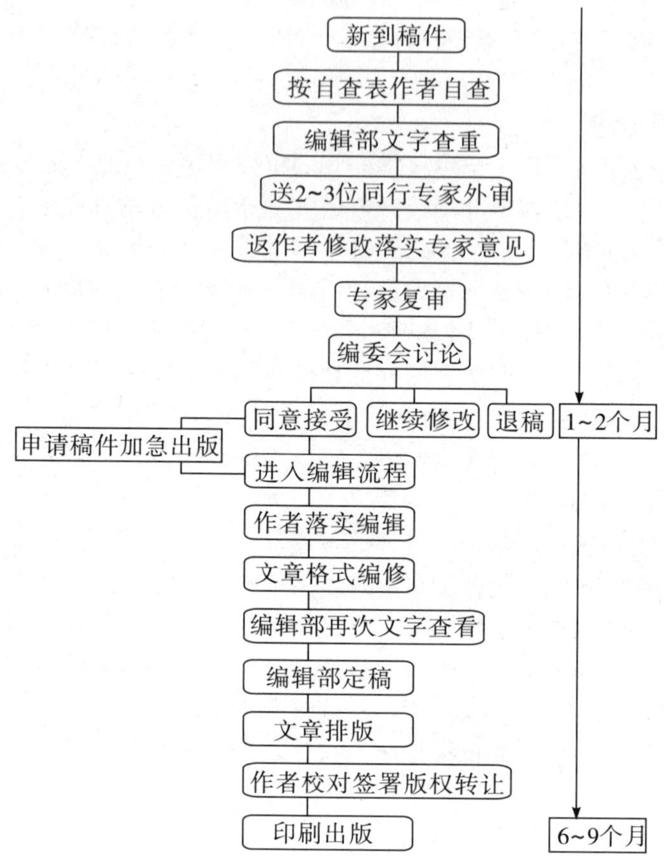

图 4－7 《中国组织工程研究》审稿及出版流程

规范性的审查，主要以编辑部提供的论文模板和来稿须知为参照标准。

一审人员及审核内容、标准：一审主要由责任编辑承担。在目前核心期刊来稿量普遍较大的情况下，责任编辑通过对论文重复率、创新性及学术性等的审查，淘汰半数以上的来稿，有的编辑部约 90% 的稿件被责任编辑贴上退稿的标签，不能进入下一步审稿程序。

对于一审的审查标准，问卷显示的内容比较笼统。在部分应用研究里，主要核查论文是否与已有文献存在相似的研究方法，综述类文章相似度不高于 15% 即退稿。在调查中，有的编辑（审）将一审审查标准定为：先进、科学、实用；有的回答标准由编辑把握。不管是哪一种，一审的标准都是比较概括的，审查的标准取决于编辑的学识，编辑对于该学科的研究和认识，及对稿件内容的吸收程度等。

一审结果处理：一审稿件有三种处理方式，它们分别是：①一审不合格的稿件将会告知作者退稿。这种情况缩短了审稿周期。②在一审的审查稿件的格式与初步审查稿件内容中，如稿件仅存在格式问题，可以先送外审；如内容质量欠缺，则退稿。③一审不合格稿件写出退稿意见交副主编复审。

第一种处理方式赋予责任编辑较大的权力，也是目前常见的做法。其原因主要有两个：一是缩短审稿周期，便于作者尽早改投其他刊物；二是在来稿量大的情况下，减少进入二审环节的稿件数量，使外审专家集中精力审核质量相对更高的论文。第二种处理方式体现了编辑对论文内容的重视，对论文格式不合要求的做了宽容的处理——先送外审。这种做法增加了外审专家的审稿工作量，适合外审专家资源比较充足的编辑部。第三种处理方式是三种方式中最慎重的一种。即便是责任编辑认为不合格的稿件也有机会“见到”副主编，经副主编再次审核确定不合格后才被退稿。这种情况适合副主编仅管理少量期刊或者一个期刊有数名副主编的情况。因为一审不合格的稿件其数量是巨大的，副主编一一审核需要大量的时间。当然，出于对作者负责的态度，这种付出是值得的。

（2）二审。

二审人员：二审通常由编辑部主任或副编审来担任，或者由外部的同行专家担任（同时请两位外审专家，同行评议者一般为高校及科研院所的正高职称者，有的要求是“211 工程”高校的副高职称以上同行专家，职务方面不做规定）。同行评审制度非常重要，对保证文章的质量和准确性，期刊、出版单位的声誉，网站点击率非常重要。大部分作者认为，同行评审制度有助于文章质量和研究的提高，除了指出文章的错漏外，还可以使期刊更加符合读者的阅读水平。而评审专家则必须了解期刊的定位和目标，时间上充裕并可以提出建设性意见。

二审主要核查文章的创新性、正确性、逻辑性和实用性等，也会审查其是否重复发表等。二审会在初审的审稿意见和结论的基础上，针对不同的稿件提出更多的看法及意见。二审审查标准也是定性的，由专家和编辑部主任或副主编把握，编辑部没有引导性意见。二审意见获取后由编辑综合评定写出审稿意见。

二审结果处理：二审不合格的稿件由编辑写出意见，决定是否再重新送审还是退稿；有部分满足创新性及学术性的稿件会反馈给作者修改后再审。两位专家都同意发表的稿件可送主编定稿，都不同意刊发则退稿，如两位审稿专家对某篇稿件意见相左，可考虑送第三位专家或由编辑依情况决定退稿。修改后再审的稿件，由作者修改后再送第一次送审的专家复审，依复审结果再决定下一步的处理方式。相当多的非科学人士认为审稿人是公正的，但事实上，审稿人通常是他们所审查论文的作者的竞争对手，潜在的利益冲突由此出现了。所以，在现实的编辑出版过程中，编辑部发表了大量被审稿人严厉批评为不值得发表的论文，也拒绝了许多获得审稿人高度赞扬的论文。

(3) 三审。

三审人员及审核内容、标准：三审由（副）主编担任，主要审查初审、二审、外审的审稿结论以及作者的修改情况，即综合审查编辑及专家意见。审稿标准也没有成文规定。

三审结果处理：如发现有外审专家遗漏的重大问题，则退稿。如有小问题，则可修改后发表。三审不合格的稿件将会被退稿。从乐观的角度看，一审、二审通过的稿件，被退稿的可能性就比较小了。有些编辑部三审的退稿率是个位数字，三审退稿率高的编辑部的数字也不会超过50%。退稿率低是对一审、二审工作的肯定。即便不幸被退稿，也会收到不少对论文修改有帮助的专家意见。所以，不管如何，能走到三审这一步距离胜利就不算远了。

三审退稿原因分析：①二审审稿专家对单篇论文没有挑出较多毛病，认为可以发表。但三审时与其他稿件在一起评审，经比较后认为其创新性一般，不同意刊登。因此原因被退的三审稿件占多数。②二审时虽然编辑部要求编辑选择专业合适的审稿人，但由于现在学科分化越来越细，即使都是研究房屋建筑的，也会存在对房屋建筑某一方面不熟悉的情况。对于不熟悉的稿件内容，专家一般不会轻易否定，较偏向于给出二审合格的结果。三审时集中多位专家的智慧，研究领域更为全面，并且是集体讨论，能更严格把关，从而淘汰一批不合格的稿件。③还有一种情况常出现在多学科研究中，作者在与期刊研究方向一致的论文中使用了大量的高深数学计算或统计方法，编辑在二审时将论文同时送给学科专家和数学专家/统计专家，因为两位专家都有一部分内容不熟悉甚至不了解，所以不敢妄断，都给出了合格的意见。而三审时，两个学科专家面对面沟通，对稿件内容就会做出更精准的判断。

调查研究的三个自然科学期刊编辑部的审稿通过率分别是15%，25%～30%，30%以上。这些数据比社科期刊要高。这是因为，基础理论性的东西不是仅靠大脑思考就能写出东西的，必须有实验与数据。因此，论文产出比较困难，产出后的东西也相对质量较高。因为做实验需要仪器设备、材料等，需要资金方面的支出，因而自然科学期刊更看重基金论文。而社会科学方面的论文则完全不同，主要靠思想与资料，基本不需实验与调查，很多人“拍拍脑袋”、“做做裁缝”就能拿出一篇论文，所以滥竽充数的较多，审稿通过率就常为个位数。

3．关于审稿标准的讨论

目前，国内自然科学期刊的审稿标准一般都相对简单和抽象。在少有的关于审稿标准的研究中，王秀玲，胡志平在《科技期刊论文编辑初审的量化指标体系》中建议对编辑初审的指标进行量化，设置作者指标为一级指标之一（一级指标还包括学科指标，引用指标）。该文假设作者的文稿质量与其学术水平正相关。这样，从概率的角度考虑，一位高水平作者写出高水平文稿的概率比一位低水平作者写出高水平文稿的概率要高。[①] 而实际上，这一假设难以从实践的角度进行验证，也对新作者和初级学者形成无形中的“歧视”，于学术发展和创新不利。

另外，有学者批评目前国内自然科学期刊的审稿标准相对简单和过于笼统，审稿重点还停留在内容评审上，而大部分稿件的方法学评审一般是穿插在内容评审中的，指出由于尚未被单独列出，所以方法学评审的质量被动地取决于专业审稿人的责任心及其方法学知识素养。该作者以《J Bone Joint Surg Am》为例，探讨了国外医学期刊的审稿标准[②]，这对我国自然科学期刊有一定指导意义（见图4－8）。

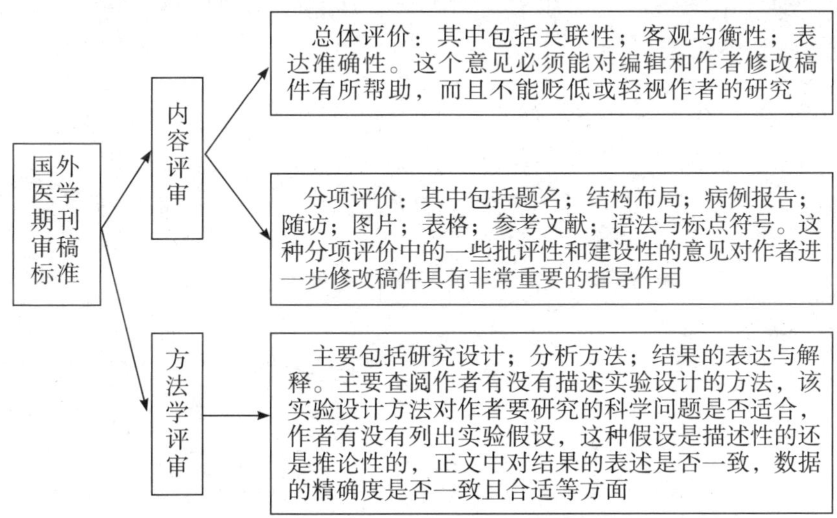

图4－8　国外医学期刊的审稿标准

注：此图根据马英的《国外医学期刊的审稿标准》一文制作。

由《New England Journal of Medicine》《Lancet》《JAMA》等世界一流医学期刊发起成立的国际医学期刊编辑委员会（International Committee of Medical Journal Editors，亦称温哥华小组）起草的《生物医学期刊投稿的统

① 王秀玲，胡志平. 科技期刊论文编辑初审的量化指标体系［J］. 编辑学报，2010（3）：200－201.

② 马英. 国外医学期刊的审稿标准［J］. 编辑学报，2009，21（3）：276－278.

一要求》，其内容主要包括三个方面：（1）与研究实施和报告相关的伦理道德问题；（2）与在生物医学期刊发表论文相关的出版和编辑问题；（3）文稿准备与投稿的技术问题。《生物医学期刊投稿的统一要求》于 1979 年首次发表，之后经过多次补充、修订和更新，逐渐成为全球生物医学领域的研究人员、论文作者、审稿人和期刊编辑，以及与生物医学论文发表相关的其他人员共同遵循的规范。ICMJE 于 2010 年 4 月对《生物医学期刊投稿的统一要求》做了再次更新。这个统一要求成为指导同行评议人全面、客观评价稿件学术质量和发表价值的标准，详见该链接 http://www. icmje. org/manuscript_ a. html。

关于审稿标准的讨论还在进一步完善中。而实践中有些编辑部已经形成了自己的审稿、退稿标准。现将《中国组织工程研究》（Chinese Journal of Tissue Engineering Research）审稿及出版规定列举如下，供读者参考。

例二：《中国组织工程研究》（Chinese Journal of Tissue Engineering Research）审稿及出版规定①

《中国组织工程研究》杂志采用稿件的基本标准：

（1）本刊关注文章实验设计的合理性。

（2）本刊关注文章及实验的科学性和严谨性，使小同行审稿人和阅读者较少或没有质疑。

（3）本刊关注文章撰写的逻辑性，文字表达的准确性，对大同行专家有阅读的魅力。

（4）本刊十分注重文章要有突出与他人他篇的不同之处。

（5）本刊重点要求文章结果应有多层次、多角度、多方位的客观描述，材料方法支持结果。

（6）本刊要求研究原著文章≥6 000 字，参考文献 40 ~ 50 条。

（7）本刊不会因您文章的格式问题而直接退稿，这些问题会在后期修稿程序中解决。

（8）本刊所发表的述评为特邀专家稿件，一般不发表病例报告类文章。

《中国组织工程研究》杂志退稿原因：

（1）文章未重点反映本刊宗旨组织工程的研究方向。

（2）文章学术质量存在一些问题，未达到本刊发稿标准：

---

① 《中国组织工程研究》（Chinese Journal of Tissue Engineering Research）审稿及出版规定［EB/OL］. http://www. crter. org.

①文章论点不清晰。

②文章选题不具有创新性，无区别于他人他篇的特点。

③文章结果不丰富，缺乏支持结论的依据。

（3）文章写作质量存在一些问题，未达到本刊发稿标准：

①文章写作结构不严谨。

②文章内容表述不清晰。

③文字重复率过高。

（4）作者在修改落实专家意见过程中不够认真和全面，没能解决小同行专家对文章提出的较多和较大的质疑。

（5）审稿专家认为文章不适宜在本刊发表。

（6）本刊近期已经发表过相同类型的文章。

与此同时，有些编辑部的投稿指南不仅在论文形式方面的做出规定，而且对论文各部分的内容做出规定，间接体现了编辑部在内容和形式方面的审稿标准，对读者和作者有较高参考价值。

链接：暨南大学学报（自然科学与医学版）投稿指南 http://jnxb. jnu. edu. cn/zrb/CN/column/item105. shtml，该模板不仅对论文格式方面提出要求，更重要的是详细规定每个部分、细节的写作内容和注意事项。这种模板不仅适用于投稿《暨南大学学报》的论文，对投稿其他自然科学期刊的论文也有普适性意义。

4. 评审偏好及建议

什么样的稿件是编辑（审）喜闻乐见的呢？据问卷调查可知，除了稿件的内容需符合办刊方向以外，还必须在研究内容上具有创新性、学术价值、实用性等要求。另外，稿件结论要科学准确、数据翔实，对科学实践有一定指导意义。同时，写作比较规范，有研究基金的支持的稿件也较受欢迎。

建议表述较为混乱、文字逻辑性较差、难以让人理解的文章，错别字较多、语句不通、粗制滥造、抄袭拼凑、炒剩饭、过于宏大而抓不住要害的文章修改后再投稿，因为，即便是作者投了，也不能通过审稿而白白浪费了自己和编辑部的时间。

有些投稿须知明确了期刊选稿的偏好和限制。如《分析测试学报》投稿须知中明确规定[①]：（1）本刊鼓励以下投稿：①分析方法的原创性研究；②

---

① 投稿须知［EB/OL］. http://www. fxcsxb. com/ch/first_ menu. aspx?parent_ id = 2010030192200001.

分析学科的热点研究；③国家鼓励并支持的分析学科项目的连续报道；④食品安全的新技术、新方法研究；⑤高质量的分析学科研究前沿的综述（作者须有较丰富的相关工作经验）。（2）本刊不鼓励以下稿件：①分析方法不具有创新性且研究不够深入的稿件，或者方法虽有创新，但方法整体不如已有文献或无实用意义的稿件；②所研究的方法不能用于实际样品的稿件；③分析对象不同，只是文献方法的简单套用的稿件；④滴定、简单的分光光度法、基础的电分析化学等常规的分析测试的稿件；⑤5 年之内，曾经有过抄袭、剽窃、造假、一稿多投等不端学术行为的作者的稿件。

第五章 参照编校过程 提升论文质量

编校质量关系到期刊和编辑的形象。所以，编辑会将提升自身及所在期刊的形象的要求投射在论文中，进而对作者提出相关要求。通过社会科学期刊论文和自然科学期刊论文编校案例，呈现编辑校对的过程，分析核心期刊编校过程中常见问题的种类以及编辑的关注点，以期将部分差错交由作者在写作期间消灭，间接提升作者的论文质量，减少编校过程中的修改率，达到作者与编辑的共赢。

第一节 编校过程中的质量要求

2011 年 11 月 9 日，第三届“韬奋杯”全国出版社青年编校大赛颁奖大会上，新闻出版总署副署长、中国版协常务副理事长邬书林在讲话时高度评价编校工作在出版业中的地位和作用。他说，出版的重要功能就是通过编校工作者的专业化劳动，编辑出版出高质量的出版物，推动人类文明进步和社会发展。编校质量关系到一个期刊和编辑的形象。无论一个期刊发表的内容多么精彩高端，如果格式体例五花八门，背离规范和标准，逻辑不通，错误随处可见，这不仅会传播错误，同时给读者留下期刊不够严谨、编辑不够认真的印象，从而减少对期刊的好感和信任。①

校对工作是期刊生产流程中的独立工序，其作用是将文字差错和其他差错消灭在期刊出版之前，从而保证期刊的传播和积累价值。它与编辑工作相互衔接又相互独立，共同构筑期刊质量保障体系。

《期刊编辑规程》（第一稿）将校对阶段的工作分为初校、二校、三校和通读检查四个阶段，称为“三校一读”。校对人员的工作包括两个基本职责：其一，忠于原稿，依据原稿逐一核对校样，消灭一切排版上的错误，包括文字、数字、符号、标点、图表以及格式等错误；其二，发现原稿中存在

---

① 章红雨．邬书林：提高数字化条件下编校工作水平［N］．中国新闻出版报，2011－11－10．http://www.gapp.gov.cn/cms/cms/website/zhrmghgxwcbzsww/layout3/header.jsp?channelId=1013&siteId=21&infoId=727535．

的各种错误，并用铅笔在校样旁注明疑问，提请编辑部门解决。

校对阶段主要工作及有关事项：

（1）初校的职责。依据原稿和对校样，完成上述第一个职责中的各项任务，在文稿质量达到规定标准即差错率为 1/10 000 的前提下，做到灭错率为 85%，同时兼顾第二个职责。

（2）二校的职责。依据原稿和对校样，完成上述第一个职责中的各项任务，继续消灭初校遗留的错误，并核对初校所改是否正确，做到灭错率为 80%，同时兼顾第二个职责。

（3）三校的职责。依据原稿和对校样，完成上述第一个职责中的各项任务，消灭初校、二校遗留的错误，并核对初校所改是否正确，同时兼顾第二个职责。

（4）通读的职责。消灭校对过程中所遗留的所有的错误，尤其要注意隐性的政治性、思想性差错以及病句及其他语法错误，还要注意人名、地名、书刊名、组织机构名等的前后统一。

《期刊编辑规程》（第一稿）对编校过程中的质和量提出规定性要求。然而，编校过程的内容主要包括哪些，编校的侧重点在哪里，哪些地方是容易出现差错的地方则是作者需要知晓的。作者投来的不需花大力气编校的稿件是给作者的学术声誉加分的，也给编辑部留下了好印象。编辑对论文内容和形式的要求，其重点和作者不同。本章通过案例分析总结社科期刊和自然科学期刊编校过程中的内容和要求，以期通过此种途径提升作者撰写论文的质量。

第二节　社会科学期刊论文案例

——以《论院校协作型专业学习共同体》为例

社会科学论文相比自然科学论文有自身的特点：汉字字数多，语言表述问题主要表现为语意不清、语法不通顺、前后文表述不一致等；结构问题时有出现，多余语句和段落是编辑处理的主要对象；表格相对较少，表格内数据存在问题较多，如遗漏，计算错误等；图出现的概率更少，图的制作质量不高，通常有语焉不详的线条，该平直的线条不直，曲线线条没有较好的拟合等。

《高教探索》编辑部对论文的字数要求是 5 000 ~ 10 000。限于篇幅，本研究仅以第四章案例中一篇修改后刊用的文章（文章标题：论院校协作型专业学习共同体）为案例分析对象，通过对比论文原稿、修改稿、定稿的不同窥探并总结编辑出版过程对文章内容和形式的要求。

《论院校协作型专业学习共同体》一文的修改意见为："院校协作"一词容易产生误解，建议修改为更准确的表达。文章要明确：中小学与高校的伙伴关系，着眼于教师专业发展和国外的发展状况与讨论。

《论院校协作型专业学习共同体》一文作者在深刻领会编辑部反馈意见的基础上，通过全面审慎的思考、修改、校读，对如下几个方面的内容做了修改。

（1）题目是文章的眼睛，为更明确凸显编辑部的意见，修改稿把大学与中小学协作（即 U－S 协作）渗透在标题当中，体现在"U－S 协作"的概念解释当中；把"国外"、"教师专业发展"置入副标题，以实现修改意见的整合一体。

（2）据已有文献显示，"协作"是当前国外大学与中小学伙伴关系背景中正在异军突起的教师专业化发展的新路径，所以修改稿把"协作"设置在文章标题当中，同时保持论文的写作初衷。

（3）在上述基础上，修改稿对全文进行统改，把原来的"院校协作"统改为"U－S 协作"，与我国已有大学与中小学伙伴关系文献中的用法相一致，避免产生误解，也与英文简称习惯相吻合。

（4）在修改稿摘要、引言、正文各部分、结语中渗透"教师专业发展"与"国外教师专业发展"两重定位，并加强各部分之间的衔接。

（5）修改稿还对部分表述进行了雕琢。

鉴于该文原文审稿时间距离对修改稿的编排时间较长，在对修改稿进行编排之前，利用社科期刊学术不端文献检测系统（SMLC）（http://check.cnki.net/smlc2/SimResult.aspx?ID=60000520）对"（修改稿）U－S 协作型专业学习共同体——国外教师专业化发展的新路径"进行检测。检测结果如下：

篇名	作者	检测结果	去除引用	去除本人	上传日期
(杨甲睿)(修改稿)U－S 协作型专业学习共同体——国外老师专业化发展的新路径	S 协作型专业学习共同体	0%	0%	0%	2013－3－1 16：33：04

SMLC 根据被检测论文与已有文献的不同重合比例将文章分为无问题记录（重合比例为 0），轻度（重合比例低于 40%），中度（重合比例大于 40% 且小于 50%），重度（重合比例大于 50%）。重合比例为多少的情况下，编辑会判定为存在学术不端，目前没有定论，需视具体情况对待高重合比例

的论文。

为共同遏制学术不端之风，构建公平公正的学术交流平台，营造健康的学术环境，不少编辑部启用学术不端检测系统，并发出公告。《现代预防医学》杂志社编辑部发出《〈现代预防医学〉正式开通学术不端检测公告》："我刊正式启用该系统对所有来稿进行科技期刊学术文献重合度检测，若所投文章文字重合度过高，明显涉嫌抄袭或重复发表，将不予接受"。[①]《华西医学》编辑部不仅告知广大作者"对所有来稿在收稿时即进行检测。对于检测出有严重不端行为的稿件，编辑部将一律退稿"，而且对存在严重学术不端行为的稿件，将做出以下处理：（1）在杂志上刊登声明，撤销该文发表资格；（2）一定时期内不接受该文署名作者的来稿；（3）必要时通报署名作者所在单位。[②]

在该文的编校过程中，编辑主要针对以下方面做了删减和改动。

（1）修改稿字符数为 12 361，文章偏长且存在可以压缩的文字。在修改过程中，注意将不必要的重复和与文章主题相关度不大的内容删除。

（2）作者引用外文文献较多，部分内容有明显翻译的痕迹，编校过程中注意调整语序，使表述更符合中文阅读习惯。

（3）由于语言表达习惯问题，作者文中多处"学校教师"指代不明。对于这部分内容，需要和作者沟通，致力于学术论文要求的表述严谨。

（4）学术论文虽然不能确保完全的价值中立，但是价值中立是追求的方向。文中个别的过于主观的表达需要修改或删除。

（5）文章改动后需对全文的参考文献进行梳理，对参考文献编码进行调整，使其序号连续且没有重复。

（6）作者在论文编校过程中提出需要增加第二作者，并需添加基金项目来源。编辑部本着尊重署名权等原则，为该篇文章添加了第二作者张洁和基金项目。

下文为案例修改稿，加阴影部分加注为编辑部改动的内容。

---

① 《现代预防医学》正式开通学术不端检测公告［Z］．现代预防医学，2013，40（7）：1 238.

② 致作者·读者［Z］．华西医学，2013，28（3）：386.

U－S 协作型专业学习共同体 *

——国外教师专业化发展的新路径

杨甲睿① 张　洁

摘　要：大学职前教育与学校在职教育的分离是西方传统教师专业化裹足不前的主要根源。它一方面削弱了教师专业发展的有效性，另一方面动摇着教师工作的专业地位。20 世纪末期以来，伴随着互惠性大学与中小学协作呼声的日渐高涨和专业发展学校的学习化转型，② “U－S 协作型专业学习共同体”在英美等发达国家悄然兴起并正在成为促进教师专业成长的有效路径。学习为本的愿景体系、互惠性专业学习团队、实践知识的学习与创造、整合式专业学习路径是“U－S 协作型专业学习共同体”的基本属性。确立“大教师教育观”，开展互惠型协作学习，实施共享型领导学习是“U－S 协作型专业学习共同体”得以长期发挥作用的重要保障。批判地借鉴国外“U－S 协作型专业学习共同体”的理念和做法有利于让“能者做事，学者教书”成为未来我国教师的专业形象。

关键词：U－S 协作；专业学习共同体；整合式专业发展；知识创造

“能者做事，庸者教书”是爱尔兰剧作家萧伯纳（Shaw，G B）一百多年前对教师职业的无情诋毁。1986 年，美国斯坦福大学教授，美国教育研究会主席舒尔曼（Schulman，L S）强烈呼吁，教学应该成为一门专业，“能者做事，智者教书”才应是教师职业地位的本真。[1]③然而，何以脱“庸”？何以成“智”？答案并不明确。20 世纪后半叶以来，伴随着大学教师教育与基础教育改革的合流，“U－S 协作型专业学习共同

* 本文系广东省学位与研究生教育改革研究项目“互惠性院校协作式‘学训研’共同体教育硕士培养模式创新的行动研究”（11JGXM－ZD）的成果之一。

① 作者简介：杨甲睿，华南师范大学现代教育研究与开发中心博士生；张洁，喀什师范学院教育系讲师。（广州/510631）

② 删除介绍性内容，使摘要更为简洁。

③ 在实际编校中，该序号排在行首。而规范规定参考文献序号不能出现在行首，需移至上一行行末。

体”逐步成为国外大学与中小学伙伴关系中一条可供选择的教师专业化道路。

U－S 协作(university-school collaboration)①泛指大学与中小学之间建立的伙伴关系，具指大学教育院系与中小学幼儿园作为伙伴以协作方式开展各种教育及其研究活动的一种理论与实践。[2]本文旨在大学与中小学伙伴关系的背景下，对国外兴起的有效促进教师专业发展的“U－S 协作型专业学习共同体”的兴起动因、基本内涵、有效策略进行阐释，并对其存在的问题和未来发展给予反思和考量。

一、U－S 协作型专业学习共同体②的兴起动因

严格说来，“U－S 协作型专业学习共同体”的观念酝酿于 1990 年代后期，真正的创建活动则出现在 21 世纪头十年中。它的兴起是教育者克服传统教师教育的困境，顺应大学与中小学伙伴关系的互惠需求，呼应当代专业发展学校转型的结果。

（一）传统教师教育的“桥喻”困境

传统的教师教育是大学师范教育、在职教师培训和教育实习三者的镶嵌组合。人们形象地喻之为“两段加一桥”，即“桥喻”模式。教育实习充当“桥梁”的作用，连接大学师范教育和在职教师培训两个独立的阶段。在“桥喻”模式中，大学教师是教学知识的生产者和输送者；学校教师和师范生只有习得这些知识和技能，才被认为获得了专业发展；在教育实习中，学校的实习指导教师和大学教师的工作是分离的，在理论和实践的一致性上甚至是对立的。师范生被当作产品来“加工”，大学教师和学校指导教师充当“流水作业”的“工匠”角色。这样，传统教师教育逐渐陷入了一种“桥喻”困境之中。

“桥喻”模式假设，大学教师和学校指导教师都知道什么是好的教学，师范生只要遵循他们的教诲就可以实现好的专业发展；专家知道的远比学校中教师知道得多，学校教师与师范生需要他们的指导去教育学生，从事教学。[3]这种假设的危害相当明显，它把教育过程扭曲为授受式的灌输，使师范生和学校教师缺乏内在的发展动机，专业主体性被遮蔽；等级性教育结构把学生（师范生和学校学生）置于重压之下，使其创造性逐步丧失；自上而下的发展模式使大学教师难以在教育过程中获得专业发展。

研究者呼吁，教师教育者需要远离把教育实习看作“桥梁”，把教

① 英文注解应放在文中“U－S 协作”第一次出现之后，即上一自然段。

② 加引号，和前文统一。

师看作“工匠”，把学校看作“工厂”的隐喻。从而把教学看作永远改变着的探究与解决问题的活动，把学校看作与大学有直接实质性联系的学习共同体。[4]否则，“桥喻”模式将会蜕变为教师教育的桎梏，教师专业发展难获生机。

（二）伙伴关系发展的互惠需求

“桥喻”困境不但对职前教师与中小学在职教师的专业化发展造成了不良影响，同时也对大学教师的专业成长造成了危害。20 世纪末期，国外教师教育界几乎共识性地认为，必须在大学和中小学伙伴关系中植入互惠因子，以克服传统教师专业化发展中存在的简单单向的弊病。

1980 年代前，大多数大学与中小学伙伴关系是短期的、临时的单向服务关系，伙伴关系活动主要集中在师范生和初职教师①的专业发展上，很少让大学教师教育者和有经验的学校教师研究他们的工作，改进他们的实践。这样就把学校仅仅看作新教师入职的地方，把教学看作有实践经验的教师给新教师传授教学技艺的活动，把技艺知识看作教师专业化知识的基础。大学教师教育者和有经验的学校教师在指导师范生和初职教师专业发展上所具有的学习需要被忽略。②从更加宽广的意义上说，他们使教育专家和教育改革者面临的挑战永恒化：即学校的技术理性，自上而下的传输，象③工厂一样的学校，职前与在职教育的二元对立，有经验的教师不需要持续的学习和改变，大学教师生产新的教育学知识而学校教师只负责教书。[5]

1980 年代后，大学与中小学伙伴关系进入了互惠阶段，专业发展学校（professional development school）、专业研究共同体（professional research community）均是此阶段的产物。在专业发展学校中，大学和学校的教师共享教学，协作解决实践问题，从事的活动是互惠的；在专业研究共同体中，伙伴成员间有积极的双向交流和明确的职责，研究关系的建立往往要经历互助、互惠和利益联盟的过程。[6]凡此种种表明，互惠性大学与中小学协作已经成为时代的需求。它让大学教师能正确面对大学文化疏离实践的现实，超越大学的课堂去影响学校文化并最终优化大学文化；[7]它也让学校教师和大学教师能协作创造教学和学习的专业知

① 表述不清，改为“新入职教师”。

② 该句语意不通，改为“大学教师教育者和有经验的学校教师在指导师范生和新入职教师的时候是有专业需要的，而这些需要在 20 世纪 80 年代前的伙伴关系中被忽略了”。

③ 别字，应为“像”。

识，把其内化为自己的知识结构，促进学生的学习并最终优化学校文化；它还让师范生能与大学教师和学校指导教师一道，通过参与解决复杂的实践问题，使自己得到更好的专业成长。

（三）专业发展学校的学习化转型

专业发展学校是1980年代在美国兴起并很快影响世界各地的教师专业发展的组织形式，是对旨在改进教师培养和整个义务教育阶段（K－12）的教育实习而对公立学校和大学之间的伙伴关系进行更新而建立的教师专业发展机构的总称。例如，临床学校、专业实践学校、古德雷德的教师教育合作网络等。从功能上看，它是大学和中小学校之间的中介，是一种把师范生、学校教师、行政人员和大学教师汇聚一堂形成合作伙伴的场所，能促进教师的教学和学生的学习。其关注的核心内容是义务教育阶段的课程和教师的职前与职后教育，承担着职前和职后教育、基础教育课程改革、中学和大学的课程衔接、课程计划的研究和评价等职责。创建初期以研究生教育为主，后来扩展到了本科阶段的教育。

专业发展学校为教师教育提供了示范、试验和实践机会，代表了20世纪后期教师专业发展的主要趋势。然而，专业发展学校模式存在的弊端已经开始为人们所诟病。首先，虽然专业发展学校将对自身效果的研究和评价作为目标，但它们常常放弃研究和评价，或把研究和评价摆在次要的位置。没有研究就没有进一步发展的动力源泉，没有评价就无法获知其对不同的教师、学生和机构产生的影响。这样，专业发展学校在人们头脑中就变成了一种盲目的行动样式，对教学理论的贡献微乎其微。其次，专业发展学校缺乏实践或协作策略；总是力图满足外部问责的标准；改革过程缺乏强有力的领导；在低表现学校中，教师和学科之间壁垒森严；缺乏提升教学和学生学习结果的支持系统等。

20世纪末期以来，国外开始把建立大学和学校之间的专业学习共同体作为专业发展学校的转型目标。其目的就是想突出大学和学校之间的双向重构，[8]提升教师专业发展的实效性。很多研究者指出，必须在专业发展学校内部建立专业学习共同体，或者直接把创建专业学习共同体作为专业发展学校的工作。[9] 新世纪以来，“U－S协作型专业学习共同体”思想在世界各国流传开来，并开始在教师专业化发展中发挥重要作用。①

① 删除该部分，与段首文字内容相冲突。

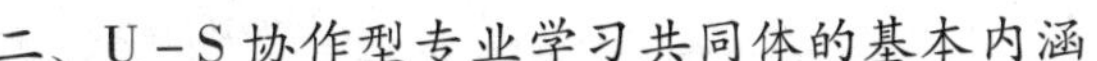

二、U－S 协作型专业学习共同体的基本内涵

从源头上看，最早提出“U－S 协作型专业学习共同体”概念的当属美国范德堡大学的迈尔斯（Myers，C B）。1995 年 2 月，迈尔斯在华盛顿举行的美国教师教育学院协会（American Association of Colleges for Teacher Education）的年会上做了题为《创建和维护大学与中小学协作式学习共同体：克服潜在的障碍因素》的报告，详细阐述了建立大学与中小学协作型专业学习共同体，推动教师教育的职前与职后一体化的观点。[10]然而，当时的人们并没有被迈尔斯的远见卓识所感动，“U－S 协作型专业学习共同体”的提法也没有推广开来。随着商业领域中组织学习理论在教师教育当中的逐步渗透和修正运用，学习型组织思想才真正转换为以教师协作文化为特质的“U－S 协作型专业学习共同体”概念。[11]①

一般而言，“U－S 协作型专业学习共同体”指大学和学校以提升学生学习为目的，开展整合式教师专业学习，促进教师专业发展的活动方式。学习为本的愿景体系、互惠性专业学习团队、实践知识的学习与创造、整合式专业学习路径是“U－S 协作型专业学习共同体”的基本内涵。

（一）学习为本的愿景体系

任何“U－S 协作型专业学习共同体”都是目的性的教育组织，由此出发，②学习为本的愿景体系就有四层含义。第一，“U－S 协作型专业学习共同体”的核心目标是提升学习。这里的学习既包括学校课堂中学生的学习，也包括师范生的学习。从更加宽广的意义上说，还包括学习共同体中的所有参与者的学习，因为他们被认为是努力发现要做的事情并运用所学的人。[12]第二，“U－S 协作型专业学习共同体”中的各类学习主体必须以提升学校课堂学生学习成就为伦理目标设计自己的学习目标，在保证不损害学生学习的前提下，形成有优先级别的目标序列。第三，学习目标系统的确立必须有真实、宽广、共享的愿景目标引领。愿景目标是根植于学校、学生学习、教学、教师教育的具体目标而又超越具体目标的理想远景，根本上是对教师教育、学校、学生学习、教学存在的本体的深刻考量。第四，不同的“U－S 协作型专业学习共同体”的愿景体系必须结合国家对教师专业化发展的规划而持续地得到调整和完善，把自上而下的宏观路径和自下而上的微观路径的结合作为有效的

① 该部分介绍性内容对整体文章意义不大，为使文章更简洁，做删除处理。

② 删除该部分。

手段或途径。

（二）互惠性专业学习团队

在教育问题面前，任何人都是无知的，任何人都需要学习。“U－S协作型专业学习共同体”就是以学生学习为最基本的学习资源，[13]为所有学习者提供互惠学习机会的专业团队。首先，学习团队“在学生学习之中”。通过置身于学生学习，实现学校教师、大学教师、师范生的专业学习和学术能力提升，进而改进学生的教育。[14]其次，教师是学习团队的主导。共同体中的每个人都按照惯例扮演一个角色，并在为学生学习服务中生成新的角色。从角色间的关系考察，学校教师总是主导的决策者，其他成员都通过学习为教师教学提供支持。再次，强调异质文化成员之间的互惠。其目的是以共同的兴趣和价值观为纽带，把大学与中小学双方的成员联结在一起，形成平等、互惠的团队结构，提高学习的有效性。最后，互惠团队不是盲目的团队，而是接受指导和领导的团队。大学教师是团队的指导者、促进者，互惠关系的维护者；学校教师是课堂当中的学习者，是专业学习活动的领导者。[15]

（三）实践知识的学习与创造

“U－S协作型专业学习共同体”是生产“实践知识”（knowledge of practice）的场所。“实践知识”的生产意味着学习者在一种探究、开放的共同体情境中对自己经验的理论建构①与提升，[16]其实质就是一种知识创造。当他们创造“实践知识”时，学习者及其团队都会发生改变，[17]学习也便相伴而生。对师范生而言，通过一定的课程与教学，他们获得的是在特定教学情境中把科目知识与教学知识有机结合的知识。对学校教师而言，他们在学习中获得的是“教学知识”、“科目知识”以及“关于学生的知识”，同时，作为师范生的指导教师，他们还能获得指导师范生的知识和技能以及与他人协作的知识和技能。对大学教师而言，他们既可以从学校教师那里获得如何把实践知识和行动探究应用到教学实践当中的知识和技能，也可以借鉴指导教师引导师范生开展协作学习的知识和技能，还可以通过创建专业学习共同体，增加他们与学校教师建立协作关系的知识。[18]在学习共同体中，每一位学习者都能通过调查研究创造自己的“实践知识”，同时又能把实践知识外化为知识产品为其他学习者提供学习素材。

（四）整合式专业学习路径

整合式专业学习是对教师教育中创建、维护、推进“U－S协作型

① 在“理论”后插入“进行”，使该句的宾语从句不再缺少谓语动词，从而变得通顺。

专业学习共同体”的活动样式的着力刻画，是职前与职后教师教育整合理念在教师专业化发展中的集中体现。首先，整合是教学、学习教学、教学研究与教师教育的四位一体。师范生、学校教师通过教学学习教学，通过教学研究学习教学研究；大学教师和学校教师通过指导师范生学习指导技能；通过教师教育积累教师教育的知识和技能；等等。整个过程中既没有学习与教学的割裂，也没有研究和实施的分离，更没有理论和实践的对立。[19]这样就避免了把上述活动分别由师范生、教师、研究者和教师教育者分头去实施的弊端。[20]其次，整合表现为“共同”的学习活动。共同体中的每一位学习者都用学生的学习表现考察自己学习的结果，从而用学生的学习数据证明学习的成效，把他们尚未完成的工作作为未来的共同实践。[21]共同目标或共享的价值愿景、共同教学与共同反思、共同目的或共享兴趣、共同的研究主题以及共同的知识创造是学习活动的基本表征。

三、U－S 协作型专业学习共同体 ①的有效策略

“U－S 协作型专业学习共同体”是教师专业化发展的背景下，职前与职后教育一体化的产物。它一方面②分③有着学习型组织的一般特质，同时又在目标、主体、内容、方式上有自己的独特性。尤其在基础理念和运行方式上都与传统的“桥喻”模式存在根本性的差别。④大量的国外实践及其研究成果已经表明，要有效地创建、维护、推进“U－S 协作型专业学习共同体”，就必须对如何推进教师专业化发展的观念进行彻底的改造，同时在行动方式上做出相应的调整。然而，正如前文所述，“U－S 协作型专业学习共同体”是一种整体性的教师专业发展模式，任何人都不能把共同体活动人为地割裂为由不同的参与者分别执行的孤立任务，而是必须在转变观念的同时创用与共同体同一的学习样式，真正体现其整合性特征。这样，“大教师教育观”的确立、协作学习与领导学习的开展便成为创建、运行“U－S 协作型专业学习共同体”的有效策略。⑤

（一）确立“大教师教育观”

“大教师教育观”指教师教育超越已有的“桥喻”困境，实现职前与职后一体化的教师专业发展理念。它是“U－S 协作型专业学习共同

① 加上引号，与前文保持一致。

② 只有“一方面”，没有与之相对应的“另一方面”，故删除前者使逻辑通顺。

③ 删除“分”，使表述通顺。

④⑤ 删除该部分，使文字更简洁。

体”思想的灵魂，与全纳式教师专业发展的概念一脉相承。在这里，教师的概念才真正具有更加涵括性的意义。大学教师、学校教师、职前教师（师范生）①都是处于专业发展中的人，都有专业发展的需求；“专业发展”不再为师范生和学校教师所专有②，而是为整个教师群体所“共有”。这样，“U－S协作型专业学习共同体”就是一个“教育组织”，专业发展就是“教育组织”的内部生活，所有的专业人员都在这个组织中发展专业知识和技能，并努力地为学生服务。

基于“大教师教育观”的教师专业发展是一个“现场学习”（field-based studying）的概念，与通过大学“授受”专业知识的学习模式相对立。“授受”模式往往认为，教师专业发展所需要的知识和技能必须通过大学的学位课程才能获得。如果是这样，人们就会质问，学位课程的内容从哪里来？它是谁的课程？是为谁的课程？这种课程的效用和价值如何保障？为什么这种课程必须在大学才能获得？大学教师“授受”专业课程的知识和技能又从哪里来？他们所需要的知识和技能也要从大学的学位课程中获得吗？如果是，谁为大学教师选择、组织和实施这种课程？如果不是，他们又如何获得专业发展？所以，只有把教师教育定位为“现场学习”，才能消解这种种疑问。因为在“现场学习”中，“专业发展”所需要的知识和技能“生产”于学校课堂，所有人都是参与知识和技能生产的专业人员，都受同等的尊重，知识可以在成员间通约，不存在理论与实践的对立。

“现场学习”让教师专业发展转换成了大学与中小学专业人员之间的相互服务，他们在为别人提供服务的同时接受着别人的服务，在一种自由和安全情境中探索新的事物并作出全新的判断。[22]学生成为他们学习的资源，学校的日常生活成为学习的中介，人与实践之间实现着相互建构，专业人员身份的合法性得以真正确立，[23]“桥梁”就被拆除了。

（二）开展互惠型协作学习

在“U－S协作型专业学习共同体”中，协作学习（collaborative learning）是专业学习者主动参与知识学习和创造的最直接的手段之一。[24]代表着一种大学教师、学校教师、师范生共同学习与创造专业知识，建构学习者之间、学习者与学习团队之间关系的互惠性专业学习模

① “学校教师”包含“大学教师”。此处作者意思表述不清，后经沟通后得知“学校教师”前遗漏“中小”二字。

② 在高等教育学学科的研究论文中，“学校”二字的出现需要特别注意，后经与作者联系，得知此处之前应加上“中小”二字，使该句表述更为准确。

式。[25]最重要的是每个参与者就同一学习主题通过对话建构自己对学习主题的全新理解。

在协作学习中，建立互惠性学习关系、实施准确的角色定位、深度浸入专业学习是三个必备的环节。首先，大学教师、学校教师、师范生①需要对所有新的学习理念和思维方式保持开放的态度，真正与自己的学习兴趣相联系，建立互惠性学习关系。例如，师范生、学校指导教师可以与学校学生建立“伙伴学习三角”（Partnership Learning Triangle），开展科目学习活动。[26]其次，通过弱结构性课程的开发，大学教师、学校教师、师范生把自己定位为以协作学习为核心的知识的“共同创造者”和学习的“共同促进者”，以摒弃把大学教师当作知识的创造者，把其他学习者当作知识的消费者的落后的角色观念。[27]再次，通过积极融入协作学习中的每一个事件、倾听每一句言说、亲历每一次维护协作关系的行动，让大学教师、学校教师、师范生②成为创建、维护、促进专业学习的行动者。

设立学习目标、提升实践经验、投入时间资源以及聚焦学生学习是协作学习的关键。首先，对大学与中小学双方的专业学习者来说，虽然他们在各自持有的专业理论上存在着差异，但这并不应成为开展协作学习的障碍，反而应是协作学习的资源。这就要求学习团队通过协商和对话，实现视域融合，建立双方认同的学习目标。其次，学校教师③和大学教师必须对实践进行理论化提升。对每一个学习者而言，理论总是“专属”的理论，学习者必须在对话中相互借鉴，不断提升自己理论化实践的能力。再次，协作学习需要大量时间资源的投入，学习者必须改变学习时间的使用方式，把学习与学校教学生活同一，④避免专业学习外加于教学生活之上，成为学习者的额外负担。最后，必须把提升学生学习作为协作学习的核心，[28]保证专业学习共同体的“发展”本然性，避免偏指于教师专业发展而损害学生学习。

（三）实施共享型领导学习

领导学习（leading learning）是学校教师⑤和大学教师通过参与专业发展活动，从各自专长的维度领导知识建构（knowledge building），为处境不利学生提供学习支持，优化教育质量的专业发展方式。它是一种在课堂内外促进教师专业学习的广阔的领导观念，意味着为学习者的学术学习、社会学习、实践学习创造无处不在的支持条件；[29]从事领导学

①②③⑤　此处再次出现“学校教师”，同样遗漏“中小”二字。

④　表述有误，应为“统一”。

习的人既是知识的学习者和创造者，也是能动的学习领导者。最重要的是让共同体的专业学习者把学校作为主要的“行动”场所。

领导学习发挥作用的方式有两种，一是在大学建立专业学习团队，以大学教师为领导主体就某一共同关心的主题展示、阐释、建构其中内涵的知识图景，促进学习者之间知识的相互建构，达成团队对学习主题的全新认识，让学校教师①和师范生从中受益。它不是直接为大学或学校中的处境不利的学生提供针对标准化考试的课程，而是通过学科专业实验课程的开发、学习和训练，提升学校教师②和师范生的专业学习和学术能力。这种大学教师为本的领导学习，能打破大学教师之间，大学和学校之间的隔离，构筑起发展他们专业能力的场所；[30]也能让大学教师与学校教师③、师范生一起就如何为大学与学校中处境不利学生的学习提供支持达成共识。二是在学校中④建立专业学习团队，以学校教师⑤为领导主体就某一共同关心的问题展示、阐释、建构其中内涵的知识图景，达成团队对问题的全新理解，让大学教师和师范生从中受益。例如，通过校本课程开发、共同教学、课堂研究、小课题研究、特色班级建设、为家长提供咨询等活动，开发深层次的学生知识、课程知识、教育学知识、研究知识以及协作知识等；再如，通过让学校教师在有影响的学术委员会担任职务或领导，建设以学校教师为核心的领导学习团队，促进共同体的专业学习。

无论哪种领导学习模式，大学教师或学校教师⑥首先都是学习者，然后才是领导者，领导是学习的副产品。领导的概念专指对专业学习的领导，而不是行政意义上的领导。其根本目的是通过领导学习，让学习者在大学和学校各自专长的领域中为专业学习开展出⑦多种新的可能性。[31]

四、结语

在国外，“U－S协作型专业学习共同体”作为教师专业发展的方式，把各类教育主体纳入教育现场，从事持续、协作的专业发展，符合了一种协作文化辩证法的逻辑。首先，提升学生学习的实践活动为各类教育主体提供了彼此相遇的共同世界，让他们围绕具体的问题，形成专业学习团队，并在团队中建构教育教学的“专属理论”。其次，各“专属理论”之间相互启发、建构、改造，形成可通约的共享观念和假设，

①②③⑤⑥ 此处再次出现“学校教师”，同样遗漏“中小”二字。

④ “学校”指代不明，此处为“高校”。

⑦ 此种表述有翻译的痕迹，不符合中文读者阅读习惯，改为“创造出”。

并与新的“专属理论”形成[①]相互促进。再次，共享观念和假设又因为与团队内部的原有实践关系存在差异而相互冲突，相互修正。

在我国，教师教育的“桥喻”模式在教师专业化的进程中还将长期存在，探索整合式教师专业发展的活动还在起步阶段。应该看到，“U-S协作型专业学习共同体”所展现的辩证逻辑无疑[②]能为我国教师教育整合发展提供思想方法上的启示和观念上的冲击。但也应该看到，“U-S协作型专业学习共同体”只是一种现实化了可能性，它对社会建构主义成人学习理论的过度推崇，对学习主体学习能动性的过分估计，可能使教师专业发展倒向个人主义乃至无政府主义的泥淖之中。这就需要我们结合我国的国情，对其立论基础进行彻底批判，对其实践效果进行严格检验，并对其实现的方法进行本土化改造，创新具有我国特色的“U-S协作型专业学习共同体”。另外，相关文献中多次出现的“研究”（research，studying）“探究”（inquiry）等概念已经超出了“U-S协作型专业学习共同体”中“学习”概念的涵盖范围，需要在未来的研究中对其进一步的概念化。

无论如何，“U-S协作型专业学习共同体”在激发教师学习的能动性，崇尚知识创造，以学生学习为核心以及一体化教师专业发展思想等方面有其积极的价值和意义。在批判借鉴的基础上，我们期望着我国的教师专业学习能成为一种社会性事业，我们期望着优质的专业学习能力能成为我国教师的本质力量，我们也期望着“能者做事，学者教书”能成为我国教师的职业形象。

参考文献：[③]

[1] SHULMAN L S. Those who understand: Knowledge growth in teaching [J]. Educational Researcher, 1986, 15 (2).

[2] SUN Z X. School-university partnership: ideas and experiments [M]. Seattle: Center for Educational Renewal, 1991: 11.

[3] [5] [19] [20] CHARLES B M. University-school collaborations: A need to reconceptionlize schools as professional learning community instead of partnerships [J]. Presented at the Annual Meeting of the American Education Research Association, New York, NY, April 8-12, 1996.

① 该句前半部分已经有“形成”，删除后半句的“形成”使表述更简洁。

② 在提倡价值中立的学术论文中，要避免太过主观的判断字眼，故删除“无疑”。

③ 参考文献中的英文作者名首字母用大写，其他字母小写。

[4] [10] [12] [22] MYERS，① CHARLES B. Building and sustaining school-university collaborative learning communities: overcoming potential inhibiting factors [J]. Presented at the annual meeting of the American Association of Colleges for Teacher Education, Washington D C, February 12 - 15, 1995.

[6] HULME M, BAUMFIED V, PAYNE F. Building capacity through teacher enquiry: the Scottish schools of ambition [J]. Journal of Education for Teaching, 2009, 35 (4).

[7] [14] [16] [29] [30] BECKETT L. Professional learning in community: teachers and academic partners focused on disadvantaged students in schooling and higher education [J]. Aust. Educ. Res, 2011 (38).

[8] J. A. 斯托尔林斯, S. L. 奈特, D. L. 怀斯曼. 专业发展学校 [K] //教育大百科全书 (教师教育), 重庆: 西南师范大学出版社, 2011: 83.

[9] [15] DOOLITTLE G, SUDECK M, RATTIGAN P. Creating professional learning communities: The work of professional development schools [J]. Theory Into Practice, 2008 (47).

[11] [21] VESCIO V, ROSS D, ADAMS A. A review of research on the impact of professional learning communities on teaching practice and student learning [J]. Teaching and Teacher Education, 2008 (24).

[13] STAERS A J. Becoming a professional educator in an urban school-university partnership: A case study analysis of preservice teacher learning [J]. Teacher Education Quarterly, 2010 (2).

[17] [24] [27] JOHN M P, et al. Collaborative action research in three settings community college university and secondary education [J]. presented at the annual meeting of the Mid-South educational research association, TN: Chattanooga, November 6 - 8, 2002.

[18] LINDER R A, POST G, GALABRESE K. Professional learning communities: practices for successful implementation [J]. Professional Development, 2012 (1).

[23] MOSS J. Leading professional learning in an Australian secondary school through school-university partnerships [J]. Asia-Pacific Journal of Teacher Education, 2008, 36 (4).

① 两个作者名间用“&”号作为连接。

[24] MCLURE M F. Collaborative Learning: Teacher's Game or Students' Game? [J]. The English Journal, 1990, 79 (2).

[26] RIGELMAN N M, RUBEN B. Creating foundations for collaboration in schools: Utilizing professional learning communities to support teacher candidate learning and visions of teaching [J]. Teaching and Teacher Education, 2012 (28).

[28] ERICKSON G, et al. Collaborative teacher learning: findings from two professional development projects [J]. Teaching and Teacher Education, 2005 (21).

[31] COLLINSONA V. Leading by learning, learning by leading [J]. Professional Development in Education, 2012, 38 (2).

该文刊发于《高教探索》2013 年第 2 期 134 – 139 页

小 结

在编校过程中，编辑关注的问题主要集中在以下几个方面：

一、重复率

编辑部在初次收到稿件时，会对稿件进行查重，退回重复率过高的稿件。至于多大的重复率才会做直接退稿处理，各个编辑部标准各异。论文从投稿到刊出需经历一段时间。这段时间包括编辑部审稿、修退论文、作者修改并提交修改稿、编辑部编校等。这一段时间少则两三个月，多则一年。在编辑部发稿前，严谨的期刊编辑部会对稿件再次查重，以核实稿件最新版本在最新的数据库中的重复率，避免将存在学术不端的稿件刊登。这是对作者、读者和编辑部负责的举措。

二、摘要

摘要需充分且必要。充分是指摘要的 250 ~ 500 字可以完全概况论文的核心思想和观点，不遗漏。必要指摘要的内容仅为论文的中心论点，相关概念、背景、发展进程等无须出现在摘要中。摘要字数有限，要珍惜文字，用有限的篇幅呈现论文精华，吸引编辑的眼球。撰写摘要时还需要注意表述的顺畅，一则让编辑不要因语法问题过于疲累，二则编辑通常认为摘要集中反应作者的写作水平，摘要写不好的作者通常在正文部分也表现平平。

社会科学期刊论文的摘要通常要求写出论文的核心观点即可。对于采用实证方法研究的社会科学论文，其摘要撰写和自然科学论文相似，即要求写出研究样本、研究方法、研究结论。

三、作者姓名及简介

对于作者姓名，国家标准（GB/T 16159—1996）规定：汉语人名按姓和名分写，姓和名的开头字母大写，如：Wan Jingnian（万静年），Ouyang Xiu（欧阳修），Zhuge Kongming（诸葛孔明），等等。“中国学术期刊（光盘版）检索与评价数据规范”规定：姓前名后，姓氏的全部字母均大写，复姓应连写。名字的首字母大写，双名中间加连字符；名字不缩写。如：ZHOU Yin（周银），WANG Xi - jian（王希坚），ZHUGE Liang（诸葛亮），等等。具体参照标准依期刊来稿须知而定。

作者简介的内容关系到科研成果的归属单位，是对作者身份的确认。若作者单位有两个，需把重要的单位名称写在前，次要的写于后。作者职称及职务紧跟单位之后。若作者单位或职称职务在刊发前发生变动，需及时联系编辑部。

四、绪论或者引言

绪论或者引言的任务是说明研究问题的背景和性质，也包括理论或实践意义（注意要简洁），以引起读者读下去的兴趣。该部分文字表述既不要高高在上，也不要让精于此行的读者感到厌倦。绪论或者引言的撰写必须做到以下几点：

首先，入题要快。绪论必须快速提出问题，明确中心论点。让读者了解文章所谈的问题是什么，或者阐明研究的目的、范围、方法及所取得的成果。

其次，简洁有力。语言简洁，字字落地有声。不过多铺垫，不拐弯抹角，不喧宾夺主。

再次，吸引读者。在读者的阅读选择中，文章的开头部分起着重要的作用。文章开头须不同凡响，并使读者产生浓厚的阅读兴趣。

在实际写作中，“绪论内容可以是阐释研究的目的和意义，明确中心论点；提示论述的内容，或问题讨论的结论；介绍研究的背景、目的、范围；介绍前人的研究成果、理论依据及其在相关领域里的地位、作用；阐释概念，限定论述范围；提出疑问，设立悬念；介绍要商榷的论点，点明要讨论的问题；综述诸论，提出自见”①。

五、论文结构

所谓文章的结构，就是作者有目的地把分散而独立的材料，按照一定的方式，组织成一个有序的、互相联系和互相作用的有机整体的形式。郎加纳在《论崇高》第四十节说：“文章要靠布局才能达到高度的雄伟，正如人体要靠四肢五官的配合才能显得美。整体中任何一部分如果割裂开来孤立地看，是没有什么引人注意的，但是把所有各部分综合在一起，就形成一个完美的整体。”他把整体性看作是文章臻美的首要条件，是结构的第一要求。

整体性作为文章完美的第一条件，首先是排除残缺不全。一篇文章中，有头无尾、有尾无头、欠过渡、少照应都要毁及整体美。体现在编校过程中为二级标题序号连续。其次是有序。客观事物有其内部条理和发展规律。论文作为客观事物的反映，一般要遵循由浅入深、由感性到理性的认识规律，使认识接近客观事物的内部特征。在编校过程中体现为分标题间逻辑清晰，不包含，不交叉。最后是均衡。当分析众多的名作之后，便也可发现一点秘密，就是他们在构造段落时都遵循着一定的法则，或为分综式、或为递进式、或为因果式、或为并列式、或为承转式、或为对应式，或者是两种形式的组合，等等，都集中表达一种意义，从而形成大致均等的段落。若违背这一原则，往往会意义混杂、眉目含混，在视觉上难以引起读者的美感。② 这一点表现为编辑对冗长内容的删减和要求作者补充“分量”过轻的段落。

六、论文表述

通常，作者自己注意不到那些含混不清或指代不明的表述，因为作者知道自己要表达的意思，明白自己省略的部分。这里，建议作者论文成稿后把文章手稿暂放一边，等它变得稍微陌生的时候再来看它。这也是一篇好的学术论文需要数月的撰写的原因之一。

在学术论文撰写中，力求自己的文章简洁紧凑。这一规则常常被人误解，使用时应谨慎。它不是要求作者必须把文章里的所有句子都写得简短、

---

① 杜兴梅．学术论文写作 ABC［M］．广州：广东高等教育出版社，2010：97－102.

② 梁志林．文章结构的美学分析［J］．河北大学学报，1987（1）：158－163.

不连贯，或者把所有形容词、副词全部删去。简洁紧凑的宗旨是每一个词都能发挥它的效用，并且能言简意赅地表达出作者想要表达的思想。有学者提出，要维持文章的活力，需设法每天花上 15 分钟删减不必要的文字。你的目标应该是至少删减所看文字的 30%。①

起草论文时要注意两点：第一，标明对学术论文可能有启发意义的相关字句和段落的出处，如论文标题、作者、期刊名称、发表时间、页码；书名、作者（译者）、出版社、出版时间、页码等，以方便定稿时标注参考文献。第二，随时记下对某种论述的心得、见解等，以方便正式行文时导引思路。

“思想和言语彼此不可分离。主题和表达是一体的两面：风格是呈现为语言的一种思考。”② 语言不仅是交流的媒介，也是思考的工具，恰到好处的语言能精确、完美地传达作者的见解、境界和智慧。社会科学论文的错别字或笔误造成的结果多是语句不通，编辑通常通过上下文可以确定正确的表述。而自然科学论文的表述却不同，一字之差对于研究结论有重大影响。如“和”与“或”，某些计量单位“m”和“mL”。

七、参考文献

参考文献从一个侧面反映作者对研究问题的历史与现状的了解程度，体现研究者的学术功底，选择时，应该注意高、新、全、准四个原则③：高，指所选用的参考文献尽可能来自于高水准的期刊论文和高质量的出版物，这一点反映了作者的学术视野。新，是指参考文献尽可能是最新的科研成果，说明作者掌握了学术研究的最新动向。全，是指参考文献的引用要尽可能地全面，证明作者确实是在广泛调查、全面收集资料的基础上进行研究的。全是和偏相对应的，全不是指全部，而是全面。不是所有相关联的参考文献都要标引，而是仅列出全面体现前人成果的那些文献。准，要求引用参考文献做到准确无误，保持严谨的学术态度，不能以讹传讹，尽量避免转引，特别是不能“伪引”。

下面以《高教探索》为例，探究期刊参考文献来源情况。表 5 - 1 为

---

① （美）约翰·达利，（加）马克·扎纳，（美）亨利·罗迪格. 规则与潜规则——学术界的生存智慧［M］. 2 版. 北京：北京大学出版社，2008：148.

② 雅罗斯拉夫·帕利坎. 大学理念重审——与纽曼对话［M］. 杨德友，译. 北京：北京大学出版社，2008：135.

③ 赵红玉，陈海燕. 期刊编辑谈学术论文的撰写［J］. 编辑之友，2010（12）：78 - 79.

《高教探索》2003—2012 年引用、被引用期刊前 20 位期刊列表。从表 5－1 可以看出，《高教探索》引用期刊排名前 20 的均为国内知名的教育刊物，引用频次 10 年来高达 1 748 次。可见，《高教探索》是以国内的知名教育刊物为主要参考的，这正验证了参考文献标引的“高”的原则。

表 5－1　《高教探索》2003—2012 年引用、被引用期刊前 20 位期刊列表

序号	期刊刊名	引用频次	序号	被引期刊刊名	被引频次
1	高等教育研究	308	1	中国电力教育	162
2	高教探索	154	2	黑龙江高教研究	157
3	中国高等教育	131	3	科技信息	153
4	教育研究	116	4	教育与职业	140
5	中国高教研究	113	5	文教资料	123
6	江苏高教	102	6	高教探索	119
7	比较教育研究	97	7	中国科教创新导刊	114
8	教育发展研究	93	8	中国成人教育	101
9	现代大学教育	78	9	中国高教研究	88
10	清华大学教育研究	75	10	职业教育研究	84
11	学位与研究生教育	61	11	考试周刊	74
12	北京大学教育评论	60	12	黑龙江教育（高教研究与评估）	71
13	黑龙江高教研究	55	13	实验室研究与探索	71
14	高等工程教育研究	53	14	学理论	63
15	中国大学教育	53	15	现代教育管理	62
16	现代教育科学	49	16	教育探索	62
17	辽宁教育研究	45	17	现代教育科学	60
18	复旦教育论坛	39	18	教育教学论坛	58
19	大学教育科学	34	19	职教论坛	56
20	教师教育研究	32	20	高等农业教育	54
	小计	1 748		小计	1 872

参考文献的标引方法目前有两种：一种是顺序编码制，即引文采用序号标注，参考文献表按引文的序号排序标注于文后。另一种是著者－出版年制，即各篇文献首先按文种集中，可分为中文、日文、西文、俄文、其他文种 5 部分，与正文文种相同的参考文献排列在前，其他文种排列在后；然后

按著者字顺和出版年排列。中文文献可以按汉语拼音字顺排列，也可以按笔画顺序排列。

目前，不论社会科学期刊还是自然科学期刊，多采用第一种，即顺序编码制。至于参考文献是否需要中英两个语种标引，视各刊要求和层次而定。通常情况下，使用中英两种语言标引的参考文献的期刊，其国际化程度更高，或者表明期刊的努力方向——与国际接轨甚至走向国际的前沿。

八、论文格式

评价学术论文的形式标准是基于形式和内容的关系而得出的——内容决定形式，形式反映内容。一篇论文书写规范、结构完整、逻辑清晰，编辑初见就会产生信任感。符合期刊格式的论文不仅会给编辑和审稿人以亲切感，而且会给他们留下论文作者的确对期刊做过研究的好感，毕竟，这样的论文在日后的编校过程中会减少编辑的工作量。研究期刊载文的格式，并不需要花费作者很多时间。所谓的细节决定成败在这一过程中有一定的体现。

对于初入学门者，规范是参照与矫正标准；对于有志于从事学问之道者，规范是敲门砖。有人之所以可以成功冒充“中央领导”招摇撞骗，就是因为他们模仿了“领导”的形式，即着装风格、语言风格、表达语气、走路姿势、待人接物的方式等。要投稿成功，在内容具备的情况下，也要注重格式要求。作者可以参考期刊来稿须知中的模板和《科研论文编写格式》。

期刊的论文格式从标题开始，按照行文顺序结束于参考文献。这个过程主要包括以下内容：是否需要英文标题；作者姓名的位置及是否需要通讯作者；作者简介和基金项目置于文后还是作为脚注；摘要和关键词要求中英双语还是仅需汉语表述；关键词用分号分隔还是用空格隔开；是否需要中图分类号；正文中一、二级标题所用字体、字号、排版位置；文中图表题名所用字体、字号、排版位置；参考文献标引方式及要求文种。

第三节　自然科学期刊论文案例

——以《邓老凉茶颗粒的超高效液相色谱质谱联用指纹图谱研究》为例

自然科学期刊论文在编校过程中与社会科学论文有共通之处，也有自己的侧重。如更重视文章的简洁和精确，容不下一个多余的文字；数据经编辑计算核实；更重视英文表述的质量（多使用专业英语），一些自然科学期刊要求有中英文标题、作者单位、摘要、关键词及参考文献；图表数量比较多，对图表的清晰度、精确度要求更高。

之所以选取《邓老凉茶颗粒的超高效液相色谱质谱联用指纹图谱研究》作为研究对象，是因为该文基本囊括了所有自然学科论文常见的问题，如数据、图、表、字母、外文标题、摘要、文献等方面的常见语病或实质性问题。该文的收稿日期为2012年6月3日，修回日期为2012年7月10日（此时间为初次修回的时间，表示作者在投稿之后与编辑部完成第一次交互，作者确定未一稿多投，确定该稿在《分析测试学报》刊发）。《分析测试学报》修改一般至少有3次：第一次是审稿人的外审意见，第二次是编辑的校稿意见，最后一次是清样意见。该文刊发于《分析测试学报》2012年第12期。

《分析测试学报》针对作者原稿提出如下修改建议：

杨运云先生：

您好！您的稿件“邓老凉茶颗粒的超高效液相色谱质谱联用指纹图谱研究”，稿件编号（T12060301），审稿阶段：专家审；审回时间：2012－06－26，审稿结论：修改后再审，退修时间2012－06－27，计划修回时间：2012－07－12，具体退修意见如下：“邓老凉茶颗粒的超高效液相色谱质谱联用指纹图谱研究”建立了适用于邓老凉茶颗粒质量控制的超高效液相色谱质谱联用指纹图谱分析方法。32个共有峰在15 min内得到了良好分离，其中15个共有峰通过对照品进行了确证。通过《中药色谱指纹图谱相似度评价系统2004A版》对邓老凉茶颗粒样品进行相似度分析。以32个共有峰的相对峰面积进行主成分分析，邓老凉茶颗粒样品之间的细微质量差异可明显地区分出来。存在问题如下：(1)本文以32个共有峰的相对峰面积进行主成分分析可区分邓老凉茶颗粒样品的细微质量差异，应通过质谱联用技术能够明确差异成分的组成，鉴定其结构，这对产品质量稳定均一的意义更大。(2) 本文15个共有峰通过对照品进行了确证，应在文中表述其测定的质谱数据是否同样支持鉴定的结果，色谱峰的纯度如何？(3) 2.4.1应为精密度实验，而非“进样精密度”。

请您登录我们的网站修改，登录后，在［稿件管理］菜单下有一个［上传/下载修改稿］子菜单，点击后将显示编辑部直接退修的稿件，请找到稿件编号为T12060301的稿件，请先［查看］审稿意见并［下载原文］，针对退修意见修改完后，再通过［上传修改稿］功能上传回来即可。请不要再使用投稿功能投此稿，否则视为重复投稿。

请您登录我刊编辑部网站，在首页的“下载专区”栏目中下载“版权协议书”，请务必将版权协议书打印并填写相关信息后由通讯作者签名并盖上单位公章后寄回编辑部。请注意您的稿件是否达到以下标准：

1. 撰写中英文摘要的要求：（1）表达简洁，能独立成文，英文摘要应不少于250个单词，无须背景信息，第一句不要重复题目；（2）摘要应包含论文的要点（方法、主要过程及结论）、关键数据；（3）摘要中不要出现图、表、参考文献等；（4）摘要中首次出现英文缩写应有中文或英文全称。

2. 参考文献建议15篇以上，尽量引用最新英文文献，以引用先后顺序编号（注于正文相应处），必须引用作者直接阅读原文的文献，内部资料、私人通讯一律不得引用。中文文献采用中英文对照表述，日文、俄文等非英文文献用英文表述。待发表的文章需引用时，必须注明刊物名称。文献需仔细校核。书写格式和示例如下：（1）期刊：全部作者的姓名. 期刊名，年，卷（期）：起止页码. [1] Aminuddin M, Miller J N. Talanta, 1995, 42（6）：775－778. [2] Yang X, Xie J P, Xie F W, ZHAO G, WANG S. J. Instrum. Anal.（杨雪，谢剑平，谢复炜，赵阁，王昇. 分析测试学报），2009, 28（6）：649－654.（2）专著：主要责任者. 专著名. 版次. 出版地：出版社，出版年：起止页码. [1] Malinowski E R. Factor Analysis in Chemistry. 2nd ed. New York：Wiley Interscience, 1991：40. [2] McLafferty F W. Interpretation of mass spectra. 3rd ed. Wang G H, Jiang L F, Wang C H, transl. Beijing：Chemical Industry Press（麦克拉弗蒂 F W. 质谱解析. 3 版. 王光辉，姜龙飞，汪聪慧，译. 北京：化学工业出版社），1999.（3）专利：专利申请者或所有者. 专利国别，专利号. 公告日期或公开日期. [1] Stevens T M, Miller J T E. U. S. Patent, 4290775. 1981. [2] XIDIAN University. China Patent（西安电子科技大学. 中国专利），01128777. 2. 2002－03－06.（4）电子文献：主要责任者. 题名. [引用日期]. 获取和访问路径 [1] TURCOTTE D L. Fractals and chaos in geology and geophysics. New York：Cambridge University Press, 1992 [1998－09－22]. http://www.seg.org/reviews/mccorm30.html. [2] Ministry of Agriculture. No. 235 Bulletin of the Ministry of Agriculture of the People's Republic of China（农业部. 中华人民共和国农业部公告第235号）. [2008－06－29]. http://yz.hz－agri.gov.cn/uploadFiles/2005－10/1130221564406.doc.（5）. 标准 [1] GB/T 5009. 101－2003, Determination of antimony in polyester resin and products for food containers and packaging materials. National Standards of the People's Republic of China（食品容器及包装材料用聚酯树脂及其成型品中锑的测定. 中华人民共和国国家标准）.

3. 请提供清晰的图供扫描用。图题、图注、表题、表注、表中各项（除数据项）均需中英文对照。

4. 请在正文第1页左下脚，输入基金项目及项目编号，通讯作者请提供其姓名，职称，学位，Tel（电话），E-mail。

5. 若有关该论文的研究项目或成果获得国内外、省部级的奖励（含该文发表后3年内），烦请将相关证书的复印件寄至编辑部，以证明该稿学术水平，并方便编辑部存档、备案。

作者根据第一次的修改意见进行修改后提交论文。《分析测试学报》针对作者修改情况再次提出修改建议，具体内容如下：

主编对稿件的综合意见：按审稿专家的意见补充32个成分的定性（鉴定结构）数据，才有控制质量的实用价值，否则与HPLC指纹图无实质区别。请作者修改。

作者根据修改意见补充了相关数据。作者的定稿如下，注释内容为编辑部在作者定稿基础上做出的修改。

邓老凉茶颗粒的超高效液相色谱质谱联用指纹图谱研究

杨运云[1*]，邓洁薇[1]，吴庆晖[1]，余彦海[2]，钟新林[2]

（1. 中国广州分析测试中心　广东省分析测试技术公共实验室，广东广州510070；2. 赛默飞世尔科技应用研究中心　广州实验室，广东广州510070）①

摘　要：建立了适用于邓老凉茶颗粒质量控制的超高效液相色谱质谱联用指纹图谱分析方法。样品采用甲醇索氏萃取60 min，萃取液采用超高效液相色谱质谱法进行指纹图谱分析。色谱柱采用Waters ACQUITY HSS T3 C_{18}（150 mm × 3.0 mm，1.8 μm），以0.5%甲酸－乙腈为流动相进行梯度洗脱，流速为0.8 mL/min，柱温35℃。质谱采用负离子ESI模式，选择基峰离子流质量色谱图进行指纹图谱研究。32个共有峰在15 min内得到了良好分离，其中15个共有峰通过对照品进行了确证。通过《中药色谱指纹图谱相似度评价系统2004A版》对邓老凉茶颗粒样品进行相似度分析，15个批次样品的相似度均达到0.960以上，表明邓老凉茶颗粒的产品质量稳定性很好。以32个共有峰的相对峰面积进行主成分分析，邓老凉茶颗粒样品之间的细微质量差异可明显地区分出来②。本③方法快速、高效、可靠，可以有效地用于邓老凉茶颗粒的质量控制。

① 作者单位及地址邮编占用两行以上时第一行排满，第二行之后居中排版。

② “可明显地区分出来”表述口语化，改为“得到明显区分”。

③ “本”是从作者角度出发的表述，在摘要中应用第三人称表述，改为“该”。

关键词：超高效液相色谱质谱联用，指纹图谱，相似度评价，主成分分析，邓老凉茶颗粒，质量控制①

中图分类号：O657.72；R284.1② 文献标识码：A 文章编号：1004－4957（2012）××－××××－××

doi：××．××××/j．issn．1004－4957．2012．××．×××

Fingerprint Analysis of Deng's Herbal Tea Granule by Ultra High Performance Liquid Chromatography Coupled with Mass Spectrometry

YANG Yun－yun[1*]，DENG Jie－wei[1]，Yu Yan－hai[2]，Zhong Xin－lin[2]

（1．Guangdong Provincial Public Laboratory of Analysis and Testing Technology，China National Analytical Center Guangzhou，Guangzhou 510070，China；2．Guangzhou Lab of Application Research Center，Thermofisher Scientific，Guangzhou 510070，China）③

Abstract ④ A fingerprint analysis method was developed for the quality control of Deng's herbal tea granule（DHTG）by ultra high performance liquid chromatography coupled with mass spectrometry（UHPLC-MS）．The samples were extracted by Soxhlet extraction using methanol as solvent with ⑤ 60 min．UHPLC-MS separation was performed on a Waters ACQUITY HSS T3 C18（150 mm×3.0 mm，1.8 μm）column at gradient elution of 0.5% formic acid－acetonitrile，at the temperature of 35℃ and flow ⑥ rate of 0.8 mL/min．The base peak chromatograms（BPC）obtained by negative－ion electrospray ionization（ESI）mass spectra were selected for the fingerprint analysis．A good separation of 32 common peaks was achieved within ⑦ 15 min，and 15 of them were confirmed by reference substances．Similarity evaluation was performed by a professional software named Similarity Evaluation System for Chromatographic Fingerprint of Traditional Chinese Medicine（Ver-

① 按照格式要求，关键词之间用“；”号分割。

② 中图分类号标识错误，该选题所属领域的中图分类号为 O657.63；R275.2。

③ 作者单位及地址邮编占用两行以上时第一行排满，第二行之后居中排版。

④ 与中文摘要格式对应，“Abstract”后应有冒号。

⑤ 语法错误，“using”应改为 with，而“with”应改为“for”。

⑥ 语法错误，该句第一个“at”应为“by”，“acid－acetonitrile”和“and”后应分别加上“as mobile phase”与“a”使句子完整。

⑦ 介词误用，在 15 分钟内应该使用介词“in”。

sion 2004A), and the similarity among 15 batches of samples was no less than 0.960, which confirmed that the quality of DHTG was stable. The principal component analysis (PCA) was performed by using the samples as variables and the relative peak area① of 32 common peaks as observations. A fine difference among DHTG samples was expressed in the PCA result. The developed method was fast, efficient and robust② for the quality control of DHTG.

Key words ③ Ultra high performance liquid chromatography-mass spectrometry; fingerprint; similarity evaluation; principal component analysis; Deng's herbal tea granule; quality control.

指纹图谱是评价中药和中药制剂整体质量的有效手段[1]。中国和美国国家食品药品监督局、德国药用植物学会、英国草药典、印度草药典和加拿大药用及芳香植物学会等机构均将指纹图谱作为质量控制标准的内容之一[1~2]。高效液相色谱（HPLC）紫外检测（UV）/二极管阵列检测（DAD）是目前最为成熟的指纹图谱分析方法，其研究报道也④非常广泛[1,3~5]。中药含有很多种类紫外吸收很弱或者没有紫外吸收的化合物，例如苹果酸、奎尼酸、大部分三萜和三萜皂苷等。这些化合物在很多中药和中药制剂中的含量很高，但由于没有紫外吸收或紫外吸收太弱在 HPLC-UV/DAD 指纹图谱上无法表现出来，从而造成指纹图谱信息的不完全。随着分析科学的发展，采用新的分析技术和化学计量学方法创建的指纹图谱的研究报道不断出现[6~9]，这对中药和中药制剂的质量控制具有重要的意义。高效液相色谱—质谱联用（HPLC-MS）由于具有比 HPLC-UV/DAD 更好的化合物分析和鉴定能力，在中药分析研究中应用广泛[10~14]。但对于体系非常复杂的中药或中药制剂，HPLC 分离需要花费很长的时间，并且分离效率也不理想。近年来，超高效液相色谱（UHPLC）技术迅速发展，并在中药分析领域得到广泛应用[15~17]，UHPLC 的分离时间仅为 HPLC 的四分之一或更短[17~20]，并且具有更高的分离效率和灵敏度，在指纹图谱分析方面，UHPLC-MS ⑤比 HPLC-MS 更具优势。

---

① 根据论文正文，峰面积不止一个，故“area”应为复数“areas”。

② 语法错误，应为“fast and efficient , and was suitable”。

③ 和中文格式对应，关键词（key words）后加上冒号。

④ 该句不存在并列关系，删除“也”。

⑤ 删除“，UHPLC-MS”，使该句更简洁。

广东凉茶是岭南人民在长期预防疾病与保健过程中以中医养生为指导，中草药为基础，研制的具有清热解毒、生津止渴等功效的植物饮料[20~21]。邓老凉茶颗粒由金银花、菊花、白茅根、桑叶、蒲公英和甘草组成[20]，具有清热解暑、去湿生津等功效，可用于治疗四时感冒、发热喉痛、湿热积滞等疾病。本文首次采用 UHPLC-MS 对邓老凉茶颗粒进行指纹图谱研究，并结合相似度评价和主成分分析方法对其质量稳定性进行评价，所建立的方法快速、高效、可靠，是邓老凉茶颗粒质量控制的有效手段。

1　实验部分

1.1　仪器与试剂

Dionex Ultimate 3000 UHPLC 超高效液相色谱系统（美国 Thermo Scientific 公司），配备双三元输液泵、在线脱气机、自动进样器、柱温箱和二极管阵列检测器（DAD），由 Chromeleon 色谱工作站控制；Trap XCT 离子阱质谱仪（美国 Agilent 公司），由 LCMSD Trap 质谱工作站控制；ACQUITY HSS T3 C_{18}超高效液相色谱柱（150 mm × 3.0 mm，1.8 μm，美国 Waters 公司）。

甲醇、乙腈（色谱纯，美国 Burdick & Jackson 公司），实验用水为超纯水，由超纯水设备（Mili－Q，美国）制备；甲酸（光谱纯，美国 Sigma 公司）。

对照品：绿原酸（3－O－CQA）、隐绿原酸（4－O－CQA）、新绿原酸（5－O－CQA）、异绿原酸 A（3，5－di－O－CQA）、异绿原酸 B（3，4 － di － O － CQA）、异绿原酸 C（4，5 － di － O － CQA）、蒙花苷（linarin）、木犀草苷（luteolin－7－O－β－D－glucoside）、木犀草素（luteolin）、甘草苷（liquiritin）、甘草酸（glycyrrhizic acid）、芦丁（rutin）、灰毡毛忍冬皂苷甲（macranthoidin A）、灰毡毛忍冬皂苷乙（macranthoidin B）和川续断皂苷乙（dipsacoside B）①均购自成都普思生物科技有限公司，所有对照品的纯度均 >98%②。

邓老凉茶颗粒（广州养和医药科技有限公司）购自广州不同药店，有糖颗粒批号：D11009（S1）、D11013（S2）、D11014（S3）、D11015（S4）、D11016（S5）、D11017（S6）、D11101（S7）；无糖颗粒批号：D21006（S8）、D21007（S9）、D21008（S10）、D21010（S11）、

① 对照品的英文原名首字母大写。

② “均 >98%” 表述不妥。“ > ” 前应为数字，如果是汉字，“ > ” 也应用“大于”表述。

D21101（S12）、D21102（S13）、D21103（S14）、D21104（S15），其中样品 S8 用于方法学考察实验。

1.2　对照品溶液的制备

准确称取1.1中15种对照品各5.0 mg，加入少量甲醇超声溶解，分别置于15个5 mL的容量瓶中，甲醇定容，得各对照品储备液①。分别吸取 1.0 mL 上述各对照品储备液，混合至 50 mL 量瓶中，甲醇定容，得浓度均为② 20 mg/L 的混合对照品溶液。

1.3　供试液的制备

准确称取邓老凉茶颗粒5.0 g，用滤纸包好，置索氏萃取器中，萃取瓶加入甲醇150 ml，索氏萃取60 min，萃取液冷却后过滤，旋转蒸馏至约5 mL，转移至10 mL容量瓶，甲醇定容，过0.45 μm微孔滤膜，作为供试品溶液。

1.4　样品分析

采用 Dionex Ultimate 3000 UHPLC 和 Trap XCT 质谱联用分析对照品和供试品溶液。色谱柱 ACQUITY HSS T3 C_{18}（150 mm × 3.0 mm，1.8 μm），流动相 A 为水（含0.5%甲酸）③，B 为乙腈，梯度洗脱，0 ~ 0.5 min，88% A，12% B，0.5 ~ 13 min，B 相从 12% 升至 50%，13 ~ 15 min，B 相从 50% 升至 95%，后运行 5 min，88% A，12% B；流速 0.8 mL/min；柱温 35 ℃；进样量 1 μL；柱后分流模式，流出液按 1∶1 并联分流进入 DAD 和 MS 检测器。DAD 记录波长235 nm、254 nm、262 nm 和 285 nm ④，扫描波长范围 190 -⑤ 400 nm。质谱采用电喷雾（ESI）离子源，负离子检测模式；雾化 N_2 气压力 275.8 kPa，干燥 N_2 气流速 9 L/min，干燥 N_2 气温度 350 ℃；毛细管电压 3 500 V；指纹图谱分析采用全扫描模式，扫描质量范围 m/z 50 ~ 1 500；化合物鉴定采用 Auto – MSn 模式，自动进行丰度最大的 3 个离子的 2 级和 3 级质谱分析。

2　结果与讨论

---

① 删除“1.1 中”，使句子简洁；甲醇本不能定容，应为“用甲醇定容”；此处应给出对照储备液的浓度“1g/L”。

② “50 mL 量瓶中”应为“50 mL 容量瓶中”；“20 mg/L”已经有表述浓度的意思，故删除前面的“浓度均为”。

③ 改为“为 0.5% 甲酸”使句子简洁。

④ 改为“235、254、262 、285 nm”使句式更简洁。

⑤ 数字连接符用“ ~ ”。

2.1　萃取方法优化

分别比较了水、50%甲醇、70%甲醇、90%甲醇、甲醇5种溶剂，超声和索氏萃取2种方法　①。结果表明，甲醇与其他溶剂萃取的化学成分相近，但其他含水溶剂萃取时大量辅料杂质溶解会对色谱分离效果造成影响，故选用甲醇作为萃取溶剂。超声萃取时无糖颗粒出现乳化现象，导致萃取液混悬，很难将萃取液与样品基体分离。索②氏萃取无糖和有糖颗粒均无乳化现象，并且萃取效率比超声萃取的稍高　③，因此，本实验选择了索氏萃取方法。对不同萃取时间（15，30，60，90，120　④ min）进行考察，结果发现随着萃取时间的增加，萃取效率有所提高，60 min后萃取效率无明显变化，故萃取时间选择60 min。

2.2　仪器条件的优化

2.2.1　流动相的选择

为了使指纹图谱能够完全地反映邓老凉茶颗粒化学成分的全貌，尽量完全的色谱分离是必须的　⑤。然而，邓老凉茶配方含有六味中药，每味中药中又含有很多极性相似的化合物，这就使得色谱分离工作变得非常困难。本文比较了不同的流动相组成和不同梯度洗脱程序对分离效果的影响，分别采用水/甲醇、0.5%甲酸/甲醇、水/乙腈和0.5%甲酸/乙腈四种溶剂⑥进行梯度洗脱。结果表明，采用0.5%甲酸/乙腈进行梯度洗脱的分离效率最理想，绝大部分组分在15 min内得到了有效的分离。对于大多数化合物，采用乙腈作为流动相的分离效率明显好于甲醇。在流动相中加入一定比例的甲酸可增强样品中有机酸的保留，并减少其色谱峰拖尾，从而提高了方法的分离效率和灵敏度。

2.2.2　色谱柱的选择

本文⑦比较了Zorbax SB－C_{18}（250 mm×4.6 mm，5 μm）、Zorbax Extend－C_{18}（250 mm×4.6 mm，5 μm）、Poroshell 120 SB－C_{18}（100 mm×2.1 mm，2.7 μm）、Poroshell 120 SB－C_{18}（150 mm×3.0 mm，2.7 μm）、Poroshell 120 SB－C_{18}（150 mm×2.1 mm，2.7 μm）和AC-

---

① 该句表述意义不明确。应为“以及超声和索氏萃取2种方法对样品的萃取效率”。

② 在“索”前加“而”使前后两句更连贯。

③ 在自然科学论文中，尽量避免使用省略部分内容的表述。这里应改为“略高于超声萃取”，使比较对象和结果更明确。

④ 数字间符号用“、”。

⑤ 不符合中文语法习惯，改为“应尽可能得到完全分离的色谱图”。

⑥ 自然科学论文中表述数量用阿拉伯数字，该处改为“4”；“溶剂”在此处指代不明，应直接用“流动相组成”。

⑦ 尽量避免使用此类文字，做删除处理。

QUITY HSS T3 C_{18}（150 × 3.0 mm，1.8 μm）六[①]种不同色谱柱的分离效果。粒径[②]1.8 μm 的超高效柱分离效率最好，其次为粒径 2.7 μm 的快速分离柱，这两类柱的分离效率均明显高于粒径 5 μm 的常规柱。要达到基本一样[③]的分离度，5 μm 常规柱需要 80 min，2.7 μm 快速分离柱需要 20 min，而 1.8 μm 超高效柱仅需要 15 min，并且灵敏度为常规柱的 2 倍左右。综合比较色谱峰型、分离度、分离时间和分离效率等指标，ACQUITY

HSS T3 C_{18}（150 mm × 3.0 mm，1.8 μm）柱最为理想[④]。因此，本文选择该色谱柱进行分析研究。粒径 1.8 μm 的超高效柱具有分析时间短、流动相消耗少、灵敏度和分离效率高等优点，能够实现复杂组分的快速高效分离等特点，在指纹图谱分析方面比传统的常规色谱柱更具优势。[⑤]

2.2.3 流速的选择

根据 Van Deemter 方程，粒径 1.8 μm、内径 3.0 mm 的色谱柱最佳分离流速为 0.8 ~ 2.0 mL/min，本文[⑥]比较了 0.8、0.9、1.0、1.1 和 1.2 mL/min 流速下的分离效果（流速大于 1.2 mL/min 时压力会超过系统压力上限，导致仪器无法运行），0.8 mL/min 流速的分离效果最佳[⑦]。

2.2.4 检测模式的选择

比较 DAD 在 235 nm、254 nm、262 nm、285 nm[⑧]、正离子模式 ESI 和负离子模式 ESI 的色谱图。由于灰毡毛忍冬皂苷甲、灰毡毛忍冬皂苷乙和川续断皂苷乙等三萜皂苷没有[⑨]紫外吸收，这些化合物在 UHPLC – DAD 指纹图谱上得不到表现，从而造成了指纹图谱信息的[⑩]不完全（图 1A）。三萜皂苷在正、负离子 ESI 模式下均有相应[⑪]，因此，UHPLC – MS 指纹图谱比 UHPLC – DAD 指纹图谱的化合物信息更完全（图 1B 和 C）。另外，离子阱质谱提供了每个色谱峰对应的准分子离子和裂解途径信息，这些信息对指纹图谱峰化合物的鉴定非常有用。总的来说，UH-

---

① 替换为阿拉伯数字。
② 在“粒径”前插入“结果表明，”使结果部分更醒目，也使语句连贯。
③ 口语化表述，改为“同一”。
④ 该句应在“柱”后添加“的分离效果”使句意正确。
⑤ 语意重复，做删除处理。
⑥ 避免此种表述，做删除处理。
⑦ 缺谓语动词“发现”。
⑧ 改为“235、254、262、285 nm”使句子更简洁。
⑨ 改为“无”更精准。
⑩ 此字多余，做删除处理。
⑪ 作者的笔误，应为“响应”。

PLC－MS 比 UHPLC－DAD 具有更好的灵敏度和专属性，更适合用于邓老凉茶颗粒的指纹图谱研究。质谱检测比较了正、负离子 ESI 两种扫描模式，由于邓老凉茶颗粒含有大量的有机酸、这些化合物在负离子 ESI 模式下的信噪比（S/N）比正离子 ESI 模式的高（图 1B 和 C）。三萜皂苷①在负离子模式下更容易获得分子离子峰，这对化合物的鉴定更为有利，色谱峰②的 S/N 也比③比正离子 ESI 模式的高（图 1B 和 C）。本文比较了总离子流质量色谱图（TIC）和基峰离子流质量色谱图（BPC），BPC 由于扣除了基体离子的信号，各色谱峰的 S/N 明显比 TIC 的高。综合比较，负离子 ESI 模式的 BPC 质量色谱图最适合用于指纹图谱研究。

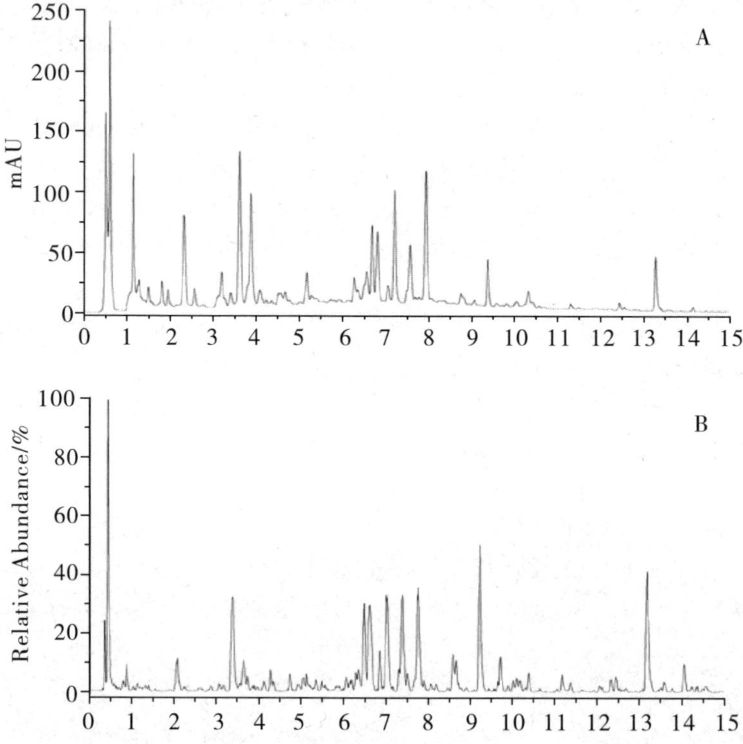

① 在之前添加“此外”，使前后句子更连贯。
② 在之前添加“其”，明确主语。
③ 作者笔误，做删除处理。

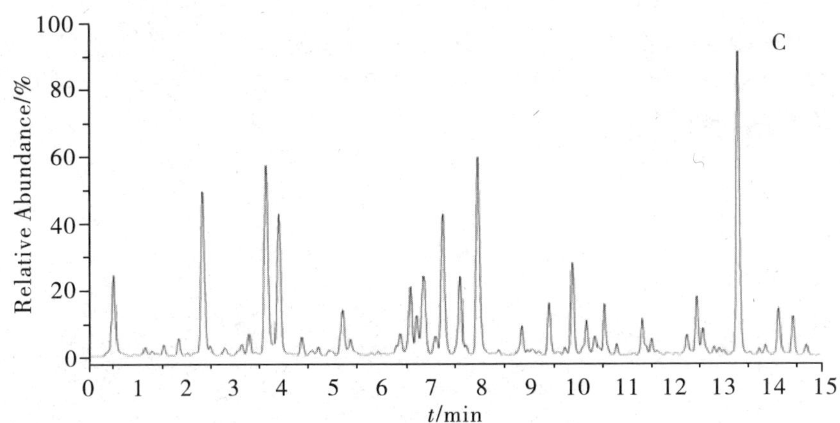

图 1① **邓老凉茶颗粒样品 S8 萃取液的** UHPLC－DAD 254 nm（A）、**正离子** UHPLC-MS（B）**和负离子** UHPLC－MS（C）**色谱图**

Fig. 1 Liquid ② chromatograms obtained by UHPLC－DAD at 254 nm（A），BPC from positive－ion UHPLC－MS（B）and negative－ion UHPLC－MS（C）of Deng's herbal tea granule of sample S8③

2.3 邓老凉茶颗粒指纹图谱的建立

取不同批次 15 批 ④邓老凉茶颗粒样品的供试品溶液，按优化的仪器条件测定并记录色谱图。将 BPC 质量色谱图导出为 .csv 文件，然后转化为. txt 文件，并将共有峰的保留时间、峰高和峰面积输入生成的. txt 文件，保存后导入国家药典委员会《中药色谱指纹图谱相似度评价系统 2004A 版》软件，分析 15 批样品的指纹图谱，多点校正后采用均值法进行计算，生成邓老凉茶颗粒的标准指纹图谱（图 2）。在所有样品中均存在的色谱峰称为共有峰，如图 2 所示，邓老凉茶颗粒的标准指纹图谱上包含了 32 个共有峰，它们在优化的色谱条件下均得到了较好的分离。15 个共有峰通过与对照品的保留时间、准分子离子峰和多级质谱碎片信息进行比较得到了确证，其中 3 号峰为新绿原酸，5 号峰为绿原酸，6 号峰为隐绿原酸，10 号峰为芦丁，12 号峰为甘草苷，13 号峰为木犀草苷，15 号峰为异绿原酸 C，16 号峰为异绿原酸 A，17 号峰为异绿原酸 B，19 号峰为蒙花苷，20 号峰为灰毡毛忍冬皂苷乙，21 号峰

① 图 A 和 B 的横坐标抽缺失单位“t/min”；图 B 和 C 的纵坐标轴的单位应为“IR/%”。

② 翻译有误，做删除处理。

③ 英文表述中的中文痕迹，应为“S8 sample”。

④ 语句不通顺，应在“15”前加“的”。

为灰毡毛忍冬皂苷甲，22 号峰为木犀草素，23 号峰为川续断皂苷乙，30 号峰为甘草酸 ①。表 1 给出了个共有峰的分子式、分子量、准分子离子峰和多级质谱碎片信息。通过计算准分子离子峰的相对离子强度，显示共有峰的纯度均大于 95%。②

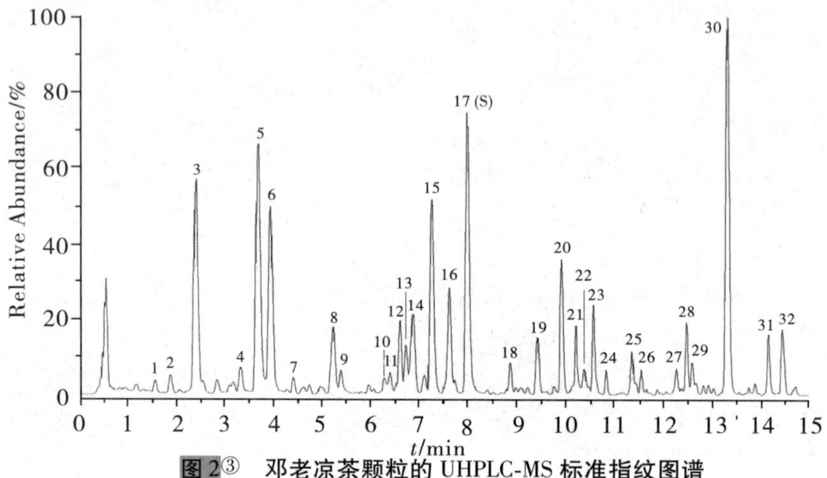

图 2③ 邓老凉茶颗粒的 UHPLC-MS 标准指纹图谱

Fig. 2 UHPLC-MS standard fingerprint of Deng's herbal tea granule

表 1 通过对照品确证的共有峰分子式、分子量和质谱信息

Table 1 Information of molecular formula, molecular weight and mass spectra of the confirmed common chromatographic peaks

Peaks No.	Molecular formula	Molecular weight	Negative ESI - IT - MS (m/z) parent ion/fragmental ions	Identification
3	$C_{16}H_{18}O_9$	354	353/191, 179, 135	5 - O - CQA（新绿原酸）
5	$C_{16}H_{18}O_9$	354	353/191, 179	3 - O - CQA（绿原酸）
6	$C_{16}H_{18}O_9$	354	353/173, 179, 191, 135	4 - O - CQA（隐绿原酸）
10	$C_{27}H_{30}O_{16}$	610	609/301	Rutin（芦丁）

① 删除该部分文字表述，改用表格（表 1）并补充相关内容（物质分析时需要给出物质的特征离子，然后用个特征离子的谱图对比数据库，确证该物质。在自然科学中，很多时候这种检测的数据是用来进行后续研究的数据基础并可用于重复验证试验）。

② 添加说明表 1 内容的文字。

③ 纵坐标单位应为“IR/%”。

续上表

Peaks No.	Molecular formula	Molecular weight	Negative ESI – IT – MS （m/z） parent ion/fragmental ions	Identification
12	$C_{21}H_{22}O_9$	418	417/255	Liquiritin（甘草苷）
13	$C_{21}H_{20}O_{11}$	448	447/285	Luteolin – 7 – O – β – D – glucoside（木犀草苷）
15	$C_{25}H_{24}O_{12}$	516	515/353，173，191，335	4，5 – di – O – CQA（异绿原酸 C）
16	$C_{25}H_{24}O_{12}$	516	515/353，191，179	3，5 – di – O – CQA（异绿原酸 A）
17	$C_{25}H_{24}O_{12}$	516	515/353，203，173，255	3，4 – di – O – CQA（异绿原酸 B）
19	$C_{28}H_{32}O_{14}$	592	591/283	Linarin（蒙花苷）
20	$C_{65}H_{106}O_{32}$	1 398	1 397/1 073，911，749	Macranthoidin B（灰毡毛忍冬皂苷乙）
21	$C_{59}H_{96}O_{27}$	1 236	1 235/911，663，641	Macranthoidin A（灰毡毛忍冬皂苷甲）
22	$C_{15}H_{10}O_6$	286	285/241，199，175，151	Luteolin（木犀草素）
23	$C_{53}H_{86}O_{22}$	1 074	1 073/911，749，583	Dipsacoside B（川续断皂苷乙）
30	$C_{42}H_{62}O_{16}$	822	821/351	Glycyrrhizic（甘草酸）

2.4 指纹图谱方法学考察

2.4.1 进样[①]精密度试验

取样品 S8 的供试品溶液，在所建立的测定条件下，连续进样 5 次，以异绿原酸 B 色谱峰[②]为参照峰（S 峰），计算其他峰的相对保留时间和相对峰面积。各共有峰的相对保留时间 RSD 值均小于 0.6%，相对峰面积的 RSD 值均小于 4.1%，表明仪器的精密度良好。

① 和下文标题对称，删除“进样”。

② 两个名词间用“的”连接，即在“B”之后插入“的”。

2.3.2 ① 重复性试验

取同一批号样品（S8）6份，分别配制供试品溶液进行测定，平行6次，以异绿原酸B色谱峰为参照峰（S峰），计算其他峰的相对保留时间和相对峰面积。各共有峰的相对保留时间RSD值均小于0.8 %，相对峰面积的RSD值均小于4.9%，表明该方法的重复性良好。

2.3.3 ② 稳定性试验

取同一批号样品（S8）的供试品溶液，分别配制供试品溶液后0、2、4、6、8、12、36和③ 48 h进样，以异绿原酸B④色谱峰为参照峰（S峰），计算其他峰的相对保留时间和相对峰面积。各共有峰的相对保留时间RSD值均小于1.3%，相对峰面积的RSD值均小于4.7%，表明供试品溶液在48小时内稳定。

2.5 实际样品分析

2.5.1 相似度评价

将15批邓老凉茶颗粒样品的BPC质量色谱图导入国家药典委员会《中药色谱指纹图谱相似度评价系统2004A版》软件，多点校正后生产⑤标准指纹图谱，计算相似度，结果见表2，15批样品的叠加图见图3。结果显示，15批样品的相似度均大于0.960，说明邓老凉茶生产工艺稳定，产品的质量稳定性非常好。

表2 15批样品相似度评价

Table 2 Similarity of 15 batches of Deng's herbal tea granule samples

Batch No.	Similarity	Batch No.	Similarity	Batch No.	Similarity
D11009（S1）	0.991	D11017（S6）	0.996	D21010（S11）	0.998
D11013（S2）	0.998	D11101（S7）	0.994	D21101（S12）	0.999
D11014（S3）	0.999	D21006（S8）	0.995	D21102（S13）	0.960
D11015（S4）	0.998	D21007（S9）	0.998	D21103（S14）	0.982
D11016（S5）	0.997	D21008（S10）	0.998	D21104（S15）	0.982

① 标题序号错误，应为“2.4.2”。

② 标题序号错误，应为“2.4.3”。

③ 以“、”代替，使语句连贯。

④ 两个名词间用“的”连接，即在“B”之后插入“的。”

⑤ 语句不通，应为“生成”。

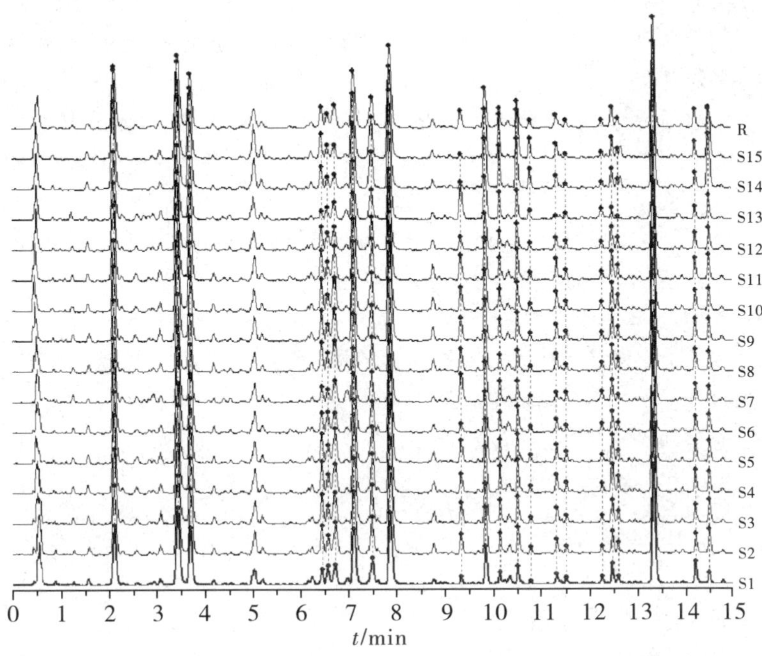

图3　15批次邓老凉茶颗粒样品的UHPLC-MS色谱叠加图

Fig. 3　UHPLC-MS chromatographic overlap of 15 batches of Deng's herbal tea granule samples

2.5.2　主成分分析

尽管邓老凉茶颗粒的质量稳定性很好，找出各个批次产品之间的细微质量差异，对其原料来源、工艺过程和产品均一性评价均有非常重要的作用。①因此，本文采用主成分分析（PCA）对邓老凉茶颗粒的细微质量差异进行评价。以15批样品为变量，采用SIMCA－P 11.5 DEMO对32个共有峰的相对峰面积进行主成分分析，所得结果如图4所示。从三维PCA荷载图（4A）可以看出，15批样品之间的细微质量差异在主成分图上得到很好的体现。样品S1～S12的相似度均大于0.990，这些样品在PCA图的一个区域上非常紧密的聚集，说明它们之间的质量非常稳定。样品S14和S15的相似度均为0.982，它们落在PCA图的另外一个区域。样品S13的相似度为0.960，它落在PCA图上距离其他样品更远的一个区域。这3批样品的质量与其他样品存在细微的差异，

① 句首有"尽管"引导让步状语从句，故第一个逗号后需加"但"表转折关系。

也是相似度稍差的样品①。另外，S14 和 S15 的相似度比 S13 稍高，它们与 S1 ~ S12 的空间距离也比 S13 的要近②。由此可见，主成分分析与相似度计算的结果一致，相似度越小的样品，在主成分分析中越离散，其产品的质量稳定性越差。通过主成分分析同样可以找出引起质量细微差异的主要化学成分，在三维 PCA 得分图中（图 4B），比较离散的色谱峰分别为色谱峰 14（未鉴定）、19（蒙花苷）、30（甘草酸）和 32（未鉴定），这些化合物是造成邓老凉茶质量细微差异的主要化合物，其在 PCA 得分图（图 4B）的分布趋势与载荷图（图 4A）一致。色谱峰 32 是样品 S14 和 S15 与其他样品存在质量细微差异的主要原因，色谱峰 19（蒙花苷）是样品 S13 与其他样品存在质量细微差异的主要原因，色谱峰 30（甘草酸）是除样品 S13 、S14 和 S15 外，其他样品与这 3 个样品存在质量细微差异的主要原因。

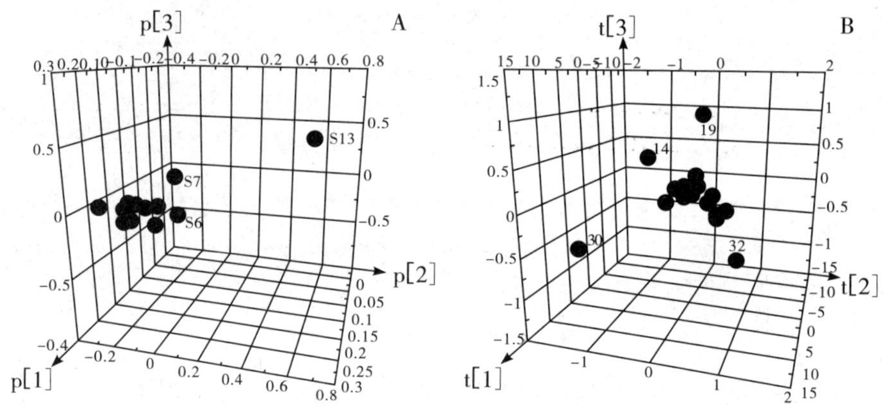

图 4　15 批次邓老凉茶颗粒样品的主成分分析结果

Fig. 4　Principal component analysis of 15 batches of Deng's herbal tea granule samples③

3 结论

本文建立了邓老凉茶颗粒的超高效液相色谱质谱联用指纹图谱分析方法，并采用相似度评价和主成分分析方法对 15 批样品的质量稳定性进行评价，结果表明邓老凉茶颗粒样品质量稳定。所建立的指纹图谱分析方法具有快速、高效、可靠等优点，是邓老凉茶颗粒质量控制的有效手段。

① “也”表示并列或递进关系。文中只谈及 3 批样品——S13、S14、S15，不存在上述关系。对“也”做删除处理。

② 按照此处句意，除 S14、S15 之外还有其他样品与 S1 ~ S12 的空间距离接近，与全文表述意思不一致，应改为“比 S13 的近”。

③ 在图名上注明 A 和 B 图的内容，即加上 A. PCA score plot; B. PCA loading plot.

参考文献：

［1］ Li W B, Han J P, Gao J, Ni Q, Hang T J. Chin. J. Anal. Chem.（李文博，韩建平，高钧，倪倩，杭太俊. 分析化学），2011，39（3）：387－391.

［2］ Xu H Y. Herald Med.（许怀勇. 医药导报），2009，28（2）：218－220.

［3］ Xu L N, Han X, Qi Y, Xu Y W, Yin L H, Peng J Y, Liu K X, Sun C K. Anal. Chim. Acta，2009，633：136－148.

［4］ Zhang T J, Han S L, Tian C W, Zhu H J. Chin. Tradit. Herb. Drugs（张铁军，韩世柳，田成旺，朱宏吉. 中草药），2010，41（8）：1 282－1 285.

［5］ Zhao H Z, Meng X S, Ye T X, Liu Z H, Cheng Y, Luo G A. Chin. Tradit. Herb. Drugs（赵洪芝，孟宪生，叶挺祥，刘征辉，程奕，罗国安. 中草药），2010，41（1）：48－51.

［6］ Chen Y, Zhu S B, Xie M Y, Nie S P, Liu W, Li C, Gong X F, Wang Y X. Anal. Chim. Acta，2008，623：146－156.

［7］ Liu Y S, Cao M, Wang Y M, Luo G A. Chinese J. Anal. Chem.（刘永锁，曹敏，王义明，罗国安. 分析化学），2006，34（4）：333－337.

［8］ Yao W F, Hu Y Z, Mou L L, Yu B Y. Chinese J. Anal. Chem.（姚卫峰，胡育筑，牟玲丽，余伯阳. 分析化学），2009，37（3）：383－388.

［9］ Wu K X, Gu X, Yan C. Chinese J. Anal. Chem.（吴孔弦，谷雪，阎超. 分析化学），2009，37（4）：581－584.

［10］ Zhoua Y, Xua G, Choi F F K, Ding L S, Han Q B, Song J Z, Qiao C F, Zhao Q S, Xua H X. J. Chromatogr. A，2009，1 216：4 847－4 858

［11］ Zhao L H, Huang C Y, Shan Z, Xiang B R, Mei L H. J. Chromatogr. B，2005，821：67－74.

［12］ Chen J H, Wang F M, Liu J, Lee F S C, Wang X R, Yang H H. Anal. Chim. Acta，2008，613：184－195.

［13］ Chen L L, Qi J, Chang Y X, Zhu D N, Yu B Y. J. Pharm. Biomed. Anal.，2009，50：127－137.

［14］ Wang H, Feng F. J. Pharm. Biomed. Anal.，2009，49：1 157－1 165.

［15］ Zhou Y, Gang Xu G, Choi F F K, Ding L S, Han Q B, Song J Z, Qiao C F, Zhao Q S, Xu H X. J. Chromatogr. A，2009，1 216：4 847－4 858.

［16］ Li S L, Song J Z, Qiao C F, Zhou Y, Xu H X. J. Pharm. Biomed. Anal.，2010，52：468－478.

［17］ Yang Y Y, Deng J W, Yu Y H, Zhong X L. J. Instrum. Anal.（杨运云，邓洁薇，余彦海，钟新林. 分析测试学报），2012，31（5）：609－612.

［18］ Huang H Q, Zhang X, Xu Z X, Su J, Yan S K, Zhang W D, J.

Pharm. Biomed. Anal., 2009, 49: 1 048 - 1 055.

[19] Yang Y Y, Tang Y Z, Fan C L, Luo H T, Guo P R, Chen J X. J. Sep. Sci., 2010, 33: 1 933 - 1 945.

[20] Deng J W, Fan C L, Yang Y Y. J. Pharm. Biomed. Anal., 2011, 56: 928 - 936.

[21] Wang P, Xiao G S, Zhang Y S, Guo M M, Tian W L. Food Sci. Technol.（王萍，肖更生，张友胜，郭鸣鸣，谭文乐. 食品科技）, 2010, 35 (2): 77 - 80.

小 结

自然科学期刊在论文编校过程中侧重点不同于社科期刊，从案例分析中可以归纳出自然科学期刊的关注点。

一、署名

《中华人民共和国著作权法》和 GB/T 7713—1987《科学技术报告、学位论文和学术论文的编写格式》等相关法律和国家标准是学术论文作者署名的原则和依据。

自然科学期刊的论文大多有通讯作者。通讯作者具有两方面的功能，既是论文的对外联系人，又是论文的责任人，即对论文内容的真实性、数据的可靠性、结论的可信性、是否符合法律规范、学术规范和道德规范等方面负责。只有通讯作者与第一作者不一致的情况下，才需标注通讯作者。

通讯作者与第一作者享有同等的著作权，对于职务作品而言，还意味着通讯作者所在单位拥有该论文的知识产权，目前在这些方面得到了普遍认同。

二、基金

自然科学研究大多需要较高数量的科研经费，而这些科研经费通常来自某些基金、课题。有些编辑部对基金的标注有明确规定，如：

《临床眼科杂志》2013 年第 21 卷第 4 期在 332 页刊登《本刊关于来稿中基金项目的说明》，指出：作者论文所涉及的课题如为国家或省、部级以上基金或攻关项目，应在文章首面地脚以“基金项目:”作为标识注明基金项目名称，并在圆括号内注明项目编号。基金项目名称应按国家有关部门规定的正式名称填写，多项基金应依次列出，其间以“；”隔开。基金项目均须附证明复印件。

《中国中西医结合外科杂志》2013 年 8 月第 19 卷第 4 期第 445 页刊登有关研究涉及基金项目的标识的作者须知：论文所涉及的基金项目，应在文章首页左下角以“基金项目”：作为标识注明基金项目名称，并在圆括号内注明其项目编号。基金项目名称应按国家有关部门规定的正式名称填写，多项基金应依次列出，其间以“；”隔开。如“基金项目：国家自然科学基金（30271269）；‘十五’国家高技术研究发展计划（2003AA205005）”，作为脚注的第一项。

《华西医学》2013，28（8）期第 1 318 页做出关于基金项目著录的说明：受基金资助产出的文稿应以基金项目作为标志，注明基金项目名称、编号，放在篇首页左下脚作者单位之前。基金项目名称应按照国家相关规定的正式名称填写，若属多项基金资助项目应依次列出 ，其间以“；”隔开。同时，若文稿有英文摘要，需在英文关键词下方标注基金资助项目英文全称。随来稿同附基金证书复印件。凡国家级和省、部级以上的重点攻关项目，拟申报科技成果奖或参加国际学术会议的来稿，注明项目名称、编号，附有关证书或证明复印件，一旦审稿合格本刊将优先发表。

三、中英文摘要

对于正在撰写论文并谋求发表的作者而言，能够把论文的摘要写好，会在很大程度上提升被录用的概率。在核心期刊来稿量大而编辑部人手普遍不足的情况下，对于收到的稿件，除了先看论文标题之外，首先阅读的就是摘要，并根据摘要的内容和写作水平对文章做初步的判断。有的编辑部对于存在重大问题的摘要的论文直接做退稿处理。或许，有些作者的正文有不少闪光点，但是并未在摘要中体现出来，被编辑部退稿就会觉得冤枉。这种冤枉可以被同情，但不可以被原谅。不能把自己论文的核心观点总结出来进行学术交流本身就是学术能力不强的表现之一。这不是危言耸听，一般来讲，好的论文是好的摘要的基础，内容质量不高，就不可能有高质量的摘要。编辑部的判断是有理有据的。

英文摘要撰写注意语言要简洁明了，不必要的字词应该坚决删掉，减少冗词赘句。例如，用“very important”来描述研究成果，其实是在削弱“important”一词意义的分量。而且，当论文中再次出现“important”一词时，其意义也没有力量可言。

摘要是对全文的总结。所以，摘要虽然位置上置于正文之前，在写作顺序上却置于最后。摘要是为读者而写的。在撰写中、英文摘要时，要满足以下要求：（1）摘要表达简洁，能独立成文，无须背景信息，第一句不要重复题目；（2）摘要应包含论文的要点（方法、主要过程及结论）、关键数据；（3）摘要中不要出现图、表、参考文献等；（4）摘要中首次出现英文缩写应有中文或英文全称；（5）英文摘要应不少于250个单词。

四、引言

明确引言部分的写作目的：引起读者的兴趣；表明研究的理由；提出研究目的；提出研究假设；简述研究方法。引言作为论文的开场白，应以简短的篇幅介绍论文的写作背景和目的，以及相关领域内前人所做的工作和研究概况，即文献综述，并说明本研究与前人工作的关系，目前研究的热点、存在的问题及作者所做研究的意义。

引言写作时，应注意：（1）开门见山。避免大篇幅地讲述历史渊源和为论题做过多的铺垫。（2）突出重点。不应过多叙述同行熟知的及教科书中的常识性内容。学术论文源于常识，但高于常识。确有必要提及他人的研究成果和基本原理时，只需以引用参考文献的形式标出即可。在引言中提示本文的工作和观点时，意思应明确，语言应简练。（3）区分摘要与引言。引言的内容不要与摘要雷同，也不是摘要的注释。（4）引言的格式要求。引言最好不要分段论述，不要出现插图、列表和数学公式。

国内学者通过会出现两个极端：一是引言内容过于简短（这或许是出于控制文章篇幅的考虑），忽略了引言中对于已有研究的引用。二是引言过长，出现这种情况的原因可能有以下几个：对研究背景铺垫和介绍过多；作者花费大量笔墨描述研究的意义；把与自己的研究相关的文献全部罗列出来。过长的引言，致使编辑还未进入正题就已经分散注意力了。

还有一种情况需要特别留意，有些作者为了表现论文的创新性，或者确实在能力范围内找不到前人已经研究过该问题的痕迹，而在引言中写出“目前尚未有人进行该方面的研究”等类似字样。这种说法是从个人认识的角度出发的，而个人的认识未必就是对客观现实的准确反映。作者只能确定自己的研究领域，对于是否同样有人关注此领域未可知。在这种情况下“断言”是有风险的，也给挑剔的编辑和审稿人留下了可能的把柄。

五、正文

自然科学论文正文形式上的要求多于社科论文，在后者的基础上强调变量、字母、点、线、公式等内容。正文、图表中的变量都要用斜体字母，对于矢量和张量使用黑斜体，只有pH采用正体。单位符号通常采用正体字母。注意区分单位符号的大小写：一般单位符号为小写体，来源于人名的单位符号首字母大写。体积单位升的符号为大写 L。矩阵符号用大写的黑斜体字母表示，矩阵元素用斜体字母表示。

公式及公式中的符号说明尽量接排以节省版面。公式的主体应排在同一水平线上；繁分式的主辅线要分清。长公式在运算符号后回行；长分式转行时，先将分母写成负幂指数的形式，然后转行；矩阵和行列式不能转行。矩阵元素包含式子时，每一列应以中心线上下对齐，行要左右排齐；元素为单个字母或数字时，每列应使正负号对齐。对角矩阵中对角元素所在的列应明显区分，不能上下重叠。按国家标准规范使用名词术语、计量单位。文中第一次出现的翻译名词和外文简写要分别加注原文和中文。

表格：表格简称为表，是记录数据或事物分类等的一种有效表达方式。表和图有异曲同工之处，都是起到代替或补充文字叙述的作用。表通常是图的另外一种表示方式。典型的表和曲线图就是一个问题的两种表达方式，表中数据就是图中的一个点，表中的一组数值可以绘制成图中的一条曲线。

表包括：表序、表题、栏目、表身、表注等部分。表身中与栏目对应的数据或文字叫数据项。即便只有一个表也要标上表序，书写方式为：表 1－1，表 1．1。表题应该确切，简短精练，与表序空一个字符距离。栏目一般放置多个栏目，表明表中信息的特征和属性，一般由量（名称或符号）和单位组成。表身的数字不带单位，空白处表示未测或无此项，“—”表示未发现，“0”表示测量结果为零。表注用简洁的文字标注于标题或表下。

表格的设计应该科学合理、意义明确、简洁易读，具有自明性。表格须编号并附题，表应采用三线表。表题用中、英文分列表述，中文在前；表头用中、英文表述，英文在前；表注为英文表述在前，中文加注在英文后的括号内。

自然科学论文中的表必须有中英文表序、表题。表中顶线与栏目线之间的部分叫项目栏，底线与栏目线之间的部分叫表身。表身中同一栏各行的数值的有效位数应相同。上下左右相邻栏内的文字或数字相同时，应重复写出，表身中数字一般不带单位，百分数也不带百分号，应把单位符号和百分号等归并在栏目中。如果表中栏目中单位均相同，则可把共同的单位提出来标示在表格顶线上方的右端（不加“单位”二字）。见图 5－1。

图：图必须包括图序、图题，有的图包括标目、量的名称、坐标轴、图注等。图序应按图在文中出现的先后顺序用阿拉伯数字连续编码的方式给出序号。如图 1、图 2、图 3 等。图题应是最准确、最简练的并能反映图中特定内容的词语，一般是词组（很少用句子），要求准确得体，简短精练，容易认读。图序、图题应摆放在图的正下方。标目是说明坐标轴物理意义的必要项目，由物理量名称（或物理量名称符号）和相应的单位组成。坐标轴具有具体标值时，标值线在坐标轴的内测，标值在外侧。当坐标轴表述的是定性的变量，即没有给出具体值时，坐标轴的末端则应按增量方向画出箭头，并标注 x，y 及原点。图注一般分为图中注和图下注。图注的名词术语应与正文

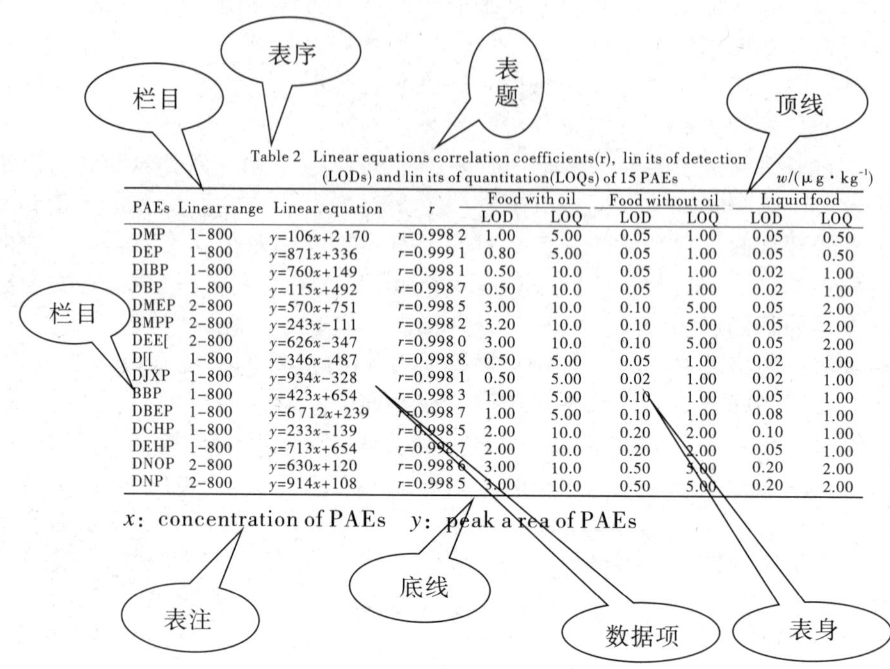

Table 2 Linear equations correlation coefficients(r), lin its of detection (LODs) and lin its of quantitation(LOQs) of 15 PAEs $w/(\mu g \cdot kg^{-1})$

PAEs	Linear range	Linear equation	r	Food with oil		Food without oil		Liquid food	
				LOD	LOQ	LOD	LOQ	LOD	LOQ
DMP	1–800	y=106x+2 170	r=0.998 2	1.00	5.00	0.05	1.00	0.05	0.50
DEP	1–800	y=871x+336	r=0.999 1	0.80	5.00	0.05	1.00	0.05	0.50
DIBP	1–800	y=760x+149	r=0.998 1	0.50	10.0	0.05	1.00	0.02	1.00
DBP	1–800	y=115x+492	r=0.998 7	0.50	10.0	0.05	1.00	0.02	1.00
DMEP	2–800	y=570x+751	r=0.998 5	3.00	10.0	0.10	5.00	0.05	2.00
BMPP	2–800	y=243x−111	r=0.998 2	3.20	10.0	0.10	5.00	0.05	2.00
DEE[	2–800	y=626x−347	r=0.998 0	3.00	10.0	0.10	5.00	0.05	2.00
D[[	1–800	y=346x−487	r=0.998 8	0.50	5.00	0.05	1.00	0.02	1.00
DJXP	1–800	y=934x−328	r=0.998 1	0.50	5.00	0.02	1.00	0.02	1.00
BBP	1–800	y=423x+654	r=0.998 3	1.00	5.00	0.10	1.00	0.05	1.00
DBEP	1–800	y=6 712x+239	r=0.998 7	1.00	5.00	0.10	1.00	0.08	1.00
DCHP	1–800	y=233x−139	r=0.998 5	2.00	10.0	0.20	2.00	0.10	1.00
DEHP	1–800	y=713x+654	r=0.998 7	2.00	10.0	0.20	2.00	0.05	1.00
DNOP	2–800	y=630x+120	r=0.998 6	3.00	10.0	0.50	5.00	0.20	2.00
DNP	2–800	y=914x+108	r=0.998 5	3.00	10.0	0.50	5.00	0.20	2.00

x: concentration of PAEs y: peak a rea of PAEs

图 5－1　自然科学论文中的表结构图

一致，不应当标注与正文不相关或没有交代的文字、符号和数值。

正文中图的大小应符合规范：小图宽度小于 7.5 cm，大图宽度为 12 ~ 15cm。自然科学论文的图必须有中英文图序、图题。函数图只在靠近坐标线处残留一小段标值短线，其余部分省略。标值排印在坐标外侧，紧靠标值短线的地方；标值的有效数字为 3 位。若有图注，靠近放在图下部，图序、图题的上方。图中量的意义要在正文中加以解释并邻近图的位置。

在图和表都可以表示同样的内容时，建议用图表示，因为图更加直观，更容易阅读。有时插图可以把文字难以表达清楚的情况描绘得一目了然。有些实物照片还具有客观证据的作用。虽然插图以直观的方法使读者迅速理解事物的形态、结构、变化趋势及其特点，可缩减烦琐的文字描述。然而，使用图表要注意控制数量，把握“必要”的原则。过量的图表会增加论文的篇幅，这就需要作者将必要的数据纳入论文，而将不太重要的数据剔除。

作为一种“形象语言”、“视觉文字”，插图的使用必须要有统一和规范的语言手段，要注意使用相应学科的专业符号，防止乱用和混用。图包括线条图和图片。线条图又称墨线图，是指采用墨线绘制出来的图形。线条图还可以分为示意图、流程图、管线图、程序框图、电子线路图、直方图、圆饼图、记录图和地图等。其中函数图体现规范化的各项要求最为全面。图片多数是原物照片的翻版，形象逼真、立体感强。照片又分为黑白照片和彩色照片。

图表一般应该随文排版，先见文字后见图表。图表中的术语、符号、单位等应该与正文表述所用保持一致。图表应该有自明性，即在脱离正文的情况下，能够准确、明了地表达其主要内容，同时切忌与文字表述重复。

《华西医学》曾在2013年第8期第13～18页刊载该刊的图表要求：本刊对文稿中的图和表要求设计科学、简洁。组织学图片须注明染色方法和放大倍数，并加箭头指示阳性现象；临床影像学图片需加箭头指示病变部位；大体标本照片在图内最好有尺度标记；若刊用人像，应征得本人书面同意，或遮盖其眼睛以避免被辨认出系何人。黑白图片须具有良好的清晰度及对比度，层次分明；彩色图片要求色彩鲜明，图像清晰，长宽比例以5∶7为宜。表格均采用三线表，表内数据同一指标有效位数一致，均数及标准差的小数点后保留位数一致。图表应分别按其出现先后次序连续编码，仅一幅图或一张表时，应编为“图”1或“表1”，并冠以图（表）题。说明性的资料应置于图（表）下方注释中，并在注释中标明图表中使用的非公知公用的缩写、图中的箭头所示内容及表中的统计学处理结果。

六、结论

结论不应是正文中各段小结的简单重复，它应以正文中的实验或考察得到的现象、数据的阐述分析为依据，完整、准确、简洁地指出以下内容：（1）由对研究对象进行考察或实验得到的结果所揭示的原理及其普遍性；（2）研究中有无发现例外或本论文尚难以解释和解决的问题；（3）与先前发表过的研究工作的异同；（4）本文在理论上和实用上的意义及价值；（5）指出研究的局限性以及这些局限对研究结果的影响；（6）建议进一步的研究题目或方向。

人的认识是逐步发展的，科技的进步也是循序渐进的。在进行科学研究时，总是难免存在局限。这可能是由于主观的认识不足，水平有限；也可能是受限于材料、设备、研究样本等客观条件。对于论文存在的局限，作者需要在结论部分如实地说明。这样做不仅给审稿人和读者作者治学严谨、学风扎实的好印象，而且为后面的研究者提供了改进的方法和路径。如果作者有意或无意遗漏此问题，而等到编辑和审稿人发现并质疑“为何有研究缺陷不指出来”，作者的处境就比较被动了，这或许就给编辑部留下了负面印象。

七、参考文献

参考文献要新：科学技术的发展日新月异。如果绝大多数参考文献是多年前的，就会给编辑造成该论文是在“炒剩饭”的第一印象。对于陈旧的文献，建议作者换上最新发表的文献。或许，在替换文献的时候作者会发现该研究新的基点。

控制参考文献的数量：很多自然科学期刊编辑部要求参考文献在15篇以上，尽量引用最新英文文献，以引用先后顺序编号（注于正文相应处），且必须引用作者直接阅读的原文文献（内部资料、私人通讯一律不得引用）。但并不是参考文献引用得越多越好，也要注意控制数量。如果论文涉及许多文献，建议作者搜寻数据库，留意是否有相关的综述性论文。如果有，就改用这个文献，这样可以在参考文献部分省下不少笔墨。

参考文献要权威：如果同一观点出现在普通期刊和核心期刊论文中，建议作者引用核心期刊论文。如果引用自期刊中的内容教科书中也有，建议引用教科书而不是期刊。

参考文献适度自引：自然科学尤其是基础学科的研究往往宏大而需要数年乃至数十年的不断探索。作者可能在整个学术生涯中专注于某一学科的固定分支的研究。这种情况下，在新的科研成果中引用自己之前的科研论文就不可避免。有人为了“避嫌”，刻意不引用自己的文献；有人为了提高自己科研论文的影响因子，扩大在学术领域甚至社会的影响力，过量引用自己过往的研究成果，使参考文献的半数以上都是出自自己之手。这两种做法都不太妥当，尤其是后者会导致编辑部认为该作者目光短浅，视野局限在自己的研究里，不能广泛吸收他人的成果，进而也给编辑部留下负面的印象。

八、论文结构

有研究表明，论文的不同部分吸引读者的数量不同（见图5－2）。

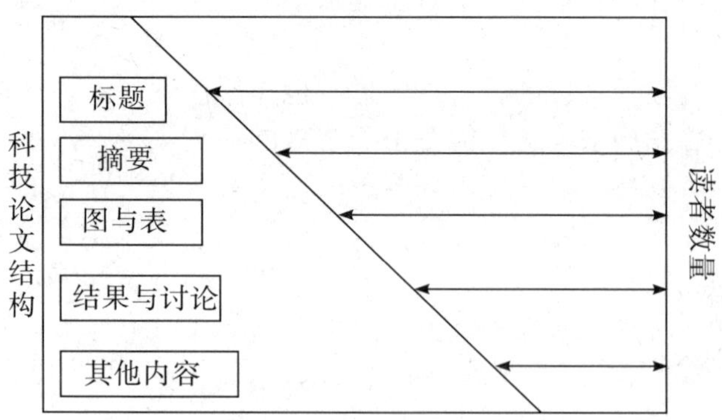

图5－2　科技论文结构与读者关注度

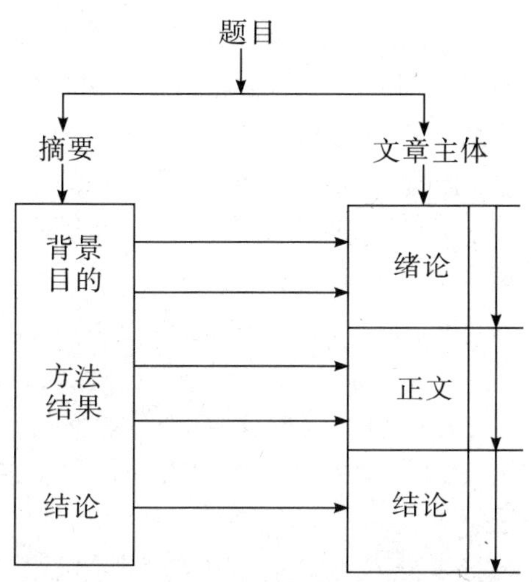

图 5 -3　科技论文编写格式的主要结构图①

图 5 -2 不仅体现了科技论文与读者关注程度的关系，也从一个侧面告诉作者，编辑部会把读者对论文各部分内容的关注程度体现在论文审核和编校要求中。论文的不同部分要完成相应的内容，不能缺失，不能错位（如图 5 -3 所示），以使论文的结构与功能相匹配。

九、致谢

自然科学研究往往涉及很多参与者、支持者，而并非所有以上人员都会体现在作者名单中。这时，在文末加上“致谢”部分就显得有必要了。致谢一方面表达了作者或作者团体对某人或单位的感谢，一方面也暗含着上述人员赞同论文的观点或结论。如果被感谢的人并不同意论文的全部观点或结论，那么论文公开后被感谢的人和作者都会很尴尬。慎重起见，论文投稿前应请所有被感谢的对象阅读论文的定稿（尤其要包括“致谢”部分），以获得他们的允许或默认。

十、作者参与校对

编校主要是编辑部的职责。编辑因为惯用质疑的眼光看待稿件，且对稿件内容不及作者熟悉，所以能找出作者忽视的或者自认为不存在问题的地

① 闫聪. 科技论文摘要、绪论和结论编写的异同性阐释［J］. 科技与出版，2011（8）：54 -55.

方。而作者对稿件内容烂熟于心，常能发现编辑不易察觉的数字、方程式、分子式和计算错误。请作者参与校对，虽然花费时间更多，但对提高编校质量大有益处。《微生物学通报》会将经过作者自校，编辑初、二连校，三校，核红后的文章先试发表到该刊主页，公示3天，发布当天会给当期的第一作者、投稿作者和通讯作者们群发邮件，请作者们最后一次核对检查；同时责任编辑进行付印前审读。有研究者做过统计，虽然之前已经请作者校对了一次，但试发表后有小修改的稿件还是占到15%左右，基本都是词语、字或标点的修改。此举对于进一步提高稿件编校质量起到了“锦上添花”的作用。[①] 作者参与编校是一种趋势。在尚未实现作者参与编校的编辑部，出于对自己的文章负责的考虑，作者可以要求编辑部将自己融入到校对中来。

① 贾翠娟. 发动作者共把文章编校质量关［J］. 中国科技期刊研究，2013，24（3）：584－585.

第六章
把握沟通技巧 力求协同创新

沟通的重要性不容忽视，沟通效果的提升更需引起作者和编辑重视。顺畅的沟通有助于作者提升选题质量、提高论文撰写水平、提升论文刊发概率、加快论文刊发进度；也有助于编辑缩短搜寻符合办刊方向的稿件的时间、加快审稿进度、提高编校效率。本章从编辑的视角分析其与作者沟通的内容及沟通的技巧，同时从作者的视角呈现他们眼中双方沟通的实然状态，进而分析编辑与作者沟通的应然之路和提升沟通效果的可为之路，改进作者与编辑的协同创新之路。

第一节 沟 通 理 论

一、沟通的重要性及必要性

沟通的重要性体现在大大小小的事情上。全世界似乎没有其他任何一个国家像美国那样注重人们的口头沟通能力，其中最明显的事实证明就是 4 年一次的美国总统大选。在将近一年的时间内，总统候选人要跑遍美国各个州，上到说服议员，下到拉拢街头百姓，而正式选举前的三次候选人电视辩论则成为竞选胜败的关键因素。难怪美国媒体自己也评论说，美国总统是“说”出来的。

不仅总统选举这样的大事需要良好的沟通，就连给幼儿洗澡也体现出良好沟通的不可或缺。家有 4 岁小男孩，自从他有性别意识开始，基本上由爷爷给他洗澡。但是，每次洗澡，小孩都哭着说：“爷爷，你把水弄到我眼睛里去了！”以为是老人洗澡的方法不对，就当着爷爷的面给小孩洗澡，边洗边讲：“要给他脖子以上部位冲水时先告诉他，让他有思想准备。”爷爷说以后我就照做吧！结果后来几次，小孩还是哭着说眼睛进水了。无奈之下告诉老人，明天洗澡时我看看你们的配合情况。看了之后才明白，虽然教了老人给小孩洗澡时要沟通，但是并没有达到沟通的效果。老人准备给小孩洗头发时是告诉小孩“我要洗头发了”，但是小孩当时在欣赏手上幼儿园盖的大拇指印章，并未听到，也不知道老人要准备给他头上冲水了，等感觉到水流下来时，他已经来不及闭眼睛了。这就体现出一个问题，并非沟通的内容说出来了就等于沟通过了，信息接收者明确表示收到信息了才算沟通完成。

当不断看到聪明、富有才华的朋友在客户和上司面前因为笨拙的沟通而失去生意和前途时，当看到没有原则性矛盾的一对情侣因懒于沟通或沟通不良而孔雀东南飞时，痛心之余是深深的思考：无论是客户还是上司，不管是夫妻还是朋友，最后决定他们判断的东西不是我们以为的事实本身，而是他们自己对事实的感受。感受是虚无缥缈的，然而使人产生愉悦感受的沟通方式却是有迹可循的。

随着经济的发展、社会的变迁，现代社会的复杂多变使人们面临着更多的不确定性，社会中的信任机制受到威胁，使社会各个层面的沟通无法有效进行。[①] 编辑与作者之间的沟通也不例外，作者和编辑就稿件问题展开口头和书面争论的情况屡见不鲜。

编辑以学术成果社会化标准为指南，以代表社会代表刊物的编辑对文稿实施取舍；作者以学术成果社会化为目标，比实现个人、社会福利增值为最终旨归。这种目标和价值观的差异必然产生矛盾，编辑、作者间沟通行为的矛盾成为必然。

作者是编辑最为频繁和充分的沟通群体。编辑以作者的稿件为工作对象，其价值通过作者的学术论文来体现；作者依靠编辑完成对其论文写作的规范和完善，其论文通过编辑的劳动得以体现和提升。二者有着共同利益，也存在着矛盾和冲突，互相依存又互相制约。

优秀的学术论文是论文作者与学术期刊编辑共同合作的结果。一方面，为提高学术期刊的质量和实现编辑个人的价值，编辑要抱着学习的态度，敬重作者的学识，尊重作者的创造，在与作者交流中不断丰富自己的学识，说服合适的作者为刊物撰稿；在稿件返修中，让作者心悦诚服地接受修改建议；在处理稿件中，将专家的审稿意见准确全面地传达给作者，同时允许并尊重作者充分表达自己的不同看法，扮演好作者与审稿人之间的信使和桥梁。另一方面，编辑可以为作者提供其他任何人都无法提供的可用的信息，协助作者完成学术创新和传播。加强论文作者与期刊编辑之间的沟通和交流重要且必要。

---

① 李琦. 从哈贝马斯的沟通理论看现代社会的“无效沟通”［J］. 文学界，2010（12）：61.

二、沟通理论的相关概念

（一）沟通频率

沟通频率是指沟通对象之间一定时间内互动的频次，既包括书面或会议讨论的正式沟通数量，也包括非正式的接触与口头讨论的次数。增加沟通频率，有助于沟通对象之间异议的妥协和消除。一定程度下，沟通的频率越高，就越能增进沟通对象的多元化态度，促进对彼此间不同观点和兴趣点的共同理解。

有这样一个例子：有位作者在打听到某编辑的手机号码后，开始时每天早上发条问候短信，该编辑礼节性地回复了。后来，这位作者每天发一则笑话，对他的内容该编辑表示感谢。再后来，这位作者把几个初拟的论文标题发给该编辑，请该编辑帮忙确定选题，该编辑坦诚地给出了意见。虽然并未见过这位作者，但高频率的沟通已经使该编辑打破基本的对陌生人的排斥和戒心，增进作者和该编辑对双方共同兴趣点的理解。这是一个案例，其代表性和普适性有待论证，只能说明部分情况下沟通频率对沟通效果的正向影响。

（二）沟通媒介

在相当长的时间内，书面文档、电话等传统沟通媒介成为作者和编辑沟通的主要手段。但是，随着计算机技术和网络技术的飞速发展，E-mail、电子公告、共享空间、微信、微博等即时通信工具在沟通中发挥的作用越来越大。不同的沟通媒介会产生不同的沟通效果，不同的沟通内容可以选择不同的沟通媒介。微信、微博虽为即时沟通媒介，但沟通双方或多方不必即时做出响应，这与沟通对象间对沟通速度的期待有关。这种情况下的深思熟虑之后的回复更易达到满意的沟通效果。

（三）沟通方式

从方式上看，作者编辑之间的沟通分为正式沟通与非正式沟通两种。正式沟通，是编辑以编辑部或杂志社名义进行的信息传达和意见交流，如作者向编辑部咨询投稿方式等问题，编辑向作者寄发用稿通知等。其优点是易于保密，有迹可循，沟通效果好；不足在于方式较为刻板，有时缺乏反馈与互动。非正式沟通，指作者与编辑之间以私人的名义所进行的较为个性化的信息传达和意见交流。非正式沟通建立在非正式关系基础上，沟通形式多样、沟通内容不受限制、互动性强、反馈可以及时也可以延迟。故而，非正式沟通与正式沟通可形成互补。因此，作者与编辑沟通时要注重发挥正式沟通与非正式沟通的协同作用。

（四）沟通氛围

沟通需要氛围。这种氛围，与人的心理感受息息相关。在沟通中，如果沟通参与者是利益共同体，或彼此尊重，就使沟通具有良好的心理基础。作者和编辑在利益方面有共同点——他们都需要通过高质量论文的刊发以展现自己在工作方面的能力，完成对于社会的责任，赢得读者的尊重。这为作者与编辑之间的沟通打好基础。当沟通双方一开始就潜在地站在对立面，抱有抵触情绪，无论信息采取什么媒介、什么传递方式、怎样被准确传递，都无法达到沟通的目的。

三、沟通产生障碍的原因

沟通的要素包括信息发送者，信息接受者和信息传递媒介。其中任何一方出现问题，都会引起沟通不畅，导致沟通障碍。

（一）信息发送者的原因

信息发送者是主动发出信息的人。他是沟通产生的源头。信息发送者从一开始就决定了整个交流中的基础感情色彩，定位了整个沟通的内容和情绪走向。发送者的重要性是不容忽视的，如果信息发送者一开始就发出语意模糊或内容有误的信息，就会引发误会，即会出现说者无心、听者有意的情况。

信息发送者的态度影响着沟通的氛围和结果。发出信息的人的态度，包括热情洋溢、自信满满、尊重对方、心灰意冷等确定了沟通过程的感情基调。

发出信息的人的知识程度，包括显性的知识和隐性的经验、人情世故等。人心里想到的内容远远多于可以表达出来的内容，而可以表达出来的内容又多于准确表达的内容。由于知识程度和表达水平等的局限，在有些情况下，表达的内容与想要表达的内容有所偏差。这时，障碍之墙或许就会不经意地竖了起来。

（二）沟通渠道的原因

沟通渠道指沟通采用的途径。同一信息经过不同的信息渠道传递，其效果大不一样。比如同一件事，用书面通知的方式比发微信的方式严肃和庄重，信息接收者也会更加重视前一种方式发出的内容。书面沟通和口头沟通相比，沟通双方有充足的时间做准备，沟通内容不易因反应不及时而产生差错。口头沟通需要一定的应变能力，也有赖于沟通双方在平时养成谦和的习惯。

（三）信息接收者的原因

在时间顺序上，产生沟通障碍的最后的要素就是接收者。影响接收者的因素主要有以下几个方面：(1) 接收者的主观选择性。如有些信息接收者乐意接受，而有些信息接收者不愿意看到、听到，这种选择性是一种先入为主的思想，往往根深蒂固，无法动摇。这样的沟通需要技巧和耐心，且容易引发争端。(2) 信息接收者的情绪状态。信息接收者当时的情绪状态也会影响沟通的效果。如处于喜悦情绪状态的人容易接受他人向其提出的要求；而心情不好时，他会有抵触心理。把握沟通对象的情绪，适时沟通才能得到较好的效果。(3) 背景和理解能力的差异。语言习惯、社会风俗、规范的差异等容易引起误解。理解力或换位思考能力正成为现代人必须提升的能力之一。在实际沟通过程中，以上因素通常是联合发生作用的，沟通障碍就悄然而生了。

四、逾越沟通障碍的途径

既然引发沟通障碍的因素有三个，逾越沟通障碍的途径也可以从这三个方面分析。

首先，信息发送者要保持传达信息时的感情，准确描述，客观表述。在沟通时围绕话题目标，清晰、简洁明了地表达自己的意图，强调中心思想，淡化细枝末节。要知道，现代人的忙碌已经大大降低了沟通对象仔细耐心聆听的可能性。说话时看着对方的眼睛和鼻子组成的三角区域（不要一直盯着对方），身体和手不要乱动，这样做可以很好地体现出你的态度端正，这直接影响了信息接收者对信息的筛选能力。

其次，要在信息传递中正确运用信息交流工具，要把握好说话和行文的语气，将其做到恰到好处。肢体语言在信息沟通中起到重要作用，其传递信息的效率高于语言。一个人嘴里说欣赏对方，实际上却用藐视的眼神看着对方，信息接收者感受到的肯定是虚伪加上藐视。在选择沟通方式时，如果时间允许，建议采用经深思熟虑的书面沟通。

最后，信息接收者要有求同存异的思维，要有坦荡的胸襟，要能够接受对方与自己不同的观点。每一个人都是世界当中的独存个体，意见不可能完全相同。而且由于每个人的民族、文化、家庭和社会环境的不同，造就了每个人独有的个性和特点。所以说，对同一个问题，不同的人会有不同的看法。正因如此，世界才如此丰富多彩。同时，要提高自己对事物的理解水平，对沟通内容不十分确定时及时提请信息发送者重复或解释，把误解扼杀在萌芽状态。如果信息接收者情绪不佳，可建议沟通对象择日再做沟通。

第二节 沟通的内容和技巧

——基于编辑视角的案例分析

编辑的工作过程可以按照时间顺序划分为组稿、审稿、改稿、校稿、编稿。如果从作者的角度根据论文的进展状况划分时间段，可以分为投稿前、投稿后、录用后、刊发后四个阶段。在不同的阶段，沟通的重点不同，内容不同。

一、投稿前

投稿前的沟通主要是口头沟通。口头沟通是编辑与作者常用的沟通形式。编辑约稿、作者咨询投稿要求时多用到这种形式。口头沟通是所有沟通形式中最直接的方式。此时，信息可以在最短时间内被传送并得到对方回复。但正因为交流是即时的，大脑思考的时间极短，任何一个词、一句话一旦冒犯了对方，便具有不可逆转性。因此，不论是编辑还是作者，要在平时养成良好的口语表达习惯，保持谦虚谨慎的态度。

沟通中要适当反馈。在倾听的过程中，要对对方的意思和情感做必要的反应，让对方相信自己已经正确理解了沟通内容。出于礼貌，可用“您看，我们这样做是否合适”等这种商量的口吻来回答。沟通中同时要注意反馈要适度。沟通中对简单明了的内容也做出试探性的重复，则会浪费沟通时间，让人烦躁不安甚至无法忍受。

（一）投稿前的沟通内容

投稿前沟通的内容主要是咨询拟投刊物的相关情况。总结6年的编辑实践经验，作者的咨询内容可以分为常规问题和非常规问题两类。

1．常规问题

在投稿前，作者通常会向编辑部咨询这些问题：审稿周期是多久？是否会收取版面费？主要刊发哪方面的论文？最近的热点问题是什么？有课题资助是不是可以优先发表？重点课题是不是可以尽快发表？对作者是否有职称方面的要求？等等。

2．非常规问题

非常规问题一方面指问题出现的频率不高，一方面指问题的内容挑战了编辑的工作常识或正常的工作情绪。如：是不是核心期刊？哪一年版的核心期刊？有些刊物在下一次遴选中可能就不是核心了，而我们学校要求一定要发核心，明年你们还是核心刊物吗？交点审稿费是否能快速通过审稿？没有时间写论文，能否帮忙写一篇？

面对常规问题，编辑通常会心平气和地回答，如实告知拟投稿作者编辑部的审稿周期、版面费收取情况和对待稿件的态度——一视同仁，英雄不问出处，不问作者职称，不问论文课题，不问作者所在单位。如果编辑比较热情且工作时间允许，就会和作者讨论最近的研究热点、难点，和作者共同探讨研究选题。不过，这种情况出现的概率不高，选题的任务主要在作者自身。

对于非常规问题，编辑会有隐隐的或者明显的不悦。这些问题的回答方式视编辑性格而定。有些编辑比较温和，会一一回答作者的问题，对作者的不合理要求好言相劝。有的编辑性格比较急躁且正义感外显，那么，严厉的“电话教育课”就在所难免了。

建议作者在投稿前做一些准备工作，查询拟投刊物的相关情况，如：是否核心期刊，是否最新版的核心期刊，出版周期，等等。未来充满不确定性，对于未来的某年刊物是否还是核心期刊，编辑部无法确定，作者不问的结果比问了好。对于有违学术规则和学术伦理的问题，建议作者将此类问题保留，从主流的、大家所倡导的渠道寻求论文撰写和发表途径。

（二）投稿信

1．投稿信是否有必要

在向中文社科期刊投稿时，投稿信不是必需的。大部分作者的来稿并没有附上投稿信，偶尔的一封投稿信会引起编辑更多的关注。在投稿信中，作者通常会在寒暄之后介绍论文的背景或者主要内容，最后附上盼早日知晓审稿结果或者盼早日刊发的愿景。还有作者在投稿信中声明论文作者署名没有争议，也有作者明确指出愿意支付版面费。在为数不多的投稿信中，手写的投稿信就显得弥足珍贵。作者或清新秀丽、或刚劲有力的书法让编辑印象深刻，在未读论文之前论文作者似乎已经获得先机了。

大多数 SCI 杂志社要求在线投稿时，附上作者的投稿信。在投稿信中，作者可以关注两方面的内容：一方面表示作者愿意向该刊投稿，希望尽快得到答复，并感谢他们受理作者的投稿。另一方面对投稿的情况或者有关作者的情况做一些必要的说明，表明投稿经过所有作者的阅读并得到同意，所投稿件没有在其他地方以任何形式发表或公开过，也没有一稿多投。同时告诉编辑，作者尽了最大努力撰写此文，但仍不免存在不妥之处，恳请并感激编辑的批评指正。

投稿信有助于稿件被送到合适的编辑（对于有多名编辑的期刊而言）或可能的评审人手中。为节省编辑的时间，投稿信要尽量写得简短明了、重点突出，最好不要超过一页。其中包括的内容大致有：

（1）所投稿件的栏目类型；有些期刊在在线投稿系统中还鼓励或建议作者在投稿信中提供合适的审稿人或提出需回避的审稿人，投稿信中也可写出该部分内容。

（2）如果稿件是系列论文中的一篇，或者与以前发表的文章有密切关系，投稿信中要提及这方面的内容（包括刊名、文章题名、发表时间等），必要时，还需附上发表过的论文，以免编辑或审稿人认为重复发表而产生误解。

（3）备齐期刊所要求的有关说明或声明（这在自然科学期刊较为多见，社科期刊罕有此要求），如果需要事先与编辑说明有关文稿的学术意义或其他细节问题（如有关图表的制作软件等），也须在投稿信中交代清楚。对于高度综合的刊物（如 Nature，Science）或本领域的顶尖期刊，在投稿信中最好简要说明一下稿件的广泛兴趣性或重要性，以及为什么要给该刊投稿。

（4）通讯作者（社科期刊通常没有通讯作者，联系人可以是任何一位作者）和详细的联系地址尤其重要，通讯作者还应将其电话号码、E-mail 和传真号码列在投稿信或稿件的题名页（首页）中，便于编辑及时取得联系。

2. 投稿信案例

收到的投稿信有数百篇，出于某种偏好留了两封在抽屉里。

第一封投稿信（手写体的扫描件）：

贵刊编辑部全体同志：

您们好！

我是安徽工业大学文法学院社科系思想政治理论课的主讲老师。副[illegible][illegible]，硕士。本科毕业于安徽师范大学，研究生毕业于南京师范大学。

记得在2009年7月份，我把学习与实践科学发展观的心得体会整理成一篇[illegible]《论大学生可持续发展的障碍因素及对策》。在准备投稿之前，我从网上查找了八家有一定影响力的期刊（包括贵刊），并分别打了这八家期刊编辑部的电话询问一下投稿情况，这些编辑部要么一直没人接，要么称稿源多，拒绝收稿，要么态度很傲慢问而不答；而最后一个电话，也就是打给贵刊编辑部的电话：020-8356[illegible]，接电话的老师语气和蔼，很耐心地回答我的提问，并且鼓励我试一试。我觉得她像夏日里的凉风，给人希望和力量。于是我急忙上网阅读了贵刊以往的文章，并把稿寄给了贵刊。

两个月以后，我收到了贵刊的退稿信，并指出这篇文章的不足：理论性不强。当时的感觉是痛并快乐着。为什么呢？贵刊在百忙之际给我寄退稿信并说明我的不足（极少的期刊能做到这点），你们这种对投稿者的尊重、关爱和激励令我感动，令人难以忘怀。因此，这段时间，我把教学中的感受和思考写下来，形成了这篇文章，仍然鼓起了寄给贵刊。期盼收到您的回音。万分感谢！

致！

礼！

祝贵刊越办越好，祝贵刊编辑部全体老师事事如意、吉祥！

罗志军

2010.2.4.

这封投稿信之所以百里挑一被保留，现在想想，原因应该有两个：一是因为作者对编辑的工作表示了肯定。编辑部每天电话不断，但是每个作者的咨询我们都会给予耐心细致地回应，即使有情绪不太稳定的作者质疑我们的工作，我们都心平气和地解释。二是这封投稿信传递了一种精神上的互动。作者在咨询编辑部投稿问题时心情受到鼓舞，他把这种鼓舞反馈回来，进而鼓舞了我们，形成了感情上的互动。

第二封投稿信（打印版）：

致《高教探索》编辑及各位老师

尊敬的编辑、老师你们好：

以前因为课题，我在中国知网上参考了很多篇期刊论文，其中就有不少佳作出自贵刊，其严谨的构思、翔实的论据、崭新的视角以及与现实紧密结合的论证方法使我受益匪浅，其中我还曾就其中的文献进行考证，结果证明这是准确无误的，所以对于贵刊刊登的文章，我可以很放心地引用。

因此，我对贵刊社长、编辑及工作同志务实、严谨的工作作风倍感钦佩。深受贵刊的影响，我在平时写作也以此为准绳，不仅要求思路缜密，而且还要与现实生活相结合，并产生了一些拙作。当然，个人深知还有很多地方需要更深入地学习与改进，不过饮水思源，希望尽早能为贵刊尽一点绵薄之力，特奉拙作一篇，敬请各位编辑老师们指点二三。

作者署名：无
日期：无

这封投稿信其中的一句话弥足珍贵——我还曾就其中的文献进行考证，结果证明这是准确无误的，所以对于贵刊刊登的文章，我可以很放心地引用。这是首次有关核实已刊发文章引文准确性的投稿信。一方面体现了写信人对编辑部工作的肯定，另一方面体现了作者对待学术研究的严谨精神，而编辑也期待看到治学严谨的作者的作品。

本人所在的编辑部至今未收到英文投稿信，这说明本刊尚未引起国际的高度关注，国际化水平还有待提高。为了满足英文投稿者的需求，引用在英文科技论文撰写及投稿方面有所建树的学者任胜利的一篇投稿信，从中展现和分析英文投稿信的撰写。

第三封投稿信①：

Department of Publication, NSFC
83 Shuangqing Road, Haidian District
Beijing 100083, P R China
July 18, 2001

Professor T. Braun, Editor - in - Chief of Scientometerics
Institute of Inorganic and Analytical Chemistry
Eötvös Loránd University
H - 1443 Budapest - 70, P. O. Box 123
Hungary

Dear Editor:

This is a manuscript entitled "International visibility of Chinese scientific journals" by Shengli Ren and Ronald Rousseau. It is submitted to be considered for publication as an "Article" in your journal.

All authors have read and approved this version of the article, and due

① 任胜利. 科技写作漫谈（23）：投稿信（cover letter）的写作［EB/OL］. http://blog. sciencenet. cn/home. php? mod = space&uid = 38899&do = blog&id = 26900.

care has been taken to ensure the integrity of the work. Neither the entire paper nor any part of its content has been published or has been accepted elsewhere. It is not being submitted to any other journal.

We believe the paper may be of particular interest to the readers of your journal as it...

Correspondence should be addressed to Shengli Ren at the following address, phone and fax number, and email address:

...

Thank you very much for your attention to our paper.

Sincerely yours,

Shengli Ren（签名）

Ronald Rousseau（签名）

简析：该类投稿信适用于对投稿没有具体要求或规定的期刊，因而其内容比较简单，主要作用有：（1）表明全部作者同意投稿，对稿件内容等无异议；（2）声明稿件内容不曾以任何方式公开，也未一稿多投；（3）简述了投稿的理由；（4）提供作者的通信地址、电话、传真、E-mail 等。

二、投稿后

投稿后的沟通形式主要有两种：书面沟通和口头沟通。口头沟通有即时性，需要对沟通内容做充分的准备，也需要敏捷的思维。书面沟通是一种间接的信息传递过程。对期刊编辑而言，这种间接的沟通形式存在能否收到信息、接收者对信息的理解是否准确、无法及时得到反馈的问题。作者投稿后通常会有三种结果，不同的结果有不同的沟通内容及技巧。

（一）音讯全无

作者投稿后的等待是漫长而充满焦虑的。一般期刊都规定了审稿期，有的是 2 个月，有的是 3 个月。有些编辑部和来稿作者约定，3 个月内未收到用稿通知，可以视为退稿。这种约定是作者不得不接受的一种“格式合同”，这是一种冰冷的做法，是在现有编辑人员配备条件下的情非得已的做法。核心期刊来稿量大，一个审稿周期通常有千篇稿件，一一告知作者审稿结果，确有困难。开通网络编辑平台的编辑部可能会在半个月内向作者反馈审稿意见。这对作者来说，是一个福音。网络采编平台建设是一种趋势。

如果作者投稿一段时间后未收到来自编辑部的任何反馈，建议作者致电或发邮件与编辑部联系，询问审稿周期及下落不明的稿件的去向。如果自己的论文已经超过了审稿周期，请编辑进一步确认投稿的结果。当然，三天两头的查询是浪费时间和让人反感的。

（二）退稿

写退稿信是编辑不得已的做法，却是对作者成果表示尊重的一种表现。退稿不退人是编辑写退稿信的宗旨。编辑要对稿件有准确的判断，并结合审稿专家的意见和建议有理有据地讲清需修改的原因与要点。值得注意的是，在写退稿信时，编辑既要能把审稿专家的正面评价转达给作者，也要学会把审稿单中出现的一些尖刻的甚至措辞严厉的表达转换成婉转、含蓄的，作者可以接受的语言反馈给作者，做到寓理于情，以理服人。退稿信既要便于作者在修改过程中可操作，又要让作者能够接受编辑所指出问题。尽管作者的稿件因这样或那样的问题而退稿，但编辑首先要对该稿件给予一定的肯定，尽量挖掘文章中的闪光点，并真诚地指出稿件存在一定的问题与不能录用或不适合本刊录用的理由或原因，既要让作者认识到该稿件与期刊的要求存在的差距和不足，也要让他感受到编辑部的慎重态度，而非草率处置，这样才不会挫伤作者撰写论文和投稿的积极性。

做到退稿不退人，最重要的是真心和坦诚。根据美国加利福尼亚洛杉矶大学（UCLA）的数据显示，沟通效果的55%取决于你的外表（包括衣着、举止、手势），38%取决于你传达的方式（包括感人的小故事、幽默的开场白、清晰的逻辑推理），只有70%取决于你传达的内容本身。[①] 编辑应不吝惜用一些赞赏的语言肯定作者研究工作中有价值的地方，让作者有一种被肯定的情绪体验，同时，再结合“三审”意见，适当地指出不足之处，才能更容易让作者接受退稿结果，从而真正做到“退稿不退人”。例如：使用词语要尽量表达积极的而不是消极的态度；尽量使用一些温和友好的词语来代替激怒性的词汇；避免使用否定字眼或带有否定口吻的语气，双重否定句的表达效果不及肯定句；在必须使用负面词汇时，则尽量使用程度最轻的，如“论文新意稍显不足”等；对于不得不传达的消极信息，编辑要尽可能压缩篇幅，让对方明白即可，最好不要多次重复进行强调。

很多作者对退稿有一种误解，认为退稿就是稿件今后没希望被接受，进而完全否定自己的研究。需知退稿可能是稿件质量有欠缺、设计有缺陷、不能让特定的专家信服。这时作者应根据审稿意见虚心接纳意见并进行认真修改，或者进行适当的补充和完善，再次投至原编辑部或其他编辑部。如果被“退稿”后彻底放弃稿件，不仅浪费了作者的心血，也没有充分利用“他

---

① （美）恩蓉辉．沟通形式比内容更重要［J］．商学院，2005（3）：90－91

人”——审稿人对论文的贡献，也就失去了在体会科学严谨性的同时享受做学问的快乐和崇高。要知道，学术期刊发表的不一定是对的，而是有价值的。一些探索性的工作，尽管有可能会被后来者证明是错误的，但它曾给后来者提供了借鉴。

由于晋级、评聘等对发表论文的要求，编辑部每年都收到大量的学术价值不高甚至没有什么学术价值的投稿，有的稿件通过各种关系人间接找到编辑。如何处理这些稿件是一件十分棘手的问题。这时，既要在研读论文后对论文内容提出有针对性的意见，也要为捍卫学术道德做出适当的努力。有一篇这样的退稿信：

尊敬的×××老师：

您好！

为保证学术论文质量，维护本刊全国中文核心期刊和CSSCI来源期刊地位，弘扬学术正气，本刊编辑部严格匿名审稿制度，规范三审程序。现将您的来稿《美、日高校教师退出××××××》审稿意见反馈如下：

□ 摘要内容须充分且必要，即包含文章核心观点且无多余表述。建议略去摘要前两句，适当补充美、日高校教师退出机制的实施背景和现状。

□ 调整文章结构，从二级标题和内容上突出美、日高校教师退出机制。

□ 细节内容需更翔实。如“日本高校教师如果没有重大刑事罪等可以一直工作到退休，基本没有淘汰机制”。据本人了解，日本高校对学术不端的处理措施非常严厉，东北大学1名教授4篇学术论文中存在捏造、篡改实验数据，被做惩戒解雇处理。

□ 启示部分新意稍欠，请充实更新。

□ 请按审稿意见修改，并将修改稿于　　月　　日之前退回编辑部（编辑部邮箱：tigao@126.com）。

感谢您对本刊工作的理解和支持！

《××××探索》编辑部

然而现实中，不同编辑的风格不同，写出的退稿信也风格各异。许多编辑部常用“不符合本刊宗旨”作为退稿的一种格式，既生硬又缺乏说服力。有些编辑会写出一些让人难过甚至莫名其妙的内容；有些则提出善意的修改意见，为作者在学术道路上的成长贡献自己力所能及的智慧。

下面通过举例分析不同类型的退稿信。

例一：毁灭型

> 我对这篇论文的印象是负面的。一个短小的两页文字的论述对论题是有用的。作者做了非常肤浅的讨论，明显的完全没有直接的经验或理论支持。我确信我们的刊物不会从如此简短的内容有限的文章中获利。①

这个审稿意见对初级学术职业者是种重伤。该意见前后矛盾——“两页的论述对于问题的讨论是有用的”和“这样长度的文章的内容是非常有限的”。意见没有真正提出论文的问题所在以及作者可以如何改进。这个审稿意见是不专业的，不必要的，甚至可以说是毁灭性的。这样的反馈是让人难过和不安的。但是有反馈总比音讯全无好——毕竟作者知道自己无须再等待了。

例二：婉转型

> ×××同志：
>
> 您好！
>
> 首先非常感谢对本刊支持和信任，积极为本刊投稿！您的投稿编号为：q201305050317，标题为：×××高等教育危机×××一文，经评审，具体意见如下：
>
> 贵文提出了高等教育存在危机的观点，实际上内容是高教界同行熟识，并无太多新意。建议改管理类刊物。如《科学管理研究》。
>
> 改投他刊前，建议：
>
> 1. 重新撰写引言。明确写作目的、研究现状（包括他人研究的不足、本文的创新）等。
>
> 2. 参考文献问题。建议规范参考文献、标号。
>
> 综上，贵文不宜在本刊发表，退稿时间为2013－01－08，以上意见仅供参考。

例二的退稿信表述婉转，在退稿的同时，为作者提供了论文的修改及改投信息，一定程度上做到了退稿不退人。

例三：建设型

> ×××同志：
>
> 您好！

① Rowena Murray. Writing for Academic Journals [M]. The McGraw－Hill Companies, Inc., 2005: 190.

首先非常感谢对本刊的支持和信任，积极为本刊投稿！

对于您的投稿“×××××产生的原因及防治对策分析”一文，稿号13-162，经评审，意见如下：

贵文对×××××产生的原因及防治对策提出了自己的见解，结构清晰，观点鲜明，但存在以下问题：

1. 缺乏新意。贵文提出的×××××，其实也是我们常说的“×××”、“×××”，这类文章不论我刊还是他刊都发表过许多，贵文所列的种种弊端，在以往的文章中也多有抨击，这些内容大多为读者、作者、编者熟知，所以欠缺新意。

2. 提出对策和建议过于空泛。作者仅就大方面提出了对策和建议，但如何在细节上可以杜绝这种现象的发生，恐怕还得制定一些具体措施。

3. 缺乏一些参考文献。另参考文献有些书写不规范。

相信任何作者看到此退稿信时的心情是感激而不是气愤。退稿信不仅详细提出论文存在的问题，而且颇费周折地为作者的进一步修改提供了参考资料。

例四：综合型（节选自任胜利的博客）[①]：

审稿意见译文—1

(1) 英文表达太差，尽管意思大致能表达清楚，但文法错误太多。

(2) 文献综述较差，观点或论断应有文献支持。

(3) 论文读起来像是×××的广告，不知道作者与×××是否有关联。

(4) 该模式的创新性并非如作者所述，目前有许多××采取此模式（如美国地球物理学会），作者应详加调查并分析×××运作模式的创新点。

(5) 该模式也不是作者所说的那样成功……（审稿人结合论文中的数据具体分析）

审稿意见译文—2

(1) 缺少直接相关的文献引用（如……）。

(2) 写作质量达不到美国学术期刊的标准。

审稿意见—3

---

① 任胜利. 英语科技论文——撰写与投稿 [EB/OL]. http://blog.sciencenet.cn/u/rensl.

（1）作者应着重指出本人的贡献。

（2）缺少支持作者发现的方法学分析。

（3）需要采用表格和图件形式展示（数据）材料。

下面是英文审稿意见（略有删节）：

Reviewer：1

There are many things wrong with this paper.

The English is very bad. Although the meaning is by and large clear, not too many sentences are correct.

The literature review is poor. The paper is riddled with assertions and claims that should be supported by references.

The paper reads as an advertisement for ×××. It is not clear that the author is independent of ×××.

The AA model of ××× is not as innovative as the author claims. There are now many ×× that follow this model (American Geophysical Union, for example), and the author should survey these model to see which one first introduced the elements of the ××× model.

The model is also not as successful as the author claims...

Overall, the presentation and the contents of the paper can only mean that I reject that the paper be rejected.

Reviewer：2

The are two major problems with this paper:

(1) It is missing the context of (and citations to) what is now know as the "two-sided" market literature including that directly related to... (e. g. Braunstein, JASIS 1977; Economides & Katsanakas, Mgt. Sci., 2006; McCabe & Snyder B E. J Econ Analysis, 2007).

(2) The writing quality is not up to the standard of a US scholarly journal.

Reviewer：3

1. The author should accentuate his contributions in this manuscript.

2. It lacks analytical methodologies to support author's discoveries.

3. Description style material like this manuscript requires structured tables & figures for better presentations.

从英文版的反馈意见看，这篇稿件中最严重的问题是文献综述和引用不够，其次是语言表达方面的欠缺，此外是论证过程和结果展示形式方面的不足。审稿意见指出了国内比较常见的研究价值中立的问题，对作者是否为某个利益相关者做广告表示质疑。据笔者不算多的经验，一旦论文开始部分让人产生这种质疑，审稿人会一直带着“有色的眼镜”审读该篇论文，如果后面还有一处类似的内容，审稿人就开始写“不予刊用”的意见了。

另外，在研究中不要对研究成果夸大其词，武断写出“国际领先”、“国际首创”等结论。同时，也要避免另外一个极端——忽略作者的贡献。治学的谦虚谨慎是学者必备的素质，但编辑要看到作者的创新才会认可论文。

学术论文录用与否的依据主要在于同行（专家）的评审意见，但是否送给他们评审，是否提交主编审查的决定权，往往掌握在编辑的手上。因此，如何与编辑打交道是作者需要具备的能力。当然，编辑也不会“无理取闹”，以自己的“饭碗”开玩笑而随意给出退稿建议。

编辑做出的退稿决定一般是比较慎重的，因为他要直接面对作者，随时有可能接到作者的抗诉或者向主编的投诉。也正因为决定是编辑慎重做出的，所以一般不希望作者在接到明确的退稿意见后，稍加修改再次投稿。

对于审稿专家做出的退稿意见，有的作者会认为没有一点参考价值。有的还会申诉到编辑部，要直接和专家对质。这种要求，编辑部是不会答应的。原因之一：稿件既然是盲审的，其目的就是使作者和专家彼此互不沟通，互不认识，以达到学术追求的相对中立。原因之二：审稿专家没有像作者一样拥有具体问题的一手资料，没有针对研究问题做过具体的实验，没有在这个问题上付出过如作者般的时间和精力，最熟悉论文的是作者，让作者和专家直接对质，结果只能是专家处于劣势。

在收到审稿意见时，作者需要清醒地记得审稿意见是相对于投稿期刊而言的，A 期刊不合适未必 B 期刊也不合适，即便是遭到否定也没必要失去信心。在此，建议作者根据自己的论文的分量和质量决定投稿期刊的层次。

在这个学术期刊出版单位居于强势的环境下，鼓励作者适当维护自己的权利，对于有重大错误的审稿意见向编辑部提出申诉。而对于有争议的论文，包括国内外著名刊物在内，都是先内部研究、主编判断，内部无法决定时再请同行专家评议。作者的申诉不是这一程序启动的必然结果，因为编辑部和审稿专家没那么多精力处理此类问题。只有编辑确实认为真的有“冤情”存在，才会使这一程序成为现实。而大多数的申诉在编辑初步判定后都被“驳回了”——这不是态度强硬的驳回，而是编辑向作者解释了审稿意见，使对方心悦诚服。

《中国药学》（Journal of Chinese Pharmaceutical Sciences）在这方面就提

供了很好的案例①：

> 我们就曾经遇到过这种情况。在一审时两位专家都建议退稿，作者提出了异议。我们立即采取积极谨慎态度，编辑部首先开会讨论，就稿件本身质量给予评判，同时，另外请了3位专家评审，最后的意见还是很一致：认为稿件本身实验设计有缺陷，还是不能接受。于是，再次与作者沟通，在表示理解的前提下，说明了拒稿的理由。最终，作者心悦诚服，接受了评审结果。

如果作者觉得被编辑部退稿很“冤”。这时，作者要反思一下，是什么造成这种“冤情”，问题在作者身上，还是应该归罪于审稿人。对于抱怨审稿人没看懂论文的作者，应该想想是什么原因导致审稿人看不懂，反思自己的表述有没有问题。如果是，请作者仔细想想是不是与自己研究的方向不太一致的人理解该文有困难？研究应该专，而表述和传播则应该简洁、易懂。

另外，作者认为自己交代了全部该交代的内容，但审稿人没看见。为什么审稿人会没看见？是否作者将一些重要的条件隐含在叙述中？如果作者要交代的内容简洁、醒目地表达了，那么自己的文章结构之间的逻辑性如何？论文定稿后自己是否逐句阅读过？如果不是逐句阅读，审稿人是否能够熟练猜出作者省略掉的自己清楚的而读者需要知道的内容？

还有一种常见的情况是，限于篇幅，作者没有将一些材料放进论文，使文章出现重要的遗漏或缺陷，造成“结论”的不可信引起审稿人的质疑。与此相反，有些作者资料提供的过多，关联性不大，将重要资料淹没，唯恐表达有漏，结果却因内容过于杂乱和主次不明引起歧义。文章的表达是否清晰，不在于篇幅的长短，而在于证明的严密和逻辑性。资料或证据的多少不是问题的关键，而在于证明力如何。对资料特别是实验数据的“把握能力”，体现的正是作者的研究深度和理论水平，“堆砌”数据那不是写论文，甚至说那不是“研究”。

（三）（修改后）刊用

修退稿件时，观点要正确无误，语言要恰如其分；在此基础上，力求表述清晰。这主要指信函整体布局、字体、行距及留白等更能使作者正确领会编辑的意思。此外，信函要言简意赅，完整表达修改意见即可。

---

① 韩健，张鲸惊，黄河清．尊重作者　慧眼识珠——谈科技期刊编辑与作者和谐关系的构建［J］．编辑学报，2012（5）：493－495.

1. 根据建议修改

下面举两个正面反馈的例子①:

例一:简洁型

感谢您选择我评审您的大作。这是一篇不错的论文。我享受阅读您论文的过程,但是我不确定您的论文已经完全具备出版的要求。我在琢磨您是否做好准备修改这篇论文,使这篇文章论证更有力些,文字更精练些。

这份修改意见是令人精神鼓舞的。若编辑在撰写修改建议时能更详细些,如指出哪一部分的论证需要加强,对作者会有更强的指导意义。

例二:完整型

致 作 者

两位专家对您的论文做出了评估。一位专家认为您提交的文章距离刊发要求相去甚远,另一位专家认为您的文章很有意义并且提出修改建议。下面将主要的修改意见反馈给您:

(1) 注意文章正文和标题的对应;

(2) 避免无助于深化您文章结论的浅显的表述;

(3) 使文章更为简练,使文章内容仅限于主要观点;

(4) 避免对话出现在文章主体部分;

(5) 如果有两位以上的作者,请避免使用第一人称“我”。

请尽快提交您的论文的修改稿!

这份修改意见是编辑部综合两位意见相反的审稿专家的意见后写出的。对于这种意见相左的状况,通知作者修改是最常见的做法。例二对如何修改论文提出详尽的建议。作者通过修改论文有望见到论文在该刊发表。

在任何情况下,出于礼貌,作者的回信可以以“谢谢”开始,请尽量使回信简短,以便节约编辑的时间。

例:简短型回复

谢谢您对拙作提出反馈意见!我觉得受益匪浅。我将按照修改意见尽快修改论文。如果提交修改稿有时间期限,烦请您告知。

总体来说,作者收到编辑部的反馈意见后,应立即做出回应,内容包括:

---

① Rowena Murray. Writing for Academic Journals [M]. TheMcGraw - HillCompanies, Inc., 2005: 191.

(1) 客观地感谢编辑的"有用的反馈";

(2) 告诉编辑您会重新修改论文;

(3) 询问编辑提交修改稿的期限;

(4) 诠释编辑部的反馈意见，表明您已经完全了解编辑的意思，并表明您根据修改意见采取的做法;

例如：第1页，解释——

第3页，删除——

参考文献：顺序编码——

(5) 尽快提交修改稿。

当然，有时审稿专家对稿件所涉领域并非十分熟悉，可能会提出一些有失偏颇的意见。这时，作者需要为自己的观点辩护。在辩护中，既要说明问题，又要尊重审稿人。在辩护中，首先要表明态度——我们将按照审稿意见对论文初稿做必要的修改，并及时将修改稿发给编辑部。其次，就某位审稿人某条意见做出一些解释，提请编辑部指示。该据理力争的时候就要争取和编辑部沟通，使自己的学术研究方法得到认可。

但是，有时候作者的构思是正确的，但是审稿人和编辑部就是不接受作者的研究方法。这时，不妨退让一步，按照编辑部的意见修改论文，使编辑部更加认可论文。如果根据编辑部的意见做了大的改动，论文再审时编辑可能会一改往日质疑的眼光。对于作者的申诉，编辑部在认为必要时会再次启动复审程序，而复审也是会首选原来给出否定性意见的审稿人。

2. 通过审稿，无须修改

收到通过审稿而没有任何修改意见的审稿结果是令人振奋的。毕竟，很多核心期刊的审稿通过率不到10%，有的甚至是百里挑一。对于令编辑和作者双方都会产生愉快情绪的消息，沟通过程也是让人愉悦的。

三、录用后

(一) 和用稿通知相关的沟通

编辑部通常会在用稿通知中提出一些要求:

(1) 提示作者按照该刊的论文格式对论文做出修改，并在规定时间内提交修改稿;

(2) 有些期刊对发表论文有版面费的要求，规定作者在一定时限内缴纳;

(3) 征询作者论文的最刊发时间;

(4) 如果论文已经被其他刊物刊发，或者作者有其他理由不同意在该刊刊发论文，请作者及时与编辑部联系。

在收到用稿通知的兴奋之余，作者需要留意用稿通知的内容。建议作者仔细阅读用稿通知，对用稿通知的要求逐条做出回应，尤其是及时回应有时间限制的部分。比如，在规定时间内对论文格式做出调整。实践中确有作者忽略此条要求，迟迟不提交论文修改稿，导致论文迟迟不能见刊。对于版面费的问题，有的作者非常反感。作者的这一态度，也需及时告知编辑部，以便编辑部另做安排。

另外，需要特别指出的是，作者在收到用稿通知时，需要辨别和确认用稿通知的真实性。有些作者通过“朋友”或中介向编辑部投稿，通过这种渠道获得的用稿通知更需要警惕。如果觉得可疑，作者可以致电编辑部（固定电话），查询编辑部是否向自己发过用稿通知。正式的用稿通知有规范的格式，有固定的联系地址和联系电话。而假的用稿通知没有联系地址或者联系地址无法核实，且没有固定电话号码，联系方式通常是QQ或者是手机号码。

（二）编校过程中的沟通

编校过程中的沟通频率是整个投稿发表过程中最高的。凡是编辑做出的重大的改动都要与作者沟通，而作者做出的哪怕是细微的调整在认为必要时都可以与责任编辑联系。有些编辑可能认为作者对规范的掌握不如自己熟悉，与作者沟通也麻烦，就索性自己来处理（包括资料的查找与差错的纠正）。这种做法弱化了作者的参与，忽视了作者的责任和作用：编辑是为他人做嫁衣，作者本身有责任保证稿件符合要求并配合编辑解决不规范的问题；另一方面，有些问题的处理也需要作者提供相关信息并进行核实。沟通的缺失让作者体会不到编辑修改过程的辛苦而不予重视，同时导致作者失去了一次学习的机会。① 建议让作者来承担修改任务——虽然编辑利用资料自己可以完成修改，但是这种做法无法达到培养作者的目的。

编校过程中沟通的密度大，涉及的内容多，造成的沟通不畅或者不愉快的可能性也就相对高。对编辑而言，在沟通中要尽量尊重作者的需求，尽量保持原文的表述风格，对可能会引起作者异议的改动一定要先征求作者的意见。如果时间允许，在二校后将清样反馈给作者，请作者再次斟酌改动内容，避免论文见刊后作者对无法挽回的改动大动肝火。对于那些表述蹩脚的文章，编辑在沟通时尽量心平气和——虽然这一点做起来有些困难。在实践中，就有这样一个反面的例子。

反面案例一：有一篇实证论文，在文献回顾部分，作者引用了大量的国

① 谢金海．编辑应引导作者重视参考文献著录［J］．编辑学报，2012（1）：47－48.

外文献，而这些文献的翻译痕迹明显，大量语句不符合中文语法习惯。在实证部分，原稿每个段落不超过三行，每句读起来都磕磕绊绊，导致整篇文章看起来零零散散，文不成篇。编辑请作者对编辑部提出的问题进行修改，两天后作者发来修改稿，仍然语焉不详，语不成篇。编辑看后立即致电作者："您的修改稿基本还是原稿，自己看自己的论文有审美疲劳，请您将文章再按照修改意见修改一遍，修改完之后请一个社会科学的大学生看看，能否读通，如果可以了，您再发给我！"一周后，作者发来修改稿，还是没有达到编辑的要求。编辑再次致电作者："您的修改稿还是有很多语句不通顺的地方，请您修改通顺后发过来。"作者回应："我实在就是这个水平了，要不您帮我修改吧！"编辑对作者这一要求的回答是："我是编辑，没有义务也没有时间替作者写论文。"结果这位作者向总编反映编辑态度不好，这位编辑在被领导"提醒"工作态度和方法需要改善后顺手把这位作者列入了"黑名单"，并通过同行间的口口相传，使该作者在其他编辑部也受到了冷遇。

上面的例子是作者和编辑都不愿意见到的，交恶是一种百害而无一利的行为。从这个例子可以看出，编辑和作者需要各司其职，任何跨越各自默认的界限的行为都有可能破坏正常的沟通关系。下面举一个主要责任归于作者的不良沟通案例。

反面案例二：有一篇文章编辑在编校时发现参考文献的著录格式没有按照编辑部的要求著录，仅正文后列出参考文献，而正文中没有标出相对应的序号，也就是说从现有文本看，读者并不能看出哪一部分是作者引用的，哪一部分是作者原创的，更不能判断引用部分的资料出处。这种问题是编辑不能代劳的，故编辑要求作者按照编辑部发送给作者的格式文件调整参考文献著录内容，不料作者回答："你帮我添加一下正文中的参考文献序号吧，如果不好做就随便标一下，反正这种学术刊物看的人很少，没人会注意的。"在放下电话后，该编辑即对办公室同事重复了通话内容，建议此后这位作者的来稿一律做退稿处理，因为这位作者不配做一名学者。

这位作者在沟通中有两点让编辑产生负面情绪。其一是作者对待自己的论文态度不严谨，对待他人的成果不尊重，缺乏对学术基本的敬畏之心。其二是作者无形中对编辑的工作进行否定，称编辑辛勤劳动的成果"看的人很少"，无形中打击了编辑的工作热情。

不良的沟通可能因为一句话就出现了，而通过沟通在编辑和作者间建立友谊就难能可贵。这需要耐心的、虚心的、诚恳的编辑，需要认真负责的、尊重他人的、学术修养高的作者。下面列举一个通过编校文章在编辑和作者间建立友谊的案例。

正面案例一：有一位作者，在收到一篇论文的用稿通知后发给编辑部两个电子版论文，原因是自己不太清楚刊物需要哪种语言风格的论文，所以发来两个版本，一个“学术版”，一个“通俗版”。编辑仔细拜读对比两个版本，决定使用“学术版”并告知作者。从作者提供两个版本的论文可以看出作者对论文的重视。所以，在编校过程中，编辑提出请作者提供传真号码，以便二校后将清样传真给作者校对一遍。作者收到传真后的第二天致电编辑：“非常感谢您的专业、细致的工作！清样我昨晚请某某（曾任同类期刊主编、出版社社长等职务）看了一遍，他夸奖您是位有责任心的编辑，有个别地方做了改动，主要是表述习惯。另外，他建议我删除两行文字，给责任编辑您的大名留下版面，传给您请您看看。”编辑看了作者和编辑界前辈对清样的修改，修改部分表述更为简洁和严谨。三校后，作者致电编辑，称有一句表述不太准，原表述为“据广东省教育厅统计”，实际上应该是“作者据广东省教育厅资料统计”。这句话从字面上看是没有瑕疵的，但是细看内容却大相径庭。前者的统计主体是广东省教育厅，后者的统计主体是作者。作者的严谨态度不禁让编辑肃然起敬。

这是一个典型案例，有代表性，没有普遍性。作者表现出的治学精神弥足珍贵，编辑也就格外珍惜。论文刊发后，该作者有时致电编辑讨论相关教育问题，有时编辑发短信问候该作者，逐渐形成一种不曾谋面的友谊。

四、刊发后

通常作者文章刊发后就与编辑失去联系，这种状态一般会持续一段时间，直至该作者下一次投稿。这种做法可以说是在沟通方面向前走了一段，然后又走回原点。中断联系的情况可能是因为作者无话可说，找不出后续联系的话题，也可能是作者觉得必要性不大，而编辑也在这方面存在疏漏。

论文见刊后，编辑部会向作者寄送样刊，以供作者使用并提出意见。编辑部会谨慎填写样刊寄送地址，然而，也有客观原因致使作者数月内无法收到样刊。这种情况就需要发挥作者的积极主动性，告知编辑部样刊未收到，需要补寄。作者见到自己的心血得以传播并引起共鸣或讨论，自然欣喜。如若自己撰写的论文在编排过程中出现较严重的错漏，作者在失望或气愤之余需要将错漏情况及时反馈给编辑部，请编辑部采取进一步的措施，如在下一期刊发更正声明等。

2013 年 5 月，笔者接到一个作者的电话，说自己的文章在 2009 年第 1 期《高教探索》上刊发，但是没有收到样刊，后来也就忘记这个事情了，现在评职称需要提交材料，请编辑部补寄。时隔 4 年，这个请求来得太迟，编辑部本着尽力满足作者需要的宗旨也未必能达成作者的愿望。出版单位作为资料保留的样刊数量有限，后来只能请负责仓库管理的老师留意是否有多余样刊。

之所以举这个例子，是要告知作者和读者沟通具有时效性，很多事情早一天沟通就可以办成，而晚一天就无回天之力了。

大多数作者不太关注自己见刊后的论文被其他期刊或网站转载的情况，也不清楚将这些转载信息反馈给编辑部，会给编辑的工作提供方向感和精神鼓励。有一次，在一个高等教育论坛上见到一位老作者，告知自己刊发在《高教探索》上的文章被《中国教育报》和《教育科学文摘》转载了。身为编辑，见到自己责编的论文被转载，那份喜悦就像自己的孩子在学校里拿到奖状。编辑部通常会定期统计刊发论文的转载情况，也会在时间允许的情况下将优质的论文摘要推荐给转载报刊，交由同行判断是否需要转载摘要进行二次传播。

一篇论文的刊发代表了一个小阶段的结束。如果作者和编辑之前的沟通既顺畅又愉快，那么作者可能有动力和愿望继续与该编辑保持联系。对作者来说，他和编辑的关系基本上是一对一的。建议作者隔两三个月约一个编辑工作强度不太大的时间专门和编辑沟通，内容可以是讨论最近的研究热点和学术动向以及有什么样的选题可以推荐，也可以是文字表述等技术性问题。对编辑来说，编辑和普通作者的关系，是一对一百甚至数百的关系。所以编辑主动和某作者联系的可能性较小。编辑和约稿对象（专家）的关系，基本是一对一的，编辑在这种有针对性关系中要发挥其主动性。不论是哪种关系，都需要时间和耐心的沉淀和积累——不求速成，但求日趋稳固。

第三节　编辑与作者沟通的实然与应然

——基于作者视角的案例分析

第二节从编辑角度分析其与作者之间的沟通内容和状况，是编辑对现实中的二者关系的反映。然而，对于同一事件，不同当事人有不同的价值判断，对于事件有不同的感受和评价。本节通过对广州某“211 工程”高校研究生群进行随机问卷调查，发掘作者视角下的编辑与作者的沟通状况，在现实与理想的两者关系间寻找差距，力求实现更加和谐的沟通。

一、样本基本情况

该研究于 2013 年 9 月 16 日向广州某“211 工程”高校研究生群发放开

放式问卷，题目为“最近在研究编辑和作者沟通的实然和应然状态，拜托您提供资料！现向各位收集投稿过程中和编辑部发生的最让人印象深刻的事，拜托！有开心的故事、让人气愤的故事、激动人心的故事等请发给我！字数不限！越详细越好！敝人会对您的故事尽到保密及相关义务！”

该研究生群总人数为44人，其中已经参加工作的研究人员30人，出站博士后2人，博士研究生12人，博士研究生在读9人（其中2人为在职博士研究生），硕士研究生14人，硕士研究生在读7人；从职称看，高级职称8人，中级职称22人，无职称人员14人；从性别看，男性21人，女性23人。截至2013年11月1日总收回问卷4份，反映负面的编辑与作者关系的问卷2份，正面的2份。

二、问卷回收结果及分析

（一）问卷回收结果

调查对象中40人有过投稿的经历，大部分曾经公开发表过论文。在与编辑有过沟通的人员中，浅层交往比较多，大多数人对与编辑的沟通过程没有深刻印象。截至2013年11月1日共回收问卷4份，其中正面沟通案例2份，负面沟通案例2份。收集资料有限，仅就收集案例包含的问题进行分析。

案例一（负面沟通）：

我是在读博士生。那是2008年的事情，时间过去比较久了，编辑具体的表达还真记不清了，但意思我还非常清楚。我投的是《江西××××》，以前我的硕士生导师在这家期刊的主办单位工作过。编辑刚开始和我寒暄了几句，后来就问我是不是我导师让我投的，我说不是。然后编辑就顺便问我导师现在混得不错吧，拿了不少课题，有不少科研经费之类。后来就说你这个文章我们可以用，但是要交版面费。第一次编辑要价2 000多的样子，后来减少到1 800。我还价的过程中，他不是很高兴，就对我的文章评论了一通，说文章写得一般，要我多向高手学习怎么写文章。我当时在想，如果说我的论文质量达不到要求，大可以不发。感觉编辑和我的谈话是以版面费为主题展开的，这个让我非常气愤。先问我导师的情况，试探我的“靠山”和我背后的经济实力，然后“让我大出血的样子”开出高价版面费，最后我砍价编辑就贬低我的论文。

案例二（负面沟通）：

话说我（博士研究生，中级职称）2012 年给某普通期刊投了一份稿件，3 个月后接到了该刊的用稿通知，由于当时没有提到版面费问题，我就想当然地以为不用交版面费（事后一想这的确也是我的疏忽）。另外，由于该稿件曾经找一位老师修改过，我也提出了添加第二作者的要求，并通过该期刊的投稿系统将作者简介信息发了过去。

2013 年年初，该期刊的编辑开始联系我，说了一些客套话之后，开始跟我提要收取点版面费，而且强调是“几百元”。我这两年发 CSSCI 来源期刊和核心期刊都没有交版面费，我寻思着，普通期刊可能也就五六百，但结果的确让我有点吃惊——“八百！”由于正值求职期，该稿件 2012 年被录用后我就列进简历，总不至于发不出来而致使我的简历作假吧！于是我答应了交版面费的要求。

一个月之后，编辑给我发样稿，要求我自己校对自己的文章，我发现这个期刊排版很有意思，那就是在参考文献里面，偏要把页码的形式写成第几页到第几页，比如说我写的明明是 5，硬是被改成了“3 – 6”，最要命的是，每个参考文献的格式都被改成这样。另外，他们还漏掉了第二作者的简介信息。于是，我逐一列了五六点意见发给编辑，并且低姿态地指出意见可能也存在不妥，请她酌情接纳。

结果不到一星期，编辑就打电话给我，说从来没见过我这样子的作者，提了这么多无理的要求，而且都不符合国家规定。我寻思着，你人为地扩大了作者参考文献的引用范围，才是不符合规定咧！谈到第二作者为什么漏掉，她的理由是：我不应该通过投稿系统告知他们，应该专门打电话提醒他们，作者有义务提醒。我在想，那你们开发个投稿系统做什么呢？不就是利用网络沟通方式提高审稿的效率么？于是，我跟她理论了一番，最后以我接受了这种所谓的规范，编辑也添加了第二作者。

本以为这件事就完了，结果还有后话哦。后来编辑打电话问我要不要版面费发票，我想着要着也行吧，也算是个凭证。结果她拖拖拉拉，到我毕业离校的时候才把发票寄出，于是我拜托在校的朋友帮忙取一下快递，一听说是顺丰快递，还是收件人付款，这又挑战了我的常识，不都是平信寄过来滴么？于是跟朋友说不必签收了，免得破费。后来，这封快递被退回他们编辑部，编辑又开始给我打电话，当时我在去新单位报到的火车上，跟她说明了无法签收的原因。于是她又开始拉拉杂杂说了一大堆，说她辛辛苦苦给我寄快递，你为什么不签收啊？还说像我这些博士生，今后去哪里上班都不行啊！

说句实话，我倒并不是在乎这个快递费，而是不赞同这种编辑对待作者的态度，因为从头到尾，永远是她抱怨的多，而我争取到的权利，就是添加了一个第二作者罢了。

案例三（正面沟通）：

讲一个我（博士研究生，副高职称）投稿时很粗心的事，是2013年发生的。我把稿件寄到了对方的编辑部，可能在打印的时候没看清，写着我的姓名、联系方式、电话的最后一页没有打出来。只有在文章首页标题下面有我的姓名和单位。后来过了大概一个月，对方给我打了个电话，说你的稿件我们打算用。但是为什么你连电话、邮箱这些联系方式一个都不留呢？后来我才知道，他们编辑部是在网上找了我学院的办公室电话，然后打电话到我们学院的办公室，才问到了我的手机号码。其实我还挺看重这篇论文的，不知道为什么就这么粗心。我还挺感谢他们编辑部的编辑老师的，不然这篇论文就没有机会在那里发表了。

案例四（正面沟通）：

今年，我（在职博士生，副高职称）的一篇文章被录用了。编辑部询问了我对刊发时间的要求（这个其他的编辑部好像都没问过，都是根据编辑部的要求决定刊发时间），我说尽量安排在最近一期吧。后来，编辑部通知我栏目初排后，加上我的文章刚刚好。我就告诉编辑，后续有什么问题，请他们尽管吩咐。

过了几天的上午，编辑打电话说我的文章在编排，有两个问题要和我沟通一下。第一个问题是文中的两个表没有表序，无法找到相对应的文字表述，请我将相关文字找出，在文字表述时提及这两个表，便于读者顺利阅读。第二个问题是我的参考文献在文后有7个，但是无法在正文中找到相对性的引文序号，请我在文中标明。针对第一个问题，我表示当天下午补充后发给编辑。对于第二个问题，我解释给编辑："我写这个文章之前读过参考文献中的几篇文章，但是在正文中没有引用这几篇文章的核心观点，也没有转述这些论文的观点。我只是参考了这几个论文关于实证研究方面的问卷结构，整合了几篇文章的部分结构，再根据我的研究需要在问卷中做了添加和调整。"编辑当时回答，这样的话就不需要列参考文献了。我知道这家期刊的论文都有参考文献，如果我的不列就不合群了，就告诉编辑不列也不合适。编辑就让我自己先处理，处理好后发给他。下午，我把修改稿发给编辑，并打电话询问修改稿是否符合要求。编辑对照着修改稿告诉我，表序加上了，文字表述中也有所体现，这个没有问题了。但是，把参考文献序号标注在论文二级标题和三级标题上的做法不太妥当，这样会误导读者标题包含的那部分内容都是引用的。编辑推心置腹地告诉我："如果您真的一定要把参考文献标引出来，建议您在论文的引言部分以文献综述的形式引上您参考的文献。"

第二天上午，我把修改稿再次发给编辑。中午12点多（当时疏忽了是午餐时间），我给编辑打电话问是否收到修改稿，编辑说正在看，并指出我增加的文献综述内容放在研究背景、研究方法和研究意义之前，顺序不太妥当，逻辑有些混乱，同时，由于增加了文献综述的内容，会导致已经排好版的完整的6个页码多出1/5页。我就告诉编辑："我的水平有限，要不你就帮我调整一下引言部分的内容吧，免得改来改去耽误编辑部的时间。"编辑答应了。午休前习惯性地看了邮箱，编辑的修改稿已经发过来了。编辑将引言的内容理顺，先铺垫研究背景，然后对前人的成果进行总结、分析，之后引出本文的研究方法和意义。在引言部分，我本来有一个图，编辑将其删去，替换为简短的文字表述，使文章的所占版面刚好六个版。

从一开始联系编辑到修改完成，编辑的态度都很让人敬佩，既体现专业水平，声音又很温和，让人不仅学习到东西还心里特别舒服。

（二）基于问卷的分析

4个案例虽然是个案，但也反映出作者与编辑沟通中存在的一些普遍问题。编辑与作者的关系的应然状态和实然状态有一定距离。对于有些问题，不能以是非对错评论，只体现了价值观不同、认识层次不同的人对同样的事情有不同的理解。问卷中包含的问题及分析如下：

1. 版面费

这是常见的造成沟通不愉快的问题之一。有些期刊是收取版面费的，但是出于某种原因，有些编辑部不愿在来稿须知等公开的文字里注明，更不用说确定版面费的收取标准。因为这一问题没有公开，所以作者对此不知情。有的作者在投稿时会咨询是否收取费用，有的作者直到收到用稿通知时才恍然大悟——原来版面费是一项很大的支出。因版面费出现争议一方面是作者的原因——没有及时询问编辑部，另一方面是编辑部的原因——没有以公告等形式在作者投稿前告知作者。

没有办刊经费或者办刊经费不足的编辑部可以收取版面费，但不能见钱眼开，不能唯钱是论。版面费的收取是为了维持编辑部的运转，不是为了赢利。版面费的收取不能没有标准可循，更不能为高额版面费而以降低录用标准为代价。案例一中编辑部的做法不可取。

2. 投稿系统

在线投稿系统相对传统编辑出版是新生事物。很多杂志社或编辑部都有自己的在线投稿系统，有的是自己开发，有的是直接购买别人开发好的系统。这些系统的功能主要包括：作者投稿功能、专家审稿功能、编辑审稿功能、编辑交流功能、编辑信息发布功能、稿件信息统计功能等。很多杂志社自己开发的投稿系统，也具有投稿、审稿、稿件编辑、编排交流、信息发布等功能。有些投稿系统明确指出“确认之后在初审之前，作者可以修改稿件和作者信息”；有些则在投稿确认前提示作者“请您确认投稿内容，一经确认，投稿内容将无法修改”。

案例二中关于投稿后添加第二作者信息的事情引起了双方争议，作者认为投稿系统本身包含着可以修改稿件和作者信息的功能，编辑认为应该专门电话提醒该内容。这是基于认识和理解的不同产生的矛盾。首先，案例中的编辑部的投稿系统可能只具有收稿等简单功能，这种情况下作者向投稿系统发送的第二作者简介有可能被系统认为是新投稿件。如果系统对稿件内容长短有要求，第二作者简介就会因字数过少被系统“退稿”。退一步看，不管投稿系统是否具有修改功能，作者在收到确认第二作者简介邮件收到之后才能确保沟通的内容送达编辑部。其次，有些编辑部的来稿量很大，咨询的邮件也很多，编辑部邮箱内的信件内容纷繁复杂，编辑每天浏览邮件后要对邮件内容做出处理和回复。对于暂未处理的邮件，要做好标记，以免日后遗漏。最后，对于论文重要的修改和作者信息、基金项目变动，作者最好直接电话联系责任编辑，确保其准确的获得修改信息。对于编辑来讲，同时面对的是数十位上百位作者，有的作者是新近通知用稿的，有的是半年之前通知录用的，编辑理解作者对刊发论文的迫切心情，作者也要理解编辑面对的事物的复杂性，尽到适时准确提醒编辑的义务。

3. 论文排版格式

参考文献是学术论文的重要内容，但是其正确标引并非人所共知。作者在沟通中对编辑的做法不认可，认为编辑人为模糊了引用文献的页码。实际上，编辑可以对此做出解释，给出权威的有关参考文献的规范。

参考文献：

[1] 作者. 文献题名 [J]. 刊名，出版年，卷（期）：××× - ×××（起止页码）.

[2] 作者. 析出文献题名 [C] //论文集名. 出版地：出版者，出版年.

[3] 作者. 书名 [M]. 版本（第一版不写）. 出版地：出版者，出版年.

[4] 作者. 文献题名 [D]. 保存地点：保存单位，出版年.

[5] 作者. 文献题名 [R]. 报告题名及编号，出版年.

[6] 作者. 文献题名 [EB/OL]. [发表或更新日期/引用日期] 电子文献的出处或可获得地址.

[7] 专利所有者. 专利题名 [P]. 专利国别：专利号，出版日期.

[8] 作者. 文献题名 [N]. 报纸名，出版日期（版次）.

[9] 标准编号，标准名称 [S].

[10] 作者. 文献题名 [Z]. 出版地：出版者，出版年.

4. 额外费用

案例二中编辑部以快递到付的方式为作者邮寄发票，这超出了普通作者对于编辑部邮寄发票的理解。如果时间不是很紧急，通常编辑部采用挂号信的方式将版面费发票寄给作者。寄快递通常是出于两个理由：一是作者急于收到发票或者样刊，要求编辑部以快递方式寄出；二是编辑对于相同地址的同一作者第一次普通邮件寄送时作者没有收到信件，第二次为了确保作者收到信件改用快递方式。无论是哪一种方式，寄快递都是作者和编辑沟通后的结果，而不是编辑的单方意愿。若无缘无故增加作者的刊发费用，就容易引起作者的惊讶或者不悦了。

5. 尊重作者

案例二中编辑说了这样一句话："像你这样的这些博士生，今后去哪里上班都不行啊！"这句话可以从两方面理解：相比过去的博士生现在的博士生素质不高，情商低，不通人情；现在的博士生在社会上的认可度低。编辑出于何种心态和语境说出此类话不得而知。不论从哪个角度看，编辑都不应该随意贬低作者的人品和能力。且不论评价作者的人品和能力超越了编辑的职能，即便编辑出于善意提醒作者改进，也不该在沟通产生不愉快后使用这种贬低和否定的语句，编辑在贬低作者的同时也暴露了自身的缺陷。

6. 把握沟通内容及技巧

在案例一中，编辑一开始就向作者打听其导师的情况，这或是因为该导师曾经是编辑的同事，编辑表示的善意关心。编辑如果向一个曾经的同事的学生（作者）打听其身体状况、学术研究状况等可能不会引起人的反感。但是这位编辑直击其与经济状况相关的内容，难免会使作者提高警惕——你是在试探我对版面费的态度和支付版面费的能力。况且，这是编辑初次和该作者打交道，没有任何的感情基础，更不应该探听和作者相关的私人问题。编辑应该在沟通中体现其专业水平，而非和作者“套近乎”，进而获取与提升编辑部乃至个人利益相关的信息。

在沟通中不仅要注意沟通内容不能越界，而且要注意语言的表达方式。不管沟通对象的身份如何，慎用反问句。案例三中编辑虽然是好意告知作者遗漏了联系方式等信息，但是使用这样的句子“但是为什么你连电话、邮箱这些联系方式一个都不留呢?”就不太妥当。如果信息接受方当时情绪不佳或正在气头上，就会认为这是挑衅。继而说出：“你以为我想这样吗? 我这点疏忽你都要抱怨吗? 我没留联系方式你也不是联系到我了吗?”一场电话争吵就在所难免了。

7. 引导作者规范写作

对于论文撰写规范，很多作者不是十分清楚。案例四的副教授的稿件处理反映了两方面的问题：

一方面是引言撰写问题。案例四的论文属于实证论文，作者在引言撰写中存在两个问题，一个是在引言中使用了图表，另外一个是引言中没有适当呈现前人的研究成果，即缺少文献综述部分。引言的撰写是学术职业者的基本功，其水平直接影响了读者对于整篇文章的评价。引言，即论文的开场白，目的是向读者说明本研究的来龙去脉，吸引读者对本篇论文产生兴趣，对正文起到提纲挈领和引导阅读兴趣的作用。在社科论文中，引言用以介绍论文的写作背景和缘起，以及相关领域内前人所做的工作和研究的概况，说明本研究与前人工作的关系，存在的问题及作者的研究意义，引出文章的主题。在自然科学论文中，引言需要说明研究的理论依据、实验基础和研究方法，预示研究的结果、意义和前景。

另一方面是参考文献著录问题。参考文献的著录问题是编校工作中沟通频率最高的问题。案例四中的作者深知指明前人研究成果的重要性，但是对于如何正确将前人成果体现在论文中却很茫然。如果是引用了前人的观点(直接引用或者转述)，就必须在该观点结尾处标明文献出处。如果是在阅读某篇文献的基础上产生的自己的构想、方法，可以在文献综述部分列举出对自己有启发的那些文献，一则表示对前人成果的肯定，二则表明自己的研究在前人成果基础之上有所发展。

三、共建和谐沟通之途

编辑和作者的沟通可以分为三个层次，分别为初识层面、了解层面和认同层面。随着沟通的深入，了解的内容逐渐增加，编辑与作者从口头或书面的沟通上升为思想的碰撞。

大多数作者与编辑沟通是基于一篇论文的快餐式沟通。随着论文的退稿或最终刊发使双方的沟通告一段落或者中止。在这一过程中，沟通的次数可能只有一两次，沟通的层次定位为初识层面。

了解层面指双方已经认识，并在这个基础上可以就投稿内容即作者的专业领域中的一些问题进行交流。这一层面沟通的是浅层次的，沟通双方仅就专业知识进行沟通，没有情感的认同和共鸣。对论题的了解是双方产生信任和尊重，并讨论写作和修改活动的基础。

认同层面涉及一定的思想和观点的碰撞、交流。这一层面编辑与作者的观点、认识和而不同，互为补充，就论文互相磨合，共同提炼论文观点、提升论文质量。认同是论文写作和修改实践中相互配合与合作的基础，也是达成协同创新的必备条件。

不是所有的作者与编辑都可以从初识走到认同层面。其中有沟通的选择性和必要性的问题，也有因沟通障碍或沟通不愉快的产生而影响沟通关系进一步发展的问题。在实践中，尽量避免后一种情况的发生，提高沟通的效果，提升沟通的层次。

“理解万岁”道出了理解在人与人交往中的重要性。有了理解，才能产生信任，进而才能相互配合，共同合作。在写作和投稿过程中，编辑和作者对信息的掌握是不对称的。编辑清楚地掌握期刊对于论文的要求，这中间包括很多隐性的作者从其他渠道无法得知的信息。与此同时，作者掌握着论文的内容和走向，其具体细节在论文投稿之前是编辑无法知晓的。因为掌握的信息的侧重点不同，关注点也不同，增强沟通和理解就显得尤其重要。

（一）先交朋友后做事

人脉的重要性在当今社会越来越凸显出来。斯坦福研究中心曾经发表一份调查报告，结论指出：一个人赚的钱，12.5%来自知识，87.5%来自人脉。一个人事业的成功，80%归因于与别人相处，20%才是来自于自己的心灵。四通八达的人脉需要耐心的期待、需要精心的梳理、需要细心的呵护。

编辑与作者的关系应是建立在朋友式合作的基础之上的。建立相互间的信任和理解才有可能顺利进行后面的合作。作为编辑，在工作中首先要培育共同谋事的意识。[①] 有的编辑遇到某些作者，不会处理相互关系，过分强调以我为主，投稿和编校过程中过分强调自己的观点，盛气凌人，即便论文见刊，也不会令人愉快。所以编辑与作者要“先交朋友后做事”，而且编辑要学会造势，主动营造友好气氛。有了感情基础，合作当中的很多问题会相对容易解决，双方是在愉悦中共同谋事，达到一种和谐的合作氛围，这对编辑

① 宋庆伟. 编辑应注重与作者关系的维系［J］. 科技与出版，2012（11）：51－53.

实现选题策划是十分重要的。作为编辑，首先要最大限度地帮助作者体现作品水平，要无私地关心、支持和协助作者的创作，使作者的学识、智慧和才能在作品中得以充分展现，使作品能够适应读者的需求，得到社会的认可。

我国著名文学家巴金先生在谈及编辑与作者的关系问题时说："过去几十年中间，我多次向编辑投稿，也多次向作家拉稿。我常有这样的情况：做编辑工作的时候，我总是从编辑的观点看问题；投稿的时候，我又站在作家的立场，对编辑提出过多的要求。事情过后，一本杂志已经发行，一部书业已出版，平心静气，回头细想，才恍然大悟：作家和编辑应当成为诚意合作、互相了解的好朋友。"①

（二）区别对待，体现专业性

区别对待初级学者和成熟学者。对待初级学者，要放低姿态，本着支持、协助的态度诚恳平等的与作者交流。对待成熟学者，要了解他们的科学背景、之前的研究成果、专长所在，甚至是个性特质；要注意把握沟通的尺度，要持有向专家学习请教的态度，但过于谦卑反而会起反作用，专家会认为编辑学识浅薄，不堪大任。

台湾出版界曾有奇人沈登恩（台湾远景出版事业公司创始人）。沈登恩是"抽屉王"，抽屉里收集存放着他心仪的作者的档案和资料，这些是他和远景能够争取到一流作家和作品的重要因素。为了争取到心仪作者的资料，沈登恩可谓不遗余力。早在 1975 年，沈登恩与林行止的作品初遇并结缘，他托朋友每周给他寄《信报》上林行止的社论"政经短评"剪报。② 其目的就是加深对林行止及其作品的了解，便于日后沟通。不论与哪种学者沟通，都要体现编辑的专业水平，使作者感觉到编辑值得信任，值得将论文托付。

（三）珍视作者的作品

大多数情况下，一篇学术论文的产生要耗尽作者数年的心血，也可能要凝结一个团队的八方智慧。不论是选题策划组稿还是作者自投稿，当作者将自己的或者团队的心血凝聚的论文提交到编辑手里，往往就如同把自己的孩子托付给对方的感觉。作为编辑，应该体谅作者的辛苦，面对作者交付的稿件时信任的目光，从内心要有一种珍爱，只有带有这样一种心态，才能在后续的操作环节中认真仔细，一丝不苟，像对待自己的作品一样认真对待来稿。编辑要经常关注作者的感受，换位思考，站在作者的立场为他们解决困难。对于作者在撰稿过程中提出的各种诉求应予以积极响应、提供帮助。这当中所不仅体现了编辑的职业道德，也表现着编辑自身的修养。

---

① 周国清．编辑主体论［M］．长沙：岳麓书社，2009：222－224

② 彭伦．"出版社的成功在于风格"——访出版家沈登恩［EB/OL］．http://book.sina.com.cn/pc/2003－02－25/3/1877.shtml.

首先，收到纸质稿件后，编辑应该尽早回复作者，以示稿件收到。这一方面体现了编辑的责任心，一方面安抚了作者翘首企盼之心。目前很多期刊都已经实现了网上投稿系统，系统会自动生成回复信件。及时回复作者，是珍视作者作品的最基本的表现。其次，应该尽量在期刊的审稿期内，通知作者审稿结果，让作者觉得作品得到了应有的对待。再次，在编辑修改论文时，要尊重作者的语言风格。最后，在编辑对文章做出修改后，尊重作者的知情权，将修改稿发给作者，请作者斟酌改动是否妥当。另外，对于要拒绝的稿件，与作者的沟通也应该体现出对作者的尊重。研究是个艰难的过程，退稿时应尊重作者为稿件付出的劳动，肯定作者的贡献，再在此基础上说明退稿原因。

（四）提升即时沟通效果

电话沟通是即时的和不可逆反的，需要沟通参与方清晰的思维、敏捷的反应、精准的表述。因此，编辑与作者在打电话时，要做好以下三方面的准备。

1. 明确沟通的内容

对于约稿，尤其是首次约稿，在打电话之前，编辑要整理好自己的思路，有条理地安排谈话的内容：先说什么，后说什么；什么可以说，什么是禁忌。如果对方的反应和自己预期的一样，怎样继续深入下去；不然的话，又该如何缓和气氛，营造彼此愉悦的氛围。对于日常的与作者的沟通，如果沟通有难度的专业内容，编辑和作者可以先拟好谈话草稿，既有利于自己表达准确，也避免了谈话中受对方思路的影响。

作者在向编辑部致电之前，建议同样明确沟通内容，尽量在一次通话中说完全部内容。编辑每天面对数十位作者，处理的问题也各种各样。如果作者上午问了一个问题，下午又接着问同一问题，编辑可能就要要求作者重复上午的谈话内容。这样不仅浪费了沟通双方的时间，也浪费了其他准备致电编辑的作者的时间。

2. 要保持稳定的情绪

在和作者沟通时，编辑都要做到彬彬有礼，语速不快不慢、避免太过兴奋和激动导致的结结巴巴和语焉不详，也避免毫无表情的自始至终。尽可能让对方感受到自己的坦率、简练、高效率，让对方对自己产生信赖感和亲切感。当然，这一点作者也需要注意。尤其是在得知被退稿时更要控制好自己的激动和不满情绪，尽可能保持平和的语调以询问退稿的原因。

3. 记录重点内容

打电话之前，编辑和作者要做好准备工作。打电话过程中，也应该记录下重要的内容。好记性不如烂笔头。电话沟通是即时的，如果沟通过程中沟通对象精神状态欠佳或者有干扰，有些重要内容可能听到了，但没有在大脑留下痕迹。或者即便留下了痕迹，但内容不准确。

比如，编辑就论文中某些表述问题和作者电话沟通，编辑将可能存在的问题点一一念给作者听，如果作者仅依靠大脑记忆，可能只记住三四个问题，这时就需要借助记录工具，将问题逐一记录下来。慎重起见，问题讲完后作者和编辑对沟通内容进行简要重复，确保对方悉数领会了通话的内容。

在编校过程的沟通中，建议作者做好记录的准备。文章编校中的问题通常不止一处，有些问题是作者无法即时答复编辑的，只能记录查实后再做回复。有些作者要求编辑发邮件说明编校的问题，这种方法有些时候是可行的。编辑发出邮件并不能确保作者即时收到，即使作者收到邮件，编辑也无法确认作者能全部了解指出的问题。所以可能需要数次的邮件往来，造成时间上的浪费。

（五）善用微传播

以微博和微信等新兴平台为传播媒介，移动终端为传播载体的“微传播”正成为人们获取信息的重要渠道，人们正不自觉地进入“微传播时代”。充分利用网络技术和环境，提高期刊办刊水平，创新期刊传播方式，提升社会影响，已成为学术期刊共同面对的问题。

不少期刊建立了官方微博。学术期刊建立官方微博、微信等同于建立了期刊编辑、作者、读者、审稿专家间的沟通桥梁。通过关注、收听、转发、评论等方式，形成微博、微信信息的有效扩散，使同一信息在与期刊相关的人群中迅速传播和流动，提高了沟通的效率的同时为参与者提供了互动的空间。微博、微信作为一种非正式沟通，使沟通时间更加充裕，更加轻松，内容更容易深入。

期刊微博、微信更像一个虚拟编辑部。微传播的内容一般包括文章目录、摘要、行业动态、学术争鸣、会议通知、投稿信息、选题讨论等。在纸质期刊策划某个选题后，用微传播起话题，调动粉丝转发、评论、讨论。曾经见过这样一条期刊微博：“早安各位，开会了，讨论选题啦！”[①]微传播的交互性更强，可以测试已做专题的受关注程度，也可以预测某个选题的可行性。有了微传播之后，发放的相关信息能得到迅速回应，而且是零成本的（无论是时间上还是金钱上）。作者可以在微博、微信讨论中改进研究思路、获得研究灵感等。

上班、午休和睡前是期刊微博、微信用户刷新较为集中的时段；尤其是习惯于晚睡的研究人员，期刊微博、微信是其睡前的挚爱。因此，掌握粉

① 闫肖锋. 闫肖锋：微博编辑部［EB/OL］. http://qnjz.dzwww.com/zlzj/201005/t20100526_5561355.htm.

丝/好友的活动规律，结合期刊纸质出版的周期，制定恰当的微传播发布节奏，可以更有效地促进期刊相关人员间的沟通。

研究指出，期刊微博中，粉丝最关注的是编务资讯和行业信息。由此可见，粉丝以关注自己稿件审理状态的作者和关注行业动态的科技工作者为主，这也与创建微博的宗旨相适应；转发最多的是行业信息，其次是期刊导读；评论的热门是编务中的审稿动态，主要是编辑和作者的沟通。期刊的官方网站是读者、作者、审稿专家全面了解期刊的捷径，通过微博的链接，让读者进入期刊网站，不失为一种巩固读者/作者群的良策。①

实然的编辑作者关系虽然距离理想状态有一定距离。但是，这种状况可以通过增加编辑部信息透明度、定期寄送期刊、反馈意见表、节假日发送祝福短信、贺卡等细节进行改善，加深与读者、作者、审稿人等之间的感情。只要作者和编辑都从对方角度考虑问题，进行换位思考，力所能及为对方利益考虑，这种距离一定会日渐缩小。

---

① 马勇，张伟伟，等. 学术期刊微博化研究［J］. 科技与出版，2012（11）：104－107.

附录　全国中文核心期刊（高等教育学）论文格式要求及投稿方式

为便于高等教育类研究者投稿，笔者对高等教育类14家北大中文核心期刊的投稿方式、投稿格式要求、固定联系电话进行搜集整理。其中12家刊物有投稿格式要求，请作者投稿时进行参照。剩余的2家刊物（《中国高等教育》、《中国高教研究》）对论文格式无详细规定。编辑部投稿方式等信息有一定稳定性，但也不排除个别变动的可能（本研究信息更新日期为2013年4月22日），请读者以最新投稿方式等信息为准。

本书仅对高等教育类核心期刊的论文格式要求和投稿方式做了搜集整理。其他学科的核心期刊的投稿要求读者可以自行搜集整理。

首先，找到最新版的《中文核心期刊要目总览》（图书馆或者资料室有，尽量使用纸质版的，曾发现有盗版的《中文核心期刊要目总览》，请读者一定确保此书的来源正确），从中找出本学科的核心期刊部分内容，逐一记录各刊的编辑部固定电话、地址、邮箱、网址等。

其次，致电编辑部（拨打编辑部固定电话）补充《中文核心期刊要目总览》缺失的内容，如投稿方式、投稿网站或邮箱、论文格式要求。此时，编辑部可能会答复作者提问内容刊物上都有。那么，作者就需要再去图书馆或资料室查找纸质刊物，记录下所需内容。如果编辑部告知投稿方式采用网上在线投稿，建议作者浏览编辑部网站，将投稿信息等摘录下来。

最后，如果编辑部和纸质刊物都没有提供投稿格式，建议作者在中国知网下载最新版本的该刊论文，自行总结整理投稿格式并形成Word文件。

搜集整理上述信息是烦琐且费时的工作。但是读者若将此工作和未来一段时间不需为一些常见投稿问题迷茫联系起来，也会在苦中作乐了。

★高等教育研究

《高等教育研究》投稿须知

本刊自2001年起，执行《中国学术期刊（光盘版）检索与评价数据规范》标准，请作者来稿注意如下事项：

1. 来稿请寄打印稿，请附100～300字中英文摘要、中英文关键词（摘要为文章观点的浓缩，应重点展示研究结论、突出观点），以及作者工作单位、通信地址、邮政编码、联系电话。工作单位请使用全称；若有博士学位，需说明学科门类。

2. 请作者提供个人简介：出生年、性别、籍贯、职称、学位以及研究领域或方向。

3. 文后参考文献应著录准确、完整。

4. 编辑部电话：027－87543893。

★教育发展研究

《教育发展研究》投稿须知

为帮助广大作者有针对性地向本刊投稿，特请大家注意以下几点：

1. 本刊系教育研究专业刊物，主要从中观、宏观层面探讨教育改革与发展的热点、难点问题，作者投稿时请充分考虑。

2. 教育领域中比较微观的话题，如某门学科或专业的人才培养、课堂教学及方法等方面的论文请作者另投他刊。

3. 与教育无关的话题，或图片、漫画等形式的作品本刊不予接受。

4. 审稿周期约45个工作日，来稿若初审通过，本刊编辑将通过电话、电子邮件等方式与作者联系，务请作者留下联系方式，包括电话、地址；限于人手紧张，未通过初审的稿件将不再回复，敬请谅解。

5. 作者已投的稿件若另有他用，请及时告知本刊编辑部。

6. 本刊接受邮箱投稿，投稿邮箱为 jyfz@263. net，编辑部询稿电话：021－64186212，64038342。

★中国高等教育

《中国高等教育》投稿须知

《中国高等教育》接受电子稿，投稿邮箱为 gdjy@edumail. com. cn，投稿格式参见《中国特色现代大学制度建设的思考》，编辑部电话：010－82296658。

★中国高教研究

《中国高教研究》投稿须知

《中国高教研究》接受电子稿，投稿邮箱为 gaoyanbianjibu@163. com，编辑部电话：010－59893297，59893298，59893299。

★学位与研究生教育

《学位与研究生教育》投稿须知

欢迎您向《学位与研究生教育》杂志投稿。为使稿件能方便、快捷地提交成功并进入审稿程序，请按下列步骤投稿：

第一步：请仔细阅读文稿要求，如果您的稿件符合文稿要求的内容，继续下一步；

第二步：请参阅文稿格式要求，对照检查您的文稿并做必要的修订后，准备好文稿的电子版；

第三步：点击“作者登录”，进行在线投稿，网址：http://www.adge.edu.cn。请您遵守学术规范，不要侵犯他人的著作权，切勿一稿多投。

文稿要求：

为了在读者和作者之间建立一个良好的沟通平台，满足广大读者的需求，现将本杂志社对文稿的要求和希望说明如下：

1. 本刊的宗旨是为学位制度建设和研究生教育事业服务，内容集工作指导、理论研究、经验介绍和信息传播于一身。目前辟有本刊专稿、专题研究、理论探索、导师论坛、学位、专业学位、研究生培养、研究生教学、研究生管理、研究生德育、招生与就业、评估与质量保障、学科建设、比较与借鉴、争鸣、人物、著述评介、信息窗、资料、培养单位介绍等20个栏目。因此来稿应是围绕研究生教育和学位工作中迫切需要解决的问题而开展的研究成果。

2. 文章要理论联系实际，要有鲜明的思想观点和新意。通过运用新思想、新理论和新方法对现实问题加以研究，突出报道研究成果和研究生教育教学及管理经验。提倡开门见山、简洁明快的文风，篇幅希望控制在8 000汉字以内。

★江苏高教

《江苏高教》投稿须知

《江苏高教》由江苏省教育厅主管、江苏教育报刊总社主办，大16开，160页，主编顾冠华，副主编邱梅生、沈广斌，目前编辑部有编审（顾冠华、邱梅生）2名、副编审（沈广斌、肖地生）2名。刊物由江苏省高教局创办于1985年1月，初为季刊，内部发行；1986年1月改为双月刊，1987年1月起面向国内外公开发行。2002年刊物合并到江苏教育报刊社，开本改为大16开，页码增加。

《江苏高教》站在高等教育学科前沿，着重从理论和实践两个方面研究、探索高等教育改革和发展的各类问题，充分发挥舆论先导、决策参谋、学术园地、信息桥梁、实践指导的作用。刊物设有“理论探讨”、“高教管理”、“教学研究”、“高校科研”、“德育天地”、“学生工作”、“学位与研究生教育”、“师资队伍建设”、“高职教育”、“比较高等教育”等栏目。

本刊热诚欢迎广大作者来稿，具体要求如下：

1. 来稿必须为纸质稿件（本刊不接受电子邮件来稿）。

2. 来稿必须是关于高等教育的中观和宏观问题的研究性文章（本刊不发表单科专业或单项课程的教学研究文章，不发表教育教学经验体会或工作总结类文章）。

3. 正文中的引文（无论是原文引用，还是观点性引用），均必须逐一注明原参考文献；正文中的引文序号必须与文尾注录的参考文献序号一致。

4. 稿件处理周期为3个月，在此期间，切勿一稿多投；超过3个月未接到本刊录用通知，可以改投其他刊物。

5. 来稿请径寄本刊编辑部，切勿由任何个人或任何中介机构转递。

本刊为双月刊，每逢单月5日按时出版。每期定价25元（全年150元）。邮发代号：28－264。订阅者可在当地邮局订阅（包括补订），亦可将订费邮汇或信汇至本刊编辑部订阅。

本刊地址：南京市草场门大街133号A楼。电话：025－86275630，86275638，86275640，86275798。邮政编码：210036。

★高等工程教育研究

《高等工程教育研究》简介及投稿须知

《高等工程教育研究》学报1982年由教育部党组决定创办，1983年创刊。30多年来，学报一贯坚持探讨教育规律、开展学术讨论、反映研究成果、交流教育信息、推动教育改革、促进国际交流的宗旨；以其工程应用性、学术前沿性的鲜明特色，深受我国高教界、工程界的好评——1992年、1996年、2000年、2004年连续四届被评为“全国中文核心期刊”。1998年11月，中国工程院成立教育委员会，负责指导与协调工程院在工程教育方面（含工、农、医等领域）的咨询研究和学术活动，就中央和地方政府有关工程教育的改革与发展提出建议，同年决定，将《高等工程教育研究》作为工程院教委会会刊。根据工程院教委会的安排，本刊作为重要的研究资料，每个院士人手一册，从而进一步扩大了在全国高教界和工业界的影响。

《高等工程教育研究》是我国第一份、也是唯一一份面向工程教育研究的全国性权威学术期刊。常设栏目有：院士论坛、校长论坛、工程教育前沿、高等教育经济与政策、高等教育管理、学科与专业建设、院校发展研究、企业家论坛、国防高等工程教育、研究生教育、国际高等工程教育撷英、高职高专教育、教学工作研究等，并根据需要定期开设国家级优秀教学成果等专栏。

在2007年，《高等工程教育研究》的篇幅将进一步增加，价格也略有调整，每份10.80元，欢迎投稿，欢迎订阅。本刊只收纸质稿件，请勿使用电子稿件投稿。

编辑部电话：027－87542950，87557574。

《高等工程教育研究》投稿须知

坚持工程特色　欢迎惠赐佳稿

进入21世纪，在中央提出的科学发展观和走新型工业化道路战略部署的指导下，我国工程教育研究的新一轮高峰正在到来。为了更好地配合当前的研究热点，本刊将特别关注以下内容的研究：

· 大工程背景下的现代工程教育发展
· 中国工程教育的目标分类研究
· 工程教育在研究型大学中的定位问题研究
· 工程师职业道德的伦理学和社会学基础
· 中国工程专业评估与注册工程师资格认证
· 工程硕士教育及其发展研究
· 职业技术教育与中国产业结构的优化和完善
· 网络教育、远程教育与继续工程教育研究
· 工程教育与可持续发展研究
· 中国工科院校研究
· 中国高等工程教育的教学质量评估研究
· 工程本科的课程体系研究
· 中国工科大学生理论教学研究
· 中国工程教育史（新角度或断代研究）
· 中国工科大学生实践教学研究
· 中国工程教育的师资问题研究
· 高等工程教育的比较研究
· 中国工程教育与制造业发展和综合国力增长的实证研究

当然，对于来自普通高等教育的前沿研究，本刊也同样关注。

★现代大学教育

《现代大学教育》欢迎投稿

《现代大学教育》是全国中文核心期刊和中文社会科学引文索引（CSSCI）来源期刊，由中南大学和湖南省高等教育学会联合主办。1985年创刊，1987年面向国内外公开发行。本刊承传“百花齐放、百家争鸣”的人文传统，致力于推动现代大学教育理论与实践，致力于促进中国高等教育改革与发展。

《现代大学教育》设有理论探索、学术争鸣、教育漫话、大学衍义、经典重读、外域检视、多域参较、越洋专访、德育寻径、管理经略、史海钩沉、改革纵论等栏目，内容涵盖高等教育学、比较高等教育学、高等教育（思想）史、高等教育哲学、高等教育伦理学、高等教育教学论、高等教育

课程论、高等教育经济学、高等教育管理理论与实践、高等教育评估理论与实践等多个领域。

《现代大学教育》刊载研究论文、调查报告、访谈录等，着力推介独创性思想成果、理论成果与实践成果。

《现代大学教育》选稿原则：

1. 严格遵守《高等学校哲学社会科学研究学术规范（试行)》。

2. 选题具有重大理论意义或现实意义。

3. 研究或探索展现新路径、新视角和新方法，结果具有独特性与创新性。

4. 证据准确、论证周密，结构严谨、层次明晰，文字准确、图表规范。

5. 结构设计、形式编排、内容组织与文献叙录等，符合中华人民共和国国家标准 GB 7713—1987《科学技术报告、学位论文和学术论文的编写格式》、GB/T 7714—2005《文后参考文献著录规则》、国际标准 ISO690—1987 Information and Documentation Bibliographic References Content, Form and Structure 和 ISO690—2 Information and Documentation Bibliographic References - Part 2: Electronic Documents or Parts Thereof 之规定，符合 CAJ - CDB/T1 - 2006《中国学术期刊（光盘版）检索与评价数据规范》之规定。

《现代大学教育》所载文章观点，不代表编辑部意见。

本刊已加入《中国学术期刊（光盘版)》，并授权网络合作方使用本刊稿件。本刊支付的稿酬已包括上述使用方式的稿酬。不愿通过网络媒体发布者，请在来稿中注明。

请勿一稿多投。请勿将稿件寄给个人。请投寄纸质稿件。我刊实行双盲评审制度，请作者将姓名、工作单位、地址、电话、电子邮箱等个人信息单独成页，不入正文。稿件投寄后两个月内未接到本刊用稿通知，作者可自行处理。

优秀稿件，稿酬从优。

编辑部地址：410083　湖南长沙　中南大学校本部高等教育研究所

本刊网络电子版阅读网址：www. cnki. net

编辑部电话：0731 - 88876856

★复旦教育论坛

《复旦教育论坛》投稿须知

《复旦教育论坛》是经新闻出版总署批准，由教育部主管、复旦大学主办的高等教育学术期刊，国内外公开发行。国际刊号：ISSN 1672 - 0059，国内统一刊号：CN 31 - 1891/G4，邮发代号 4 - 731。

本刊已入选中文社会科学引文索引（CSSCI）来源期刊（2008—2009年），并且入编《中文核心期刊要目总览》2008年版之教育类的核心期刊。武汉大学的中国科学评价研究中心2008年11月发布《中国学术期刊评价报告——权威期刊和核心期刊排行榜》，《复旦教育论坛》在全国172种教育类期刊中排名30，被评为A级。

本刊宗旨：以“三个代表”重要思想为指导，探索和研究高等教育的理论与实践问题，反映高等教育改革和发展的研究新成果，扶植创新，鼓励争鸣，拓展视野，推动有中国特色的社会主义现代大学制度建设。

主要栏目：特稿、专题、专论、新论、方略、争鸣、域外、杏坛、医苑等。

订阅：本刊为双月刊，单月20日出版。每期定价8元，全年48元。可在全国各地邮局订阅，也可直接与编辑部联系订阅。

地址：上海市邯郸路220号

邮编：200433

电话：021－55664241

传真：021－65643505

网址：http：//www. fef. fudan. edu. cn

E-mail：jylt@ fudan. edu. cn

从2006年7月1日开始，作者必须通过网上投稿，一般不接收纸稿和E-mail投稿。7月1日之前所投的稿件可通过E-mail或电话至编辑部咨询相关事宜。

投稿流程如下：

1．作者注册（作者注册信息提交后，系统会自动发送一封激活账号的电子邮件，请一定要准确填写您的E-mail地址）；

2．激活后登录系统，进入稿件管理菜单，选择投稿，按要求提交即可。

稿件查询、修改流程：

1．进入本刊网站，并登录作者用户区；

2．进入稿件管理菜单，选择稿件查询；

3．如果编辑部通知您修改稿件，则选择下载/上传修改稿项，先将原文下载，修改后再将下载的文件上传即可。

本网站尚处试运行阶段，有些内容正在建设中，如果给您带来不便敬请谅解，有不妥之处，也请您提出宝贵意见。

《复旦教育论坛》编排规范

2007年3月25日

★黑龙江高教研究

《黑龙江高教研究》投稿须知

1. 来稿须是高等教育宏观或中观问题的学术性文章（本刊不发表单科专业或单项课程等教学研究类文章；不发表教育教学经验、体会或工作总结类文章）。

2. 正文中的引文（包括原文引用和观点性引用），均必须逐一注明原参考文献；正文中的引文序号必须与文尾注录的参考文献序号一致，且必须注明引用页码。

3. 稿件要求在6千字以上。

4. 如稿件需要外审，将通知作者发电子稿件（信息处理等事宜另行告之）。

5. 稿件处理周期为1个半月，在此期间，切勿一稿多投，未接到本刊录用通知，可以改投其他刊物。

6. 来稿请请寄本刊编辑部（编辑部电话：0451－88060218），切勿由任何个人或中介机构转递（本刊从未与任何个人或机构有协作组稿之约定）。

7. 本刊投稿方式：

纸质版邮寄地址：哈尔滨市利民经济技术开发区师大路1号（150025）
哈尔滨师范大学综合楼《黑龙江高教研究》编辑部

电子版接收邮箱：

1. 高等教育理论　研究生教育　教育管理　教师教育
hljgjwww@163.com

2. 比较高等教育　改革与发展　高等职业教育　教学广角
hljgjddd@163.com

3. 德育与思想政治教育　人才培养　招生与就业　教学管理与评价
hljgjxxx@163.com

★高教探索

《高教探索》投稿须知

《高教探索》是开展高等教育研究和反映高等教育改革与发展成果的大型综合性学术期刊，由广东省教育厅主管，广东省高等教育学会主办，广东教育杂志社编辑出版。该刊系1992年版、1995年版、2000年版、2004年版、2008年版、2011年版全国中文核心期刊，也是2006—2007年度、2008—2009年度、2010—2011年度、2012—2013年度CSSCI来源期刊。为进一步提高刊物质量，请作者投稿时注意如下事项。

1. 来稿必须内容充实、论点明确、论据充分、概念严谨、逻辑严密、层次清晰。篇幅以5 000～8 000字为宜。

2. 来稿请遵照科研论文的规格范式，按顺序包含题目、作者、摘要、关键词、正文、参考文献等要素。作者简介以下列顺序置于首页页脚：姓名、单位全称、行政职务、专业技术职称、学位，所在城市/邮编。

3. 参考文献应完整、准确。

4. 投稿方式有两种：打印稿请寄广州市小北路155号《高教探索》编辑部收（510045），并附上详细通信地址和联系电话；或者作者通过南方教育网（http://www.gdjy.cn/）在线投稿。如获拟用，编辑部将电话告知作者，请作者提供符合《高教探索》文件格式的电子稿件。

5. 限于条件，来稿一律不退，请勿一稿多投。若投稿后3个月内未收到本刊采用通知，作者可自行处理。

★现代教育管理

《现代教育管理》投稿须知

《现代教育管理》接收网上投稿，投稿网址：

http://www.xdjygl.com/tgxz/200803/tgxz_20080324172315_13.html

★ 大学教育科学

《大学教育科学》投稿须知

《大学教育科学》是经中华人民共和国新闻出版总署〔新出版（2002）936号〕文件批准，由原1984年创刊的《机械工业高教研究》更名的高等教育类学术研究期刊，现已成为全国中文核心期刊、中文社会科学引文索引（CSSCI）来源期刊（2012—2013年），也是《中国学术期刊（光盘版）》和《中国期刊网》的期刊源，曾荣获首届《CAJ－CD规范》执行优秀期刊奖。本刊还是《中国核心期刊数据库》收录期刊，在“万方数据—数字化期刊群”全文上网。《大学教育科学》坚持理论探讨与应用研究相结合，为高等教育的改革与发展服务，为教育科学的繁荣服务。该刊开设了教育前沿、教育札记、名著镜诠、教学虚实、教师生涯、教育史苑、教育广角等一系列深受读者和作者好评的特色栏目，实行主编领导下的栏目主持人制度和严格的三级审稿制度，具体编辑事务由常务副主编负责执行，以确保栏目的高水平与刊物的整体质量。

《大学教育科学》热忱欢迎具有创新性、学术性、指导性的高水平论文、研究报告，尤其欢迎研究和探讨高等教育的热点和难点问题的论文。来稿要求立意新颖，观点明确，内容充实，论证严密，文字简练，资料可靠。稿件除正文外，还应提供“中英文摘要”、“中英文关键词”、“作者简介”等内容，具体格式请参照格式样本。论文的字数一般控制在6 000字以内。来稿文责自负，严禁抄袭剽窃。该刊对录用文稿有删改权，不同意删改者，请在来稿中注明。

本刊已被《中国学术期刊网络出版总库》及CNKI系列数据库收录，其作者文章著作权使用费与本刊稿费一次给付，并免费提供作者文章引用统计资料。如作者不同意文章被收录，请来稿是向本刊说明，以便本刊适当处理。本刊接受在线投稿，网址为http://jykx.qikan.com/Contribute.aspx。本刊编辑部电话：0731-88821123。

★中国大学教学

《中国大学教学》投稿须知

《中国大学教学》[全国中文核心期刊、中文社会科学引文索引（CSSCI）来源期刊]是教育部主管、教育部高教司指导、全国高等学校教学研究中心与全国高等学校教学研究会编辑的综合性高等教育教学刊物。“倡导先进教育教学理念、服务高等学校教学改革”，做“一线教师的良师益友、教学主管的决策参谋”是我们的办刊宗旨和追求。

主要栏目：专家论坛、论教谈学、教务处长论坛、教改纵横、教学评估、教学管理、教育技术、外语教学改革、教材建设等。

电话：010-58582496

地址：北京市西城区德外大街4号　　邮编：100120

网址：http://www.crct.edu.cn

后　记

2011 年初开始为本书收集资料，在资料收集过程中思路渐渐明晰。在构思和写作过程中，衷心感谢这些人的无私帮助：

感谢广东教育杂志社陈湘年社长在选题时协助本人拨开云雾并提供部分参考书目！

感谢广东教育杂志社《高教探索》编辑部为写作提供资料平台！感谢自然科学核心期刊的同行提供部分研究素材！感谢书中案例的作者授权本人使用其作品！

感谢书中参考文献所及作者！

感谢本书出版过程中给予无私关怀和帮助的领导和责任编辑！

最后，感谢我的先生为鼓励写作赠送超轻笔记本！

本书凝结了许多人的关心和鼓励，然而水平有限仍不能让其尽善尽美。实证研究中的案例样本某种程度上决定了研究的结果的准确性和可信度。本书尽量选择有典型性和普适性的案例，力求使研究结论接近事实。然而，受眼界、认识、思维水平的限制，有些结论的获得可能稍显仓促。总之，此乃抛砖引玉之作，寄望借此书引起更多编辑出版人员、科研人员、高校师生和职称评定部门对此类问题的关注和讨论。

于小艳
2014 年 5 月